高校书院发展报告 2017

主　编　宫　辉
副主编　苏玉波

西安交通大学出版社
XI'AN JIAOTONG UNIVERSITY PRESS

图书在版编目(CIP)数据

高校书院发展报告(2017)/宫辉主编. —西安:
西安交通大学出版社,2017.7(2022.8重印)
ISBN 978-7-5605-9871-0

Ⅰ.①高… Ⅱ.①宫… Ⅲ.①书院-教育制度-研究报告-中国-2017 Ⅳ.①G649.2

中国版本图书馆 CIP 数据核字(2017)第 154133 号

书　　名	高校书院发展报告(2017)
主　　编	宫　辉
责任编辑	雒海宁　李嫣彧

出版发行　西安交通大学出版社
　　　　　(西安市兴庆南路1号　邮政编码710048)
网　　址　http://www.xjtupress.com
电　　话　(029)82668357　82667874(市场营销中心)
　　　　　(029)82668315(总编办)
传　　真　(029)82668280
印　　刷　西安日报社印务中心

开　　本	787 mm×1092 mm　1/16　印张 12.25　字数 275 千字
版次印次	2017 年 7 月第 1 版　2022 年 8 月第 2 次印刷
书　　号	ISBN 978-7-5605-9871-0
定　　价	58.00 元

如发现印装质量问题,请与本社市场营销中心联系。
订购热线:(029)82665248　(029)82667874
投稿热线:(029)82668525

版权所有　侵权必究

《高校书院发展报告(2017)》编委会人员名单

主　　　编：宫　辉
副　主　编：苏玉波
编　　　委：叶　明　　何益敏　　刘　茹　　张爱萍
　　　　　　徐　慧　　李新安　　康金勇　　冯大鹏
　　　　　　许春秀　　郭　虎
编写组成员：段继超　　刘清田　　李　楠　　饶昱久
　　　　　　徐　龙　　岳鹏飞　　魏　炜　　岳娅萍
　　　　　　任　欣

前　言

面向2020——书院制内涵建设的挑战、机遇和实践方向

2005年9月2日,《中国青年报》刊登了一条消息:"全面实施通识教育、复旦全体新生不分专业。"在这篇短小的新闻稿里面,提到了复旦大学以四位老校长的名字,命名了四个书院。看到这个消息,我立刻给当时复旦大学的学生处处长打了一个电话,我当时也是一名学生处处长。我问他:"复旦要开始建设书院?"我记得他是这样回答的:"先要试点,还要进一步统一意见。"听到这话,我知道,我们正处在同一个机遇和挑战面前。

就在2005年,西安交通大学开辟了自己书院建设的试验田:文治苑。文治苑也是以交通大学老校长唐文治的名字命名。当年的文治苑,集中了710名电气工程专业的大一新生。这就是西安交通大学书院发展的起点。

到了2006年,西安交通大学以带领交通大学迁校西安的校长彭康的名字命名了第一所正式书院,当年入学的3405名本科新生成为"彭康书院"的首批学生。2007年,学校以同样的模式建立了"文治书院"和"宗濂书院"。2008年,学校将17000余名本科生整体纳入书院体系,并在当年增设了仲英书院、南洋书院、崇实书院、励志书院和启德书院。2016年,学校成立了钱学森书院,目前,西安交通大学形成了9大书院与23个学院并存的本科生"书院-学院"双院制育人模式。

在双院制育人模式下,学生按照"横向交融、纵向贯通"的原则组成书院。即:每个书院横向包括了若干文科、理科、工科等专业的学生,纵向则把同一专业的大一到大四的本科生纳入同一个书院,这样,就在专业相对集中的基础上实现了学科专业的交叉与融合。

按照双院制育人模式的职责设计,学院和书院在人才培养方面是相辅相成、协作配合的:本科生学籍上隶属于专业学院,本科生的学生事务和校园生活则归属于一个书院。学院以学术与专业发展为导向,负责学生的专业教育,侧重于建立专业知识体系,培养学生的专业学术技能和科研创新能力等;书院以学生综合素质发展为导向,负责开展课堂以外的学习教育、校园文化、社会实践等活动,侧重于以住宿社区为阵地,培养学生综合能力、增强学生的社会责任感。

从书院内涵的角度来看,西安交通大学的书院建设围绕四个方面的重点内容展开:一是构建温馨便捷的校园学习生活服务体系;二是以促进学生学习质量提升为目的,以专业、专任教师为主体组织书院导师队伍,构建学生学业辅导体系,这也就是我们常说的导师制;三是以学生学业进步、成长成才的需求为导向,实施大学生综合能力提升计划;四是以搭建学生自我教育管理服务平台为载体,培养学生参与学校和书院管理的主人翁意识。以上四个方面的内容,

与专业学院负责开展的第一课堂的教育教学体系形成互补，书院与学院协调协作，共同完成人才培养、教书育人的目标任务。

从书院特色的角度来看，西安交通大学的书院建设形成了三个影响力广泛的育人品牌：

第一是知心工程。知心工程就是推动辅导员、班主任、学业导师与学生开展面对面谈话的学生教育辅导工作体系。针对学生中普遍存在的典型问题，学校设计制作了十四种类型的表格用于指导和记录师生之间的谈话内容。每种表格采用不同的颜色，适用不同类别的学生。通过知心工程积累的第一手素材，老师将学生普遍存在的问题或典型案例整理成册，编印成《新生百问百解》《毕业生百问百解》等，分发给学生，当作学生自我辅导的指南。我们相信，老师和同学之间进行面对面的交流，以前是、现在是、今后也将会是师生沟通交流的基本方式。这样的方式，便于洞察学生思想，便于老师有针对性地开展对学生的辅导与教育工作。

第二是大学生综合能力提升计划。"大学生综合能力提升计划"（简称"综能计划"）着力提高学生八个方面的能力：交流与表达、中国文化素养、开拓性思维、职业生涯规划、领导力、公民责任意识、广泛兴趣以及国际视野。综能计划分为三个层次：第一层为通选层，全体学生通过参加新生养成教育、学业与职业生涯规划等活动，引导学生认知自我，体察社会；第二层为任选层，通过学生自主选择参加社会实践、科技创新、创业、文体锻炼、领导力培养与素质拓展等活动，帮助学生提升技能与拓展经验；第三层为自选层，鼓励学生参加境外高校访学、自主研修和科技竞赛活动等，激发学生挑战自我，展现个性。

第三是学业辅导。书院建立了学生学业辅导体系，包括学习兴趣辅导、学习方法辅导、课程学习辅导、职业发展方向辅导等，有个体辅导，也有团体辅导。其中，以学业导师辅导和学长朋辈辅导最受学生欢迎。

目前，西安交通大学为各个书院聘请了校内外知名的专家、学者、社会知名人士等担任院长。文治书院院长由中国科学院院士、美国科学院院士安芷生教授担任；仲英书院院长由美国唐仲英基金会执行董事徐小春女士担任；彭康书院院长由国务院参事、华侨大学原校长丘进教授担任；南洋书院院长由香港理工大学荣休校长潘宗光教授担任；励志书院院长由解放军总装备部原副部长李元正中将担任等。

每个书院都成立了院务委员会，部分书院设立了书院家长委员会、书院环境建设委员会、学生宿舍管理委员会、学生事务听证委员会等机构，在老师、学生和学生家长代表等共同参与、广泛听取意见的基础上研究、讨论、决定书院的重大事项。2016年12月31日，西安交通大学成立了本科生院，与此同时，成立了创新创业学院、钱学森学院、钱学森书院等。本科生院和钱学森书院的成立，标志着书院建设进入了一个新时代。

从2005年试点，到2006年建立第一所正式的书院，到今天九大书院和一个书院分院的总体布局，西安交通大学的书院制已经成为学校育人体系中最有活力、最富挑战，当然也是最受关注和常被评议的改革措施之一。

如果有人要问：书院-学院双院制育人模式到底给学生带来了什么？或者说，西安交通大学的书院究竟能给交大学子带来什么？生活在仲英书院，钱学森21班、能源与动力工程学院的本科生，2016年同时被斯坦福大学和麻省理工学院全奖录取攻读研究生的赵雅婧同学，她这样描述自己的大学生活："所有的会发光、所有的被看见，都不过是在无数个风尘仆仆的日子里，不动声色、全力以赴的结果。"这句话，既是书院建设者默默耕耘的写照，也是书院建设者默默耕耘的收获。书院不仅仅为赵雅婧，而是为所有的同学创造了同辈辅导、参与科研训练、组成兴趣小组、鼓励探索、容忍犯错和失败的学习环境。大学本应该就是一个充满了可能性的地方，书院就是要鼓励学生积极地去把握任何机遇，勇敢地去尝试自己想做的任何有价值、有意义的事情。

有一个历史时刻，令书院的师生非常兴奋。2016年4月23日上午，中共中央政治局常委、中央书记处书记刘云山来到西安交通大学崇实书院视察，他参加了书院学生活动、视察了学生社团和学生宿舍，与学生代表进行了亲切的交谈，这些都给了书院师生极大的鼓舞。

十二年的时间，感觉很长。其实，书院的探索之路，从来就不平坦。根据美国大学建设书院的历史经验，哈佛大学、耶鲁大学的书院制从19世纪末期开始探索，到20世纪二、三十年代初具规模，也用了三、四十年的时间。

2011年，《人民日报》记者在西安交通大学、复旦大学深入采访之后，对照香港中文大学的书院制，总结出了中国大陆各个大学发展书院制的特点：第一、负责教学之外的事情，书院让师生关系更加密切；第二，打破同专业学生"聚居"，书院让学生的交际更广、视野更宽；第三，不再以成绩为唯一量尺，书院让学生成为综合素质高的"全人"。

当然，《人民日报》在此文中也提出了一个现实的挑战：书院制的出现给高校的管理提出了新课题，即书院与学院如何分工合作？这是书院制与学院制平行共存现状下必须解决的问题。

这个问题，从书院建设的第一天就已经出现，现在仍然存在，而且，我认为，这个问题将会伴随书院发展，一直存在下去。

从2014年开始，西安交通大学组织开展了一次全国大学书院发展调研。通过这个调研，基本上可以宏观把握书院制在大学里的成长路径和发展态势。

2005年，可以说是高校现代书院建设的开端。复旦大学、西安交通大学在那一年开始试行书院制。我们简单统计了一下，从那时候开始到2017年3月份，全国已有200余所高校组团来西安交通大学考察调研书院建设的情况。估计复旦大学也有类似的经历。同样，西安交通大学也先后派全体辅导员赴香港中文大学学习书院制建设的经验，派全体书院院务主任赴英国、新加坡等国家考察大学书院建设。

通过调研得知，近十二年来，中国大陆大学里的书院建设，呈现出了由少到多的发展势头：

2005年，复旦大学成立志德、腾飞、克卿、任重四所书院，西安交通大学试行文治苑。

2006年，西安交通大学彭康书院成立。

2007年，西安交通大学文治书院、宗濂书院成立，华东师范大学孟宪承书院成立。

2008年，西安交通大学仲英书院、启德书院、励志书院、崇实书院、南洋书院成立，汕头大学至诚书院成立。

新事物开始的头几年，往往都走得比较慢，比较谨慎。

2009年，肇庆学院力行书院、江南大学至善学院成立。

2010年，暨南大学四海书院，厦门工学院友惠书院、友恭书院，肇庆学院厚德书院、明智书院，华北理工大学知行书院成立。

2011年，西安交通大学宗濂书院在第二附属医院和口腔医院设立分院。复旦大学希德书院，江南大学君远学院，厦门工学院友善书院，苏州大学敬文书院，南方科技大学致仁书院成立。

2012年，书院的建设速度加快。苏州大学唐文治书院，西安建筑科技大学南山书院，牡丹江师范学院化学化工学院书院，北京师范大学启功书院，厦门工学院友仁书院成立，肇庆学院博学书院，北京航空航天大学知行书院、汇融书院、启明书院、航天书院成立。共有9所大学成立了13所书院。

2013年，云南大学东陆书院，河北大学工商明德书院、笃学书院、致用书院、治平书院、诚行书院，厦门工学院友敏书院，大连理工大学盘锦校区伯川书院、令希书院，南方科技大学树仁书院，甘肃民族师范学院莲峰书院成立。共有六所大学成立11所书院。其中，厦门工学院每年都有1—2个书院成立。

2014年，清华大学新雅书院，南京审计大学泽园书院、澄园书院、润园书院、沁园书院，北京师范大学学而书院，西安外事学院天使书院、开元书院、鱼化龙书院、龙腾书院、雨花书院、智慧书院、博雅书院、行知书院成立，大连理工大学盘锦校区长春书院，新乡医学院羲和书院、精诚书院、仁智书院、崇德书院、德馨书院，西京学院万钧书院，西北农林科技大学右任书院，青岛职业技术学院知行书院成立。共有9所大学成立23所书院。其中，西安外事学院在这一年里，前后共成立了8所书院。

2015年，北京联合大学应用文理学院学知书院成立。

2016年，西安交通大学成立钱学森书院。

从2005年9月至2017年3月，十二年时间，内地共有37所高校成立了书院以及校园社区模式的学院。从地理的维度来看，这37所高校成立的114所书院，分布在全国各地，东西部稍微集中一些：

华北地区：7所高校，16所书院；

东北地区：1所高校，4所书院；

华东地区：13所高校，35所书院；

华中地区：2所高校，6所书院；

华南地区：7所高校，23所书院；

西南地区：1所高校，2所书院；

西北地区：6所高校，28所书院。

另外，港澳台地区也是书院的集中地：我们调研了8个学校的24所书院。

通过分析全国各个大学新建书院的架构和规模，从学生的组成结构来看，目前的书院建设模式可以分为以下四种类型：

第一，全员制模式。复旦大学、西安交通大学、大连理工大学盘锦校区、西安外事学院、长江师范学院、河北大学工商学院、南京审计大学、厦门工学院、南方科技大学等，这些高校将书院作为其本科生培养的基本模式，将全体本科生纳入书院培养。

第二，非全员制模式。部分学校将书院作为一年级学生教育的专门机构来对待，学生在第一年结束后，又回到专业学院模式继续大学生活。有的学校，仅针对部分学科专业的学生实行书院制。有的学校仅将集中居住在某个校区的学生纳入书院模式。

第三，实验班模式。北京大学、清华大学、浙江大学、西北农林科技大学、江南大学、苏州大学、厦门大学等，这些高校将书院作为拔尖创新人才培养机构或通识教育实施机构，学生经过选拔进入书院学习。

第四，特定群体模式。有的学校面向某一特定学生群体设立书院。例如暨南大学将四海书院作为面向港澳外侨胞学生开设的管理和教育机构，西安交通大学励志书院则把全校国防生集中起来作为育人主体，华东师范大学专门为免费师范生建设了孟宪承书院。有的学校把准备出国交流与学习的同学组织起来,以书院的方式开展集中教育等等。

无论是全员制模式,还是非全员制模式,书院制始终处在探索和调整之中。复旦大学也在2012年再次明确了按新机制全面推行书院制。本科生成立志德、腾飞、克卿、任重、希德五个书院。基本按照大类融合和学科交叉的原则,学生可按照自己的喜好自由申请书院。

如果对中国大陆高校书院制发展历程稍微做一点分析和梳理,可以得到以下三方面的共识:第一、书院建设越来越受关注,大学和社会都给书院建设以极大的关注;第二、有越来越多的高校将书院制付诸实践,虽然没有一个地方和部门出台过关于书院建设的指导性意见和规范性文件,但是,高校里的书院的确是越来越多;第三、各个书院特色鲜明、风格各异,呈现分众化发展的态势。

当然,十二年的发展历程也显现出书院建设所面临的一些一致性的问题,值得关注。这些问题包括以下六个方面:

一是有的高校将书院仅仅定位为通识教育、综合素质教育的试点工程,仅仅赋予书院限定的具体职责、或者仅仅用作示范功能,限定了书院的职能拓展、限定了书院的发展空间、限定了书院发挥更加综合的教育功能。

二是各个大学各个书院特色各异、共性不多。作为育人模式的改革,书院并未形成一套具备较强推广性的基本模式。高校之间、各个书院之间形成合力、产生规模效应的基础不够稳固。

三是更多的高校倾向于将小众教育、精英教育的理念赋予书院。导致书院在大学里面,有被隔离、被疏远、被边缘化的倾向。

四是建设书院的共识尚未达成。书院建设的参与者对书院可以说不离不弃,但是,旁观者总是议论纷纷。关于书院建设不能达成共识的根本所在,就是通识教育理念与专业教育理念的对比和抗衡。书院的建设者摩拳擦掌,始终饱含对书院深厚的情感,与之对应,很多旁观者并非"事不关己高高挂起",而是以高度的热情保持对书院发展的持续关注,关心或批评的声音在书院建设的十余年间,从未停止。

五是书院建设目前仍然是个探索方向,尚未形成改革潮流。与专业学院教育相比,书院仍然不是大学教书育人的对等主体。

六是书院建设需要显著的资源投入,但是书院的成效却只能缓慢显现,难以直观评估。对新建书院而言,书院在发展初期,以硬件建设、环境建设、配套设施建设为主要形式的物质投入和以辅导员、学业导师为主要队伍的人力投入显而易见,而非形式教育特别是通识教育却无法用直观的数据、具体的观测来进行评估,所谓"十年树木,百年树人",书院教育成果的收效不仅难以量化,更有待较长时间的检验。

虽然面临这么多问题,也经常面对各种质疑,但面向2020,书院建设终于迎来了历史性的发展机遇,迎来了难得的政策窗口。按照高等教育"双一流建设"规划、高等教育深化综合改革方案以及各个大学的《十三五发展规划》,有三项重大改革措施已经呼之欲出,即将变成政策选择和改革方向。这些改革将会为书院建设提供新的历史机遇和发展空间:

第一、大学按学科大类招生。在学科大类招生的大背景下,学生在进入大学的一到两年的时间里,不分具体的学科专业方向。通识教育必将成为很多大学的自主选择。书院作为通识教育的载体和组织者,必将有机会乘势而上、顺势而为。

第二、全面推行完全学分制。在完全学分制的环境下,大学里延续了几十年的学科专业班级、行政班级将会逐渐淡化,课程班级、社团班级、书院班级等将会越来越普遍,学生的个性将会得到极大程度的彰显。因材施教、尊重和鼓励学生自主自由发展的书院教育,将会越来越受欢迎。

第三、学生自主选择专业。随着越来越多的学生可以在大学里自主选择和转换专业,不受专业学科局限的书院,可以为学生提供更加有针对性、更加综合的咨询和指导,必将发挥其不可替代的服务功能。

中国大学里的书院建设,从自觉自愿、各自耕耘,已经摸索了十余年时间。站在实现2020教育目标最后冲刺阶段的关键时刻,书院是否能够成为下一个五年的制度设计、政策选择和改革方向,仍然值得书院建设者们积极努力,认真探索和勇敢实践。

书院的建设者,有共同的使命和目标,致力于培养具有宽广的国际视野、扎实的团队合作意识、高效的沟通交流能力、强烈的创新创业热情以及敢于、勇于、乐于为国家、社会和家庭担当责任的新一代青年人才。培养国家所期望的未来人才,培养未来社会所期望的人才,这是社会和国家,学生和家庭对大学、对书院抱有的真诚期望。

面向2020,从教育环境和教育对象的角度来看,书院建设也面临着不可回避的现实挑战。

首先,面临着由于经济增长放缓、经济结构调整和经济发展模式转型所引起的财富分配不均所带来的前所未有的挑战。在人人皆为生存和利益纷纷担忧进而严密守护的社会环境下,进行利益调整、优化和整合的余地越来越小,利益固化挤压了所有人的发展空间。要让未来社会充满活力,大学和书院有责任、有意识地去启发年轻一代,无论他们来自富裕家庭、小康之家,还是低收入家庭,人人都要对未来满怀希望、充满信心。大学里的书院,要大声地告诉来自世界各地的年轻人:世界很精彩,人人都可以去采风。人人都可以很精彩,英雄自古不问来处。

其次,面临一个移动、智能、互联的网络挑战。互联网在带给人们便捷、高效的物质生活和社会服务的同时,也在很多方面引发了人们精神上的依赖、萎靡、沉溺、虚无、失真、空幻、猜疑甚至欺诈。教育者更加担忧的是网络在另外一个方面的影响:即不少年轻一代宁愿迷醉于线上的社交和娱乐活动,也不愿意甚至不屑于参与线下的社会现实活动。刷屏,冷淡了多少亲情和同窗友谊;刷屏,忽略了多少身边的精彩和感动;刷屏,让年轻一代可以即时与远方的陌生的人和事实现互联互动,但也有可能让年轻一代对身边熟悉的人和事失去好奇、失去关切、失去兴趣、失去信任。越来越多的年轻人,宁愿隔着手机为亲友点赞,也不愿意与亲近的人双目对视、倾心交谈。未来五年,虚拟现实产品VR以及增强现实产品AR,必然会蔚然成风,大行其道。懂网络,学会用网络传播我们自己的话语和情感,这将会是未来社会的基本生存之道。但是,谁也不能把全部生活和期望寄托在网络上。年轻一代的价值塑造、品格养成、习惯培养和喜好纠偏等,仍然离不开老师和同学之间、同学和同学之间面对面的交流、手牵手的支持和肩并肩的陪伴。书院建设者千万不要忽略了这一点,这或许会成为我们在未来社会感化学生、引导学生、教育学生和陪伴学生的独特优势。

再次,面临代际鸿沟不容忽视的挑战。90后、95后,分别是指1990年、1995年以后出生的这一代,他们目前是各个大学里面研究生和本科生的主力军。这一代人从一出生就是网络的原住民,他们被称为"捧着手机闯世界的追梦人"。这一代人中的很多人,在生活方式、婚育观念、择业倾向和社会责任承担方面,表现出与父母一代完全不同的观点和立场,由此引发的代际冲突、代际疏远甚至代际抱怨日益凸显。再加上社会变革节奏快、社会竞争加剧、家庭团聚时间缩短、师生共处时间缩短等外在原因,导致年轻一代与父母一代、年轻学生与大学老师一代之间的鸿沟愈加明显,甚至难以弥合。这个代际鸿沟已经成为影响青年一代生活幸福感、价值归属感的一个不可忽视的因素。跨越和消除代际鸿沟,既需要90后,95后对家庭与社会责任的深刻理解和自觉传承,更需要父母一代、老师一代对孩子的尊重、理解、支持与厚爱。孩子不认同父母和老师的价值观念,并不直接意味着对传统的背离和放弃,或许会是另一种形式的传承和发扬,这都需要老师和父母积极加以引导。

最后,面临多元文化对话与交流的挑战。几乎每一所大学,都把全球化、国际化、世界格局视为基本发展战略。很多大学的国际学生已经占到学生人数的10%、20%,甚至更多。国际师资占比,更是一个大学开放办学的基本参数。全球化和本土化,已经不是对立关系,而是相互促进的融合关系了,是推动大学提高水平、提高质量、提高效益和扩大影响的双引擎。应该看到,全球化的收益,或者说全球化带来的利益,现实而迅速。但是,对非本土文化、异域文化、相互差异的亚文化、少数族群文化、时代文化、先锋文化的宽容和相互理解,却总是来得要晚一些、慢一些。建立多元融合的新群体,建设人人共享的多元化新家园,不能寄希望于某一个族群的忍让和谨慎,而应该立足于共同利益的最大化以及社会成本的最小化,面向未来,面向大局,从现实入手,从长远计议,才能够逐步建造起一个多元融合的新校园、新社会。

面向2020,大学和书院应该选择共同做一些对未来发展有价值的事情。面向未来,大学之间,书院之间,必须加强合作与交流,力争共同在以下四个领域有所建树:

第一,继续丰富书院制建设的内涵,推行更多的受学生欢迎的书院教育活动和书院生活内容。在学生来源多样性和学生文化背景多元化的前提下,书院既是学生了解世界的窗口、探索世界的起点,书院也应该是学生精神文化的归宿和思想力量的源泉。书院里的生活,既可以帮助学生眺望远方,也可以帮助学生站稳脚跟,朝着自己向往的未来出发。书院是否受青年学生欢迎、是否能够首先得到青年学生的认可,是书院面向未来的唯一生存之道。

第二,通过书院之间的合作,积极推动青年学生的第二校园计划和多校园计划。无论是对本科生还是研究生,如果学生个人、学生团体或者学生社团能够有第二校园学习生活经验和多校园学习生活经验,哪怕是一个星期、一个月,最好是一个学期、一个学年,那么这一代人一定能够走出本土意识、拥有全球视野,一定能走出狭隘观念、拥有开放心态。无论是国内第二校园经验还是海外第二校园经验,都是必要的和值得的。

第三,在继续扩大国际师资规模的前提下,更要大力推动书院导师队伍的跨校、跨境、跨国的交流与培训。书院里的学生工作是一个领域,已经细分成了很多个专业工作方向。书院学业导师和常任导师队伍专业化的过程,也需要培养国际视野、增进对多元文化的体验与认同。书院导师应该通过开展跨校兼职、跨校短期培训、专项技能培训等,不断提升专业化、专家化水平。在来自国外的、境外的和远方的学生来到校园之前,书院导师已经对其成长环境和社会文化有了一定的学习和了解,这是增强教育亲和力、提升育人质量的重要措施。

第四,要尽力推进师生互动和学生互动交流。书院是一个社区,是一个师生共享的社区。在这里,老师和学生之间共享着科学精神的指引,学生和学生之间共享着实现梦想的旅程。一个学生在教室以外、书本以外学习到的知识和技能,将会逐渐成为支撑其未来职业发展和生活方式的重要支柱。无论是教师还是学生,静坐书桌前,在大学校园里独自学习和沉思的时代已经过去了,寒窗苦读的田园牧歌不会重现。只有合作、交流、分享、融合的团队式成长与团队式学习,才能顺应知识集成创新与知识协同创新的时代潮流。

以上谈论了这么多关于书院的话题,尚没有着重提到经费保障、人员配备等因素,可以肯定的是,书院在未来是否有机会发展、书院是否能够持续健康地发展下去,要回答和解决这些问题,关键人物对书院的认知和态度、对教育的理念和展望,仍然是首要问题。

面向2020,00后,也就是2000年以后出生的孩子,即将成为大学校园的主人,他们相比于90后和95后,只会更加精致、更加讲求效率、更加网络化、更加都市化、更加全球化,抚养和教育成本更高,成才和成功的期望更高,他们也会更加在乎自我、更加在乎自己的感受和体验、更少关注传统、更少关心本土、更少关心照顾他人。

根据已有的研究,可以预测,00后选择大学将会不仅仅关注大学的学科专业排名、本专业的教授人数、毕业后的薪资水平,他们一定会更加关注自己所青睐的大学的文化氛围以及在大学里面过一种什么样的生活。一个大学,拥有的教授再多、教授的名声再大,如果从来没有机会、没有场所,能让教授们与青年学生谈古论今、谈天说地、推心置腹、海阔天空,那这样的校园生活,终将会给学生和教授留下遗憾。

在21世纪的第三个十年开始之际,人们会逐渐摆脱择地域而居的束缚,开始择文化而居,逐兴趣而居。各具特色的书院文化建设,就是要不断满足学生日益增长的对文化氛围的需求,满足学生多样兴趣的需求,创造适宜学生展现个性、全面发展的优雅场所。营造好一个更适宜当前乃至未来人才培养所需要的教育环境,营造好一个更适宜于大学生健康快乐成长所需要的学习生活环境,营造好一个教育机构、教育者、教育对象共同成长所需要的良好生态系统,这将是所有书院建设者共同努力的方向。现代书院制不仅是大学教育面向未来的一个选择,而且会成为大学奉献给未来社会的一个精美、精致、精彩的礼物。这份珍贵的礼物,目前就捧在我们这一代人的手中。

宫 辉

初稿于2016年7月

定稿于2017年5月

目 录

前言

第一章 高校书院发展综述

一、当代大学人文精神缺失的反思 (2)
(一)西方人文精神的历史沿革 (2)
(二)中国悠久的人文传统 (3)
(三)中国大学人文精神缺失的反思 (3)
(四)大学人文精神的重构 (4)

二、中国传统书院的现代价值 (5)
(一)中国传统书院的发展轨迹 (5)
(二)传统书院文化精神的内涵 (6)

三、他山之石——西方书院的借鉴 (7)
(一)西方大学书院发展的历史沿革 (7)
(二)英国大学的书院特点 (8)
(三)美国大学书院的特色 (8)

四、书院制的探索与思考 (9)

第二章 高校书院发展现状

一、华北地区 (12)
(一)北京大学 (13)
  1. 元培学院 (13)
(二)清华大学 (14)
  2. 新雅书院 (14)
  3. 苏世民书院 (16)
(三)北京航空航天大学 (17)
  4. 启明书院 (17)
  5. 汇融书院 (18)
  6. 知行书院 (19)
  7. 冯如书院 (19)

(四)北京联合大学 ……………………………………………… (20)
    8. 学知书院 ………………………………………………… (20)
(五)邯郸学院 …………………………………………………… (21)
    9. 劝学书院 ………………………………………………… (21)
    10. 启航书院 ……………………………………………… (22)
(六)河北大学工商学院 ………………………………………… (23)
    11. 明德书院 ……………………………………………… (24)
    12. 笃学书院 ……………………………………………… (24)
    13. 致用书院 ……………………………………………… (25)
    14. 治平书院 ……………………………………………… (26)
    15. 诚行书院 ……………………………………………… (27)
(七)华北理工大学轻工学院 …………………………………… (27)
    16. 知行书院 ……………………………………………… (28)

二、东北地区 ……………………………………………………… (29)
(八)大连理工大学 ……………………………………………… (29)
    17. 伯川书院 ……………………………………………… (29)
    18. 令希书院 ……………………………………………… (31)
    19. 长春书院 ……………………………………………… (31)
    20. 国栋书院 ……………………………………………… (32)

三、华东地区 ……………………………………………………… (33)
(九)复旦大学 …………………………………………………… (35)
    21. 腾飞书院 ……………………………………………… (36)
    22. 希德书院 ……………………………………………… (38)
    23. 任重书院 ……………………………………………… (38)
    24. 志德书院 ……………………………………………… (39)
    25. 克卿书院 ……………………………………………… (40)
(十)华东师范大学 ……………………………………………… (40)
    26. 孟宪承书院 …………………………………………… (41)
(十一)苏州大学 ………………………………………………… (42)
    27. 敬文书院 ……………………………………………… (42)
    28. 唐文治书院 …………………………………………… (44)
(十二)江南大学 ………………………………………………… (45)
    29. 至善学院 ……………………………………………… (45)
    30. 君远学院 ……………………………………………… (47)
(十三)江苏师范大学 …………………………………………… (48)
    31. 敬文书院 ……………………………………………… (48)
(十四)苏州科技大学 …………………………………………… (49)

32. 敬文书院 …………………………………………………………………… (49)

(十五)南京审计大学 ……………………………………………………………… (51)

　　33. 泽园书院 …………………………………………………………………… (51)

　　34. 澄园书院 …………………………………………………………………… (52)

　　35. 润园书院 …………………………………………………………………… (52)

　　36. 沁园书院 …………………………………………………………………… (53)

(十六)浙江大学 …………………………………………………………………… (54)

　　37. 竺可桢学院 ………………………………………………………………… (54)

　　38. 国际校区书院 ……………………………………………………………… (56)

(十七)绍兴文理学院 ……………………………………………………………… (57)

　　39. 阳明书院 …………………………………………………………………… (58)

　　40. 成章书院 …………………………………………………………………… (59)

　　41. 仲申书院 …………………………………………………………………… (60)

　　42. 建功书院 …………………………………………………………………… (61)

　　43. 竞雄书院 …………………………………………………………………… (61)

　　44. 树人书院 …………………………………………………………………… (62)

　　45. 文澜书院 …………………………………………………………………… (63)

　　46. 青藤书院 …………………………………………………………………… (64)

　　47. 东山书院 …………………………………………………………………… (65)

　　48. 羲之书院 …………………………………………………………………… (66)

(十八)温州大学 …………………………………………………………………… (67)

　　49. 步青学区 …………………………………………………………………… (67)

　　50. 溯初学区 …………………………………………………………………… (68)

　　51. 超豪学区 …………………………………………………………………… (69)

(十九)山东大学 …………………………………………………………………… (70)

　　52. 一多书院 …………………………………………………………………… (70)

　　53. 从文书院 …………………………………………………………………… (71)

(二十)中国海洋大学 ……………………………………………………………… (71)

　　54. 行远书院 …………………………………………………………………… (72)

(二十一)青岛职业技术学院 ……………………………………………………… (73)

　　55. 知行书院 …………………………………………………………………… (73)

四、华中地区 ………………………………………………………………………… (74)

(二十二)郑州大学 ………………………………………………………………… (74)

　　56. 西亚斯知行住宿书院 ……………………………………………………… (74)

(二十三)新乡医学院三全学院 …………………………………………………… (75)

　　57. 仁智书院 …………………………………………………………………… (75)

　　58. 羲和书院 …………………………………………………………………… (76)

  59．精诚书院 …………………………………………………………（76）
  60．崇德书院 …………………………………………………………（77）
  61．德馨书院 …………………………………………………………（77）
五、华南地区 ……………………………………………………………………（78）
 （二十四）厦门大学 …………………………………………………………（79）
  62．博伊特勒书院 ……………………………………………………（79）
 （二十五）厦门工学院 ………………………………………………………（80）
  63．友恭书院 …………………………………………………………（80）
  64．友惠书院 …………………………………………………………（81）
  65．友善书院 …………………………………………………………（82）
  66．友仁书院 …………………………………………………………（82）
  67．友敏书院 …………………………………………………………（83）
  68．友容书院 …………………………………………………………（83）
 （二十六）暨南大学 …………………………………………………………（84）
  69．四海书院 …………………………………………………………（84）
 （二十七）汕头大学 …………………………………………………………（85）
  70．至诚书院 …………………………………………………………（85）
 （二十八）肇庆学院 …………………………………………………………（87）
  71．力行书院 …………………………………………………………（87）
  72．厚德书院 …………………………………………………………（89）
  73．明智书院 …………………………………………………………（90）
  74．博学书院 …………………………………………………………（90）
 （二十九）南方医科大学 ……………………………………………………（91）
  75．博雅书院 …………………………………………………………（91）
  76．尚进书院 …………………………………………………………（92）
  77．知行书院 …………………………………………………………（93）
  78．德风书院 …………………………………………………………（94）
 （三十）南方科技大学 ………………………………………………………（94）
  79．致仁书院 …………………………………………………………（95）
  80．树仁书院 …………………………………………………………（95）
  81．致诚书院 …………………………………………………………（96）
  82．树德书院 …………………………………………………………（97）
  83．致新书院 …………………………………………………………（97）
  84．树礼书院 …………………………………………………………（98）
六、西南地区 ……………………………………………………………………（98）
 （三十一）西南交通大学 ……………………………………………………（99）
  85．唐臣书院 …………………………………………………………（99）

86. 竺可桢书院 ·· (100)
七、西北地区 ·· (101)
　（三十二）西安交通大学 ·· (102)
　　87. 彭康书院 ·· (102)
　　88. 文治书院 ·· (103)
　　89. 宗濂书院 ·· (105)
　　90. 南洋书院 ·· (107)
　　91. 崇实书院 ·· (108)
　　92. 仲英书院 ·· (111)
　　93. 励志书院 ·· (112)
　　94. 启德书院 ·· (113)
　　95. 钱学森书院 ·· (114)
　（三十三）西安建筑科技大学 ···································· (116)
　　96. 南山书院 ·· (117)
　　97. 紫阁书院 ·· (118)
　（三十四）西北农林科技大学 ···································· (118)
　　98. 右任书院 ·· (119)
　（三十五）西安外事学院 ·· (120)
　　99. 七方书院 ·· (120)
　　100. 天使书院 ··· (121)
　　101. 开元书院 ··· (122)
　　102. 鱼化龙书院 ··· (122)
　　103. 龙腾书院 ··· (123)
　　104. 博雅书院 ··· (123)
　（三十六）西京学院 ·· (124)
　　105. 万钧书院 ··· (124)
　　106. 行健书院 ··· (124)
　　107. 南洋书院 ··· (125)
　　108. 至诚书院 ··· (126)
　　109. 创业书院 ··· (126)
　　110. 博雅书院 ··· (128)
　　111. 允能书院 ··· (129)
　（三十七）甘肃民族师范学院 ···································· (130)
　　112. 莲峰书院 ··· (130)
　　113. 香巴拉书院 ··· (131)
　　114. 亭林书院 ··· (131)

第三章　高校书院类型分析

一、多姿多彩的现代书院 …………………………………………… (134)

二、高校书院类型 …………………………………………………… (137)

三、全员制模式书院 ………………………………………………… (138)

四、非全员制模式书院 ……………………………………………… (143)

五、实验班模式书院 ………………………………………………… (149)

六、特定群体模式书院 ……………………………………………… (155)

第四章　高校书院发展评述

一、书院与学院协作关系 …………………………………………… (160)

二、书院与校园社区建设 …………………………………………… (163)

三、书院理念与发展走向 …………………………………………… (167)

后记 ………………………………………………………………… (175)

第一章 高校书院发展综述

高校书院发展报告
（2017）
GAOXIAOSHUYUAN
FAZHANBAOGAO

人才培养一直以来都是大学最根本的社会职能和历史使命。自2005年复旦大学成立书院，西安交通大学试点文治苑，2006年西安交通大学成立彭康书院起，短短10余年时间，中国大陆高校陆续建立书院，不断探索人才培养模式的新途径新方法。为什么短短的十余年间书院如雨后春笋般在大学校园蓬勃兴起，这其中蕴含着历史和现实的必然性，反映出高校对大学人文精神缺失的反思、对传统书院人文精神的思考以及对英美各国著名学府书院培养模式的借鉴。

一、当代大学人文精神缺失的反思

大学人文精神是在大学的发展演绎过程中形成和发展起来的，经过长期的历史积淀，有着稳定而丰富的内涵，它体现了大学对人的价值和生存意义的关怀，同时又以价值观念和行为规范的形式约束着大学里的人的行为，显示着大学不同于其他机构的独特的气质特征。虽然很难给它下一个明确的定义，但是人们仍然愿意从普遍的意义上对它的内涵进行解说。具体来说，大学人文精神的内涵应包含以下几方面的内容：高扬人的价值，维护人的尊严和命运；谋求个性解放，建立自由、平等、和谐的人际关系；秉承理性原则和主体意识；重视终极追求，执着探索超越现实的理想世界和理想人格；拥有强烈的社会责任心和历史使命感以及永恒的道德精神；倡导人与自然的可持续发展。

由此，可以认为：大学人文精神就是指大学所弘扬的在处理人与自身、人与他人、人与社会和人与自然的关系中所持的价值观以及建立在这种价值观基础上的行为规范。

（一）西方人文精神的历史沿革

西方的人文教育思想，最早出现于亚里士多德的著作中。亚里士多德把教育分为自由教育和职业教育两大类，自由教育适合于"自由人"——悠闲阶层，这是一种高尚而文雅的教育，其目的在于心灵的陶冶，实质乃是人文教育。古希腊时代的这种博雅教育（liberal education，也译为人文教育），旨在培养具有广博知识和优雅气质的人，这一教育理念生存于宽大广博的希腊文化之中。

中世纪大学是近代西方大学教育的源头，在中世纪以及其后相当长的一个时期，西方的大学教育主要表现为人文精神培育，它以探求真理、完善人格为宗旨，强调大学的根本目的是培养身心全面发展的理想的人。

老牌的牛津大学和剑桥大学一直固守着人文精神培育的宗旨，在它们看来，"设立大学是为了给教会和政府培育服务人员，即培养有教养的人，而不是知识分子。就大学毕业生而言，具有教养比具有高深学识更重要"。

文艺复兴和启蒙运动时期的欧洲思想家赋予了"人文"更广泛的内涵，在他们的视野中，"人文"即建立在以人为中心的基础上的个性、自由、价值、情趣、人格、人性等内容。在文艺复兴和启蒙运动中，"欧洲的大学把人类自由思考的优良传统，维系不缀，而且发扬光大起来，推动了人类的文明进步。这种自由思考，是大学所以成其为大的一个要素"。

但是，随着资本主义商业经济的产生和发展，特别是科学技术的进步和巨大功用，大学的这种人文精神传统受到了挑战。工业化进程迫切需要掌握科学技术的人才。于是培养技术专门人才就成为大学的重要任务，自然科学和技术科学就逐渐成为大学教育的重要内容。特别是19世纪中叶以后,科学技术得到迅猛发展,科学开始分化,大学系科也随着学科的分化和工业产品的繁多而分化。科学教育以不可逆转之势向前发展,取代了人文精神培育,在大学教育中获得了统治地位。科学教育在与人文精神的冲突中逐渐在大学教育中取得了统治地位,并按照它自身发展的逻辑,拓宽了人的认识领域,解放了生产力,使人类从大自然中获得了巨大的物质财富。

但是,当人类进入现代社会并开始对自身面临的众多社会问题进行深刻反思的时候,科学教育的局限性便凸现在人们面前,科学教育受到了诘难。科学教育的局限性集中表现在两个方面:一是科学教育自身并不能保证人类就一定会将科学技术用于造福人类的目的;二是科学教育的片面发展不仅无助于处理人与自然的冲突、人与人的冲突以及人内心不平衡等世界性问题,反而在一定程度上使得这些矛盾和冲突更加突出地表现出来。

就在科学教育受到诘难的同时,人文精神又重新受到人们的重视,特别是20个世纪60年代以来,人文精神在世界许多国家已成为教育决策者关注的热点问题和教育改革的重要课题。1984年,美国人文学科促进会发表的《挽救我们的精神遗产———高等教育人文学科报告书》震撼了美国教育界,并促进了其高等学校的课程改革。英国政府在1987年4月发布的《高等教育———应付新的挑战》白皮书中,明确地把增进人文学科学术成就作为高等教育的目标之一。

(二)中国悠久的人文传统

中国具有悠久的人文传统,注重提升人的精神境界,把知识教育作为塑造"君子"的手段。在古代,最早出现"人文"一词的《易·贲》中说:"文明以止,人文也。观乎天文,以察时变;观乎人文,以化成天下。"这里的"人文"主要指礼教文化。所谓"文明以止",就是要求人们内以践行道德伦理,以至于心有所"明";外以恪守立法制度,以至于行有所"止"。

"中国古代的人文教育主要表现为儒家教育。儒家文化在中国传统文化中占据主导地位,它主要从人的道德属性来诠释人性;通过格物、致知掌握统治之术,通过正心、诚意、修身加强道德修养,以达齐家、治国、平天下的目的。"这种人文教育表现出强烈的道德教育色彩。中国古代的大学理念,体现于《大学》之开篇:"大学之道,在明明德,在亲民,在止于至善。"意即大学的精神在于发扬人性之善,培养健全人格,改良社会风气。这里的"大学之道"典型地反映了中国古代为教、为学、为人的"大学"理念,体现着一种强烈的人文意识和人文精神。

经千年时光涤荡,近现代中国大学人文精神在20世纪初终于积淀成一种传统,20世纪30年代,时任清华大学校长的梅贻琦先生曾对大学有过这样的评论:"大学者非有大楼之谓也,有大师之谓也。"他强调了具有渊博科学知识和高尚道德情操的人师,是大学具有人文精神的重要标志。

(三)中国大学人文精神缺失的反思

现代意义上的中国大学,始于19世纪末20世纪初,在120余年的发展过程中,大致上来说,前50年学习美日,后40年模仿苏联,近30年才有了独具中国特色的理论探索和实践创新的历史。

京师大学堂的建立,意味着中国近现代大学教育的开始。当时正值国家处于内忧外患之际,这使中国的大学从一开始就因肩负着"强国"的使命而具有工具理性色彩,科学教育在那时作为大学教育的一部分正式进入了大学的讲堂,在"博学穷理"与"学以致用"之间只能选择后者。

辛亥革命和五四新文化运动举起了"科学、民主"的大旗,科学教育从此在大学教育中占据了主流地位,科学教育与人文教育的矛盾从那时开始显现,东西文化的论争在那时也开始针锋相对。但在"中学为主,西学为辅"的办学宗旨下,大学教育虽发展"实学",传统人文精神的培育仍有一定的发展空间。

梅贻琦说:"今日中国之大学教育,溯其源流,实自西方移植而来,顾制度为一事,而精神又为一事。就制度而言,中国教育在中国不见有形式相似之组织;就精神而言,则文明人类之经验大致相同,而事有可通者。"可见,人文精神教育在当时的大学教育中占有重要地位。

新中国成立后,百废待兴,在当时的社会大潮中,历史和现实都要求高等学校必须担负起建设国家的使命,《共同纲领》明确了我国教育是"民族的、科学的、大众的文化教育",教育的任务是"普及科学知识"。至此,科学教育成了教育的代名词,科学教育在大学教育中处于绝对主导地位,人文教育被消减。由于参照苏联模式,1952年进行大学院系调整,实行科学与人文教育分家,理工类院校和专业获得极大发展,人文学科及专业相应萎缩。在此背景下,大学的人文精神被实用主义、技术主义所取代,高等教育远离了大学理念与大学精神,人文精神走向式微。这种变迁所引发的变化主要表现为:在人才培养中,普遍缺少对人类文化精神的关怀,学生的人文修养、艺术修养、道德修养得不到正确的对待和有效的保证。

由于过窄的专业视野,严重限制了学生学科视野的拓展及学科间的渗透与交流氛围的形成,且难以适应社会复杂多变的环境对人才的多面性要求;某些教师以绝对正确的口吻在传授具体的科学知识的同时,却损害了科学那种"宽容"的怀疑的理性精神,这也是学科专家的视野所限。

爱因斯坦早就指出过:用专业知识教育人是不够的。通过专业教育,他可以成为一种有用的机器,但是不能成为一个和谐发展的人。

随着20世纪80年代后期教育产业化改革,大学教育实用化、工具化的倾向更加严重,知识、文凭、职称等成为获得物质利益的手段,至于对真理的关爱与执着、对理想的守护、对个体素质的提升等都退而居其次了。知识分子缺少公共义务和道德责任。不少人在专业领域内堪称国内一流、甚至是世界一流,但只要跨出自己的专业知识半步,就完全是一个知识的"文盲"。缺少陈寅恪所讲的"独立的人格,自由的思想"。直到20世纪90年代,当人们已经认识到忽视人文教育而带来的种种弊端时,大学人文教育才再次提上日程。

(四)大学人文精神的重构

从20世纪70年代开始,世界高等教育领域为应对唯科学主义和功利主义所导致的社会道德危机,逐渐提出更多体现教育以人为本、回归生活的理念。1972年,联合国教科文组织编著并出版了《学会生存——教育世界的今天和明天》,该书在全球范围内引起重大反响,时至今日仍然具有十分重要的理论意义。它的含义和基本设想是:使人的受教育权民主化,在全民中实施终生教育,这样一来,每位公民都可以"终生学习如何去建立一个不断演进的知识体系",即获得生存技能;并"使人日臻完善,人格丰富多彩,表达方式复杂多样,作为各种角色承担各种不同的责任",即获得个性充分发展的机会与平台。

1989年底,联合国教科文组织在北京召开"面向21世纪教育国际讨论会",会议报告的中心议题是:《学会关心:21世纪的教育》。它指出教育应围绕关心这一主题,指导学生关心自我、他人、全人类;关心社会、经济、生态、全球生存环境;关心知识、真理和学问。这样,继70年代的"学会生存"提出之后,到80、90年代之交又以"学会关心"的提出与之并列,21世纪全球教育有了共同的主题:"学会生存"与"学会关心"。

值此背景下,滋养着中华文明,蕴含着强大的人格魅力和人文精神的中国传统书院和西方大学极具浓厚人本关怀和文化意蕴的住宿书院自然而然再次走进人们的视野,如何在借鉴中国书院教育的优良传统和西方现代大学制度的基础上创造一个既有本土精神,又面向世界、面向未来的高等教育体制成为我国高等教育改革的方向。

二、中国传统书院的现代价值

中国传统书院是中国封建社会独特的教育组织和学术机构,是古代学人围绕着书,开展包括藏书、读书、讲书、著书等各种活动,从而进行文化积累、研究、创造与传播的文化教育组织。它是与官学并驾齐驱的一种教育制度,它萌芽于唐末,鼎盛于宋元,普及于明清,改制于清末。中国传统书院历经千年风雨,在漫长的儒家文明传播中不断沉淀,曾经充满了旺盛的生命力和历史厚重感,它已渗透到中华民族的血液中,滋养着中华文明,蕴含着强大的人格魅力和人文精神。

(一)中国传统书院的发展轨迹

书院之名始于唐代,分官私两类,但都不是聚徒讲学的教育组织,前者如集贤殿书院为藏修书之所,后者为文人士子治学之地。因受佛教禅林的启发,大都在一些清静、优美的名胜之地读书治学。

书院产生于唐,兴盛在宋。宋代结束了唐末分裂割据的局面,实现了国家统一,生产逐渐恢复,社会趋于安定,讲学论文之风渐起。但当时统治者仅注重科举选拔人才,尚无暇顾及兴教办学,使得宋初官方学校教育处于衰疲状态。在这种形势下,书院之所以得以长足发展,是因其发挥了教化民众的教育功能,并形成相应的独具特色而内涵丰富的教育制度。这既有利于培养当时社会所需要的人才,又解决了士林渴望学习的社会问题,所以也得到了统治阶层在物质上的支持。随着书院的发展和兴盛,陆续出现白鹿洞、岳麓、睢阳(应天府)、嵩阳书院等著名书院。白鹿洞书院至南宋朱熹重修,并由其亲自拟定《白鹿洞书院揭示》之后,更是名声大振。自此,《揭示》成为理学派书院所共同遵循的院规。

到了元代,统治者为缓和蒙汉民族的矛盾,笼络汉族士心,对书院采取保护提倡的政策,同时也逐渐加以控制,使元代书院日益呈官学化趋势。书院的官学化,一方面使教学秩序、学生来源、教师任免、财政收入等纳入国家治理制度,因而保证了其正常的发展与运行;另一方面也因此在各个环节受到官方的制约和局限,在一定程度上影响了学术的活跃和发展。元朝的书院继承了前代书院自由研讨和讲学的传统,特别是元初一批南宋著名儒师及其门生担任山长时,可以在书院中较为自由地讲学论道,因此吸引了大批知识分子,从而活跃了元朝的学术氛围。元代将书院和理学推广到北方地区,缩短了南北文化的差距,这些在促进文教普及、科学文化发展、人才培养及后世影响方面,都起了积极的作用。

明代书院的发展"经历了沉寂——勃兴——禁毁的曲折道路"。明初,因政府重视发展官学,提倡科举取士,官学兴极一时,书院备受冷落,130多年间书院数量较少,发展缓慢。明中叶以后,因官学空疏,科举腐化,书院教育由此复苏,嘉靖以后,发展到极盛。天启五年(1625)魏忠贤下令拆毁天下书院,造成了"东林书院事件"的爆发。东林书院是当时重要的教育、学术和议政的中心,无论是在明朝,还是在中国古代书院发展史上,都具有其特殊地位。崇祯帝即位后书院陆续恢复,并出现了陈献章、王守仁等学派。

清初统治者抑制书院发展,使之官学化。顺治九年(1652)明令禁止私创书院,但实际上是禁而不绝。不过,这时的书院已经同官学没有什么区别。雍正十一年(1733)各省城设置书院,后各府、州、县相继创建书院。乾隆年间,官立书院剧增。绝大多数书院成为以考课为中心的科举预备学校。"百日维新"受挫之后,至光绪二十七年(1901),日薄西山的清王朝则令书院改为学堂,各府书院改为中学堂,各州县书院改为小学堂,并多设蒙养学堂。至此书院制度走完了近千年的曲折历程之后,最终汇入了近代学校教育的洪流之中。

(二)传统书院文化精神的内涵

书院是中国古代教育发展到一定历史阶段的独具特色的文化教育形式,它蕴涵了深厚广博的文化精神,这种文化精神的内涵包括了德业并重的目标追求、自由活泼的为学品格、创新争鸣的开放气度、谨严纯正的治学精神和知行合一的践履理念。

重视德行的修养,乃至把德行放在比学业更为重要的位置上来对待,是我国古代知识分子的共同追求,是自孔子开始就渗透到中国古代知识分子心目中的一种不能磨灭的信念。书院是知识分子汇聚的地方,作为以"化育人才"为己任的一种学校形式,在完成学业任务的同时,书院教育自始至终都表现出对于德行培养的高度重视。朱熹认为书院就是一个学者带领学者从事学术研究以及涵养道德人格的场所,其所作的著名的《白鹿洞书院揭示》中所说"修身、处事、接物"之要,无不包含着涵养道德人格的意义和思想。这种"德业并重"的思想为后代的书院所传承和发展。

自由为学是书院教育至为关键的品格之一。书院向广大平民子弟开放,学习者无论远近贵贱皆可就学。这种品格贯穿了书院发展的始终。书院教育的主要方式就是学生自行读书、自行钻研、自行领会,其间老师予以指导。朱熹认为"治平天下,格物致知",最重要的方法就是自行读书,并在自行读书的过程中自行思考和钻研,从而得到自己的认识,这种"自由"的学习方式,对于发挥学生的主动性和创造性具有十分重要的意义,成为书院教育的灵魂。书院师生之间"质疑问难",互相质询,是书院教育非常重要的教育传统。这种"质疑问难"既有学生存在疑问向老师质询的,亦有老师考问学生的。著名的《朱子语类》记载的多是朱熹与其弟子互相质疑问难的实录。书院倡导学生之间互相切磋。吕祖谦《丽泽书院学规·乾道五年规约》即这样规定:"凡有所疑,专置册记录。同志异时相会,各出所及所疑,互相商榷,仍手书名于册后。"

顾宪成所订《东林会约》也有专门一条是这样说的:"一人之见闻有限,众人之见闻无限。于是或参身心密切,或扣诗书要义,或考古今人物,或商经济实事,或究乡井利害,盖有精研累日夕而不得,反复累岁月而不得,旁搜六合之表而不得,逖求千古之上而不得。一旦举而质诸大众之中,投机遘会,片言立契,相悦以解者矣。"

由此可见,书院倡导学生互相之间"亲师取友,切磋琢磨,所以讲明义理",鼓励师生之间、学生之间"相观而善,相资而成",认为学生学习如果不能互相切磋,互相学习,"身居一室之内,心驰万里之外,虽日亲方策,口诵圣言,亦欺人耳。"

书院在严谨治学方面形成了卓有特色的风格,这一风格甚至超越了官学,成为中国古代教育史上的一股清流。书院严谨治学最突出的表现是建立了完善的教学管理制度,其中最具特色的当属书院"学规""教条"等。这些"学规"揭示了书院教学的宗旨、目的、方法等,体现着书院教育的精神追求。历史上,几乎所有的著名书院教育家都撰有学规传世,著名的如朱熹《白鹿洞书院揭示》、吕祖谦《丽泽书院学院则》、陈文蔚《双溪书院揭示》、王守仁《教条示龙场诸生》《教约》等。在这些学规之下,往往还有规定学习、生活等细节的"学则"。书院的"学规"从宏观上规定了书院学人应当遵循的社会价值观念和基本道德修养方法,反映的是儒家文化对人的基本要求;书院"学则"则从微观上对书院学人修学过程所应遵循的生活和学习礼仪规范进行了细致入微的规定。"学规"、"学则"相辅相成,严谨而细密,书院学子在这些基本规范的熏陶下,从对基本礼仪规范的遵行进而化入内心,自然而然地修养成文质彬彬的君子。

知行合一、躬行践履是儒家文化的基本要求,儒家"格物、致知、诚意、正心、修身、齐家、治国、平天下"的理想信念,决定了其在教育上坚持学用一致、知行合一的理念。书院教育本质上就是儒家文化教育,因此,知行合一、躬行践履也就自然而然成为书院教育的重要理念。正如明代顾宪成、高攀龙主持东林书院时的对联所言,"风声雨声读书声,声声入耳;家事国事天下事,事事关心"。书院教育"知行合一"的理念首先体现为经世致用的价值取向。书院教育以传授道德义理、培养圣贤人格、养成治国安邦的才能为根本宗旨,因此经世致用成为书院教育的一种自觉的价值取向。书院教育重视在日常礼仪教育中渗透精神教育,所有的书院都有严格的祭祀先师先圣的礼仪规范以及日常学习和生活的"日习常式",这些尊师、重道、崇贤的仪式以及日常礼仪规范成为书院重要的教育形式,亦是"知行合一"的重要体现。

可见,中国传统书院教育是本着对个体德性的深切关照乃至对生命的终极关怀,体现了"以人为本"的精神实质和价值选择,具有深厚的人文底蕴。诚然,我们不可能也不应该退回到书院时代,以经史诗赋作为今天大学教学的唯一内容,但在更加现代、更加多元、更加开放的社会,面对价值的失落、道德的滑坡,仍需要共同崇善的人文精神来挽救与重建。因而,也许可以从古代书院那里找到教育的精神家园。特别是书院教育所营造的宽松环境,所倡导的自由自主、怀疑批判、开放创新精神,所追求的以道德涵养、人伦申扬为旨归的教育目的等,都是当代大学教育所缺失的,也是现今大学教育借助书院尤当学习、借鉴和弘扬的。

三、他山之石——西方书院的借鉴

(一)西方大学书院发展的历史沿革

书院模式是英国高等教育的传统,从 15 世纪开始,牛津和剑桥就已形成了以导师制为中心的书院模式,从此书院便成为大学精神存在的重要载体之一。哈佛和耶鲁大学在 20 世纪 30 年代开始借鉴并实践牛津和剑桥大学的书院教育,逐步形成了具有自身特色的书院模式。目前,书院模式已传播到北美、西欧等多个国家和地区。剑桥、牛津、耶鲁和哈佛等世界一流大学都实行书院模式,尽管其名称不同,例如在剑桥叫宿舍(dorm),耶鲁称之为学院(college),哈佛称之为学舍(house),但其实质和精神是相通的。书院模式作为剑桥和耶鲁等世界一流大学的学生培养模式,在其一流的人才培养过程中发挥了不可替代的独特作用。

（二）英国大学的书院特点

英国的高等教育因其书院而享誉世界，最突出表现为牛剑模式（oxbridgel）。在牛剑模式中，书院是相对独立的、多学科性的、师生共同生活在其中的学术共同体。这里相对独立的书院则为英式书院。英式书院秉承着博雅教育理念，教育的核心在于"雅"，与"俗"相对，目的是培养适应文雅社会的绅士，即善于交际和礼仪得体的高雅绅士，以区别非绅士阶层的贫民。

牛剑模式的博雅教育理念在长期的发展过程中，形成了英式独具特色的教育制度，主要表现为联邦式结构、导师制教学、住宿式生活等三大特点。由各自独立书院结合而成的、联邦式的团体成就了牛剑独特的联邦式结构。英式书院并不是按学科划分，而是每个书院都兼有各科，每个书院通过民主管理、各自为政，减少了大学内部人员之间的矛盾。教学由大学和书院共同承担，书院主要负责管理学生的日常生活，并对本书院的每一名学生分派导师对他的生活和学业进行指导。在牛剑模式中，书院的中心工作都是围绕本科教学而开展，导师制是最有效的教学关系。由于课堂教学的稀少，所以师生之间有充足的时间面谈，促使学生独立自主，直接受到导师的熏陶。牛剑模式的精髓还体现在住宿式生活，其魅力在于将牛剑浓厚的文化氛围与优美的自然环境进行有效融合，各书院独特的建筑赋予了大学文化的深邃感和历史的厚重感。

"牛剑的导师和学生们就是在这样一个个世外桃源般的学院环境里分享着学术的、社会的和教育的生活。他们在一起同吃共宿，在一起喝酒聊天，在日常交往中接受各个学院不同学术传统的熏陶。"牛剑式书院特别重视非形式化教育，其教育理念已渗透到校园制度的各个方面，其中导师制教学居于核心地位，联邦式结构和住宿式生活都是围绕导师制教学服务。

（三）美国大学书院的特色

美式书院建立时间较晚，且时间较集中。20世纪20年代初，耶鲁大学学生人数迅猛增长，学生食宿和生活设施短缺问题严重。1925年，耶鲁大学校长安杰尔（James Rowland Angell）为了恢复耶鲁精神，建议耶鲁校董会建立书院，将学生分散在类似英国大学里一个个小的书院内居住，创造一个亲密无间的集体，让学生在这样的环境中相互关心、密切联系。而这一忠诚团结的精神被视为"耶鲁精神"，也是耶鲁的灵魂。

20世纪20年代中后期的哈佛大学，也面临着学生规模扩大的困扰。随着每年大批新生涌入学校，时任校长的洛韦尔（Abbott Lwrence Lowell）为了遏制学校所表现出的等级分化现象，决定建立书院，希望通过书院中的学术气氛和生活氛围，培养高素质和高度社会化的公民。哈佛、耶鲁的领导者一方面要贯彻其教育理念，另一方面又要扩大规模，满足学校的自身发展需要，于是大批书院得以迅速建立，书院模式也随之确立下来。

美式书院在借鉴英式书院的基础上，融合自身文化特色，形成了与英式书院迥异的组织模式。"书院是小规模、跨系科、兼具社会性与学术性，是大学中的小单位。如果一所大学中有一套完整的书院系统，那么每个学生必然归属其中之一。每所书院都是一个完整的小社会，但又能将整个大学合而为一。这源于书院小规模和多样化的特点，无论少年与长者、富贵与贫贱、学生与教授、艺术家与科学家，书院都能为其提供坚实而又充满挑战的社会环境与智力环境，但有所需，皆悉奉上。"

可见，美式书院实际上是一种学生与教职工生活、工作、学习的教育和生活共同体。

美式书院坚守通识教育理念,是在继承英国博雅教育理念的基础上融合了民主化社会的特色,探索创造出具有本土化内向生长的通识教育理念,旨在培养积极参与社会生活的、有社会责任感的、全面发展的社会的人和国家公民。

1945年《哈佛通识教育红皮书》的颁布,标志着真正意义上美国的通识教育理念的诞生,其价值取向着重在个人与社会之间达到平衡,由早先关注精英阶层转向关注普通民众、由个人转向社会。这一决策的出台成就了通识教育价值取向由形式平等到实质平等的转变,预示着培养具有社会责任感的公共教育时代已经来临。时任哈佛校长的洛韦尔也认为:通过书院中的学术气氛和生活氛围,培养高素质和高度社会化的公民。他指出,"大学的目标是同社会交互作用,而不是复制当代文明的缺陷。"

美式书院在通识教育理念下,借鉴英式书院制度的基础上,形成了矩阵式结构、导师制辅导、住宿式生活三大特点。美式书院是大学的一部分、子系统,相比英式书院,它们没有被赋予那么多权力,学院的大小事宜听命于大学,书院的管理人数相对要少,一般包括院长、教导长、导师、学院建筑管理员等。

美式书院以住宿式生活为中心,将一所大学的学生分散在各个书院之中,学生们既可得到校园大环境的熏陶,又可以在书院中享到小集体的温馨,每个书院都配有一定数量的导师,以便与学生保持密切的联系,主要为学生提供咨询、辅导。在书院中同学之间相互关心情同手足,各年级之间联系密切,是一个亲密无间的、小型化的社交集体。此外,美式书院与学术性系科之间形成了典型的矩阵式结构。纵向的学术性系科负责专业知识的传授与创新,负责定制教学标准和学术规范;横向的书院负责在课程之外给予学生咨询和辅导,为学生提供学习、生活与社会交往的优良环境。由此,美式书院基本实现了教学学术机构与学生事务管理机构相分离。

四、书院制的探索与思考

针对当前高等教育在人才培养中存在的问题,立足本土文化,借鉴英美模式,实现传统书院教育与现代大学教育的有机结合,以求弥补大学教育的不足,这正是建立书院的初衷。诚然,书院制建设目前尚属新生事物,它的研究和实践还处于探索阶段,但以通识型和创新型人才为培养目的,这本身是符合当前高等教育改革方向的。因此,可以相信,书院建设应该会有旺盛的生命力和重要的现实意义。

书院以学生心灵的陶冶和思想的完善为目的,旨在树立全人教育理念,书院教育就是要培养帮助人建立全面的人格,提升人的生命境界,发展其理性、道德与审美;有别于专业教育,其目的在于培养负责任的公民;培养有德行的文明承载者,对世界文明与中华文明的传承作出贡献。

书院理念所指向的以生为本,师生互动、社区自治,环境育人等管理理念,更有利于师生关系融洽,有利于学生成长、贴近学生生活。

我们也看到,书院制挑战了现有的学科建制。哈罗德·珀金曾精辟地指出:"组织的历史甚至比外部力量更能决定组织的未来。"由此可见,要转变历史悠久组织的运作方式和发展方向是多么困难的事情。目前国内大学基本通行的是按院、系、班级安排学生的住宿、学习和活动。这种学生教育管理培养体系是建立在以学科和专业为单元、以课程为中心的理念上。这种管理模式操作起来相对方便,也有利于同专业学生之间的交流,在我国存在历史悠久,积累了丰富的经验。书院制则是以宿舍为中心构建一种基于宿舍的由学生和教师共同构成的小型学习社区,是以学生全面发展的成才需求为出发点的创新人才培养模式。与其相配套的导师制倡导师生互融,导生制追求学生自治,多元化活动倡导全环境育人以及在专业学习上的多元选择。这种模式的实质则是以学生为中心。因此,这种转变既有教育理念的转变,也有管理模式的转变,会打破很多人固有的惯性思维。

  现代书院的兴起与发展仅仅 10 余年,作为最早建立书院的探索者、先行者和首倡者,需要一定的勇气与胆略,摒弃浮躁和功利,静下心来,潜心研究,努力实践,书院制不仅仅是制度上的设计,更需要积淀文化底蕴,形成精神内核,而这种积淀是对优秀文化传统的继承和提升,不断培育创造性的文化生活,构建文化特色;需要顶层设计,转变观念,适应时代和高等教育发展的需要,完善书院人才培养模式,形成书院的特色,建设具有中国特色的现代书院模式。

2015年起,西安交通大学成立《高校书院发展报告》课题组,组织学校70余名书院工作人员赴全国建有书院的部分高校开展实地考察调研,并结合文献资料检索及网络信息查询等方式,收集、整理形成高校书院发展报告。

据调查,截至2017年3月,中国内地共有37所高校建立了114所书院。本篇将按华北、东北、华东、华中、华南、西南、西北7个片区,依次对高校里的书院建设与发展状况进行简要介绍。

表1 实施书院制的高校及书院数量

地区	
华北地区	7所高校,16所书院
东北地区	1所高校,4所书院
华东地区	13所高校,35所书院
华中地区	2所高校,6所书院
华南地区	7所高校,23所书院
西南地区	1所高校,2所书院
西北地区	6所高校,28所书院

一、华北地区

(华北地区:北京市、天津市、河北省、山西省、内蒙古自治区)

本地区共有7所高校建有16所书院,它们是:

北京大学:元培学院

清华大学:新雅书院、苏世民书院

北京航空航天大学:启明书院、汇融书院、知行书院、冯如书院

北京联合大学:学知书院

邯郸学院:劝学书院、启航书院

河北大学工商学院:明德书院、笃学书院、致用书院、治平书院、诚行书院

华北理工大学轻工学院:知行书院

表 2 华北地区高校书院概况

序号	大学名称	书院名称	成立日期	学生人数	书院类型	命名方式
1	北京大学	元培学院	2007年9月	182	实验班模式	人物
2	清华大学	新雅书院	2014年9月	120	实验班模式	理念
3	清华大学	苏世民书院	2013年4月	110	实验班模式	人物
4	北京航空航天大学	启明书院	2012年9月	1200	全员制+实验班模式	理念
5	北京航空航天大学	汇融书院	2012年9月	500	全员制+实验班模式	理念
6	北京航空航天大学	知行书院	2012年9月	540	全员制模式	理念
7	北京航空航天大学	冯如书院	2016年	800	全员制+实验班模式	人物
8	北京联合大学	学知书院	2015年4月	3200	非全员制模式	理念
9	邯郸学院	劝学书院	2016年4月	150	实验班模式	理念
10	邯郸学院	启航书院	2016年4月	60	实验班模式	理念
11	河北大学工商学院	明德书院	2013年7月	3100	全员制模式	理念
12	河北大学工商学院	笃学书院	2013年7月	3000	全员制模式	理念
13	河北大学工商学院	致用书院	2013年7月	2500	全员制模式	理念
14	河北大学工商学院	治平书院	2013年7月	3300	全员制模式	理念
15	河北大学工商学院	诚行书院	2013年7月	490	全员制模式	理念
16	华北理工大学轻工学院	知行书院	2016年12月	600	实验班模式	理念

(一)北京大学

北京大学始建于1898年,初名京师大学堂,是中国近代第一所国立大学,也是第一个以"大学"之名创办的学校。北京大学的成立标志着中国现代高等教育的开端,催生了中国最早的现代学制,开创了中国最早的文科、理科、社科、农科、医科等大学学科,是近代以来中国高等教育的奠基者。现有学生40749人,其中本科生15260人。

北京大学元培学院无疑是全国高校采用实验班模式培养精英人才的先行者,其选拔学生的原则与机制、运行和管理方式等,皆具有高校书院的鲜明特征,因此,本书将其列为研究分析对象。

1.元培学院

北京大学元培学院成立于2007年9月,前身为北京大学元培计划实验班。北京大学在创建世界一流大学的过程中,为了探索21世纪本科人才培养新模式,培养适应21世纪时代发展需要、具有国际竞争能力的高素质创造性人才,于2001年5月启动了以蔡元培先生命名的本科教育教学改革计划——元培计划,其目的是探索与世界一流大学相适应,适合校情、适合国情、面向现代化、面向世界、面向未来的人才培养之路。

元培学院的办学理念是"加强基础、淡化专业、因材施教、分流培养"。学院尊重每一个学生的个人兴趣、个体差异和自主选择,兴趣是创新性学习的基本动力,个体的能力差异是客观存在,而选择是学生的基本权力。在低年级实行通识和大学基础教育,加强和拓宽学生基础;在高年级实行宽口径专业教育,注重实践和创新能力培养。

元培学院有自己的特色教学制度,学生可自由选择课程和专业方向、弹性学习年限、平台课程和特色课程、跨学科专业、特色导师制度等。元培学院实行很有特色的管理制度:本科生生涯全程管理制度、集中住宿制度、新生辅导员制度、学生自主管理制度等。元培学院的学生可在学校教学资源允许的条件下,自由选择全校任意课程,并在经过一段时间学习之后再依照兴趣和能力自由选择专业。与自由选择专业相配合,元培学院实行弹性学习年限,为学生个性化的学习提供了时间条件,可3—6年毕业。

北京大学赋予元培学院利用学校现有资源,根据需要设立新专业的功能。已经开始招生的专业有"古生物学专业""政治、经济与哲学专业(简称PPE)""外国语言与外国历史""整合科学专业"和"数据科学专业"。

元培学院通过优化课程结构,降低对必修课和总学分的要求,给予学生更多自主空间,充分发挥学生的积极性、主动性。同时,元培学院加强对政治课、英语课等必修课程的建设,开设学术规范与论文写作、逻辑与批判性思维、思想道德修养与法律基础(慕课)等特色课程。在元培学院,64.8%的学生感到低年级的大基础课程教育使他们非常受益,拓宽了知识面,巩固了基础,有利于交叉学科学习。

元培学院强调全面发展,除了加强博雅通识课程的教学以外,还通过组织国际交流、开设讨论课、完善住宿学院管理机制等方法完善博雅教育体系。

(二)清华大学

清华大学成立于1911年,前身是清华学堂,是清政府建立的留美预备学校,1912年由清华学堂正式更名为清华大学。清华大学秉持"自强不息、厚德载物"的校训和"行胜于言"的校风,坚持"中西融汇、古今贯通、文理渗透"的办学风格和"又红又专、全面发展"的培养特色,弘扬"爱国奉献、追求卓越"的传统和"人文日新"的精神。学校现有学生47201人,其中本科生15570人。

清华大学现有新雅书院、苏世民书院2所书院。

2. 新雅书院

新雅书院成立于2014年9月27日,是清华大学为探索本科教育改革创新而特设的第一个书院。自建立以来,已经受到海内外的广泛关注,被普遍认为是中国大学创新拔尖人才培养模式的重大举措。新雅书院是清华大学的"通识教育实验区",探索通识课程与养成教育协同的综合改革。2016年开始正式面向全国招生。

新雅书院的成立在清华大学人才培养历程中具有重要意义,既是基于老清华时期重视通识教育的历史传统,又立足于近二十年来对于素质教育的不断探索,更是面向未来的一项重要战略举措。书院秉承渊博雅正、器识为先、文艺其从、传承创新的办学理

念,为具有综合发展潜力的学生提供优质文理通识教育和跨学科专业教育;学生入学时不分专业,首先接受以数理和人文社科基础为核心的文理通识教育,一年后学生可自由选择任何专业方向进行发展,或选择交叉学科发展,以期培养文理基础雄厚、跨学科学习和创新能力突出的精英人才,意在达成"文理兼修、中西会通、世界一流、中国特色、清华风格"的人才培养新模式。

新雅书院的人才培养目标是促进当代中国大学生实现充分的文化自信和文化自觉,能自觉认识中国文明在当代世界中举足轻重的地位,自觉认识中国的崛起并不仅仅是中国文明史的事件,而且是世界文明史的事件。新雅书院立足于可操作、现实性的育人要求,从实际出发,探索中国本科书院的特色之路。新雅书院希望学生关注世界一流大学的教育,形成与书院导师积极互动,与书院同学开放交流的友爱共同体。

新雅书院所实行的通识教育不是为了学生眼前的就业,而是为了学生一生的获益;不是简单地增加学生的知识和对专业知识之外的一些学科的了解,而是强调培养学生价值观和思维方式;不是为专业教育打基础,也不是为专业教育做补充,而是培养学生成为真正的"人"这个目的服务的。新雅书院通过建立高标准、严要求的"共同核心课"作为通识教育课程主干,使书院的通识教育有灵魂和"纲",以便真正走上可以逐渐有所积累而成熟的轨道,从而形成自己的传统。本着宁可少而精,不要多而滥原则,通识课程以古今、中西、文理的交汇与融合为基本出发点,以中国文明与世界文明、文化传统与当代精神、人文与科学为主线,不仅注重知识传授,更注重方法论指导,通过打开一扇扇认知和思考的窗口,激发和引导学生用联系的、发展的眼光,多方位、多视角、跨学科地审视和对待自己所学的专业,了解其发展过程及与其他知识领域的联系;重在培养价值判断和批判思维能力,交叉学习和主动创新能力,科学想象和审美能力,书面和口头表达能力。

通识课程的教学在清华早期建筑"清华学堂"内进行,以深度学习、有效研讨、学科交叉、师生互动的教育教学方式,培养学生对人类知识及其价值的综合理解与有效表达,使其在认知、思维、表达和运用等方面实现融会贯通、厚积薄发。通识课程(科学类)里的数学、物理等课程分层次教学,以利于学生向不同的专业方向发展。通识教育和专业教育相辅相成,专业院系建设的核心是进行专业化教育,专业课程以学生所选专业方向的专业基础课和专业核心课组成。

书院学生拥有双重身份,即书院身份和专业院系身份,所有入选新雅书院的学生打破院系和专业界限混合入住到"住宿学院",拥有书院制所独享的优质学习和生活环境,书院成为师生共建共享的文化场所和学习空间,在这里,学生的个性化发展得到充分表达,能够在认识自己的基础上自由选择真正喜欢的专业,实现通识和专业之间的有机衔接和融合。

新雅书院的学生都有"双导师",即院系老师和书院老师。导师实行"双聘制",可同时担任院系的导师和书院的导师。新雅书院的学生主体归院系负责,由书院辅导员负责书院与各学院之间的协调联系。教务老师和行政人员是专职人员,辅导员则由研究生兼职人员组成。

新雅书院除了和全校各主要专业衔接之外,还设立若干跨学科交叉专业,实施推荐免试直读硕士和博士制度,实行本硕博统筹培养,探索本科阶段荣誉学位(Honors Degree)机制。本科毕业生或继续在国内读研,或前往国外著名高校深造,或选择就业,凭借自己的综合素质、融通能力和所学专业在各行各业和国际国内的各个舞台上成为佼佼者。

新雅书院秉持"住宿制文理学院"的基本理念,按学科交叉和大类融合的原则安排宿舍。每个年级配备两套公共活动室(Common Room),供学生自习、读书、讨论、休闲之用。目前书院的院馆大楼已经动工,将于2017年底投入使用,内含学生宿舍、辅导员宿舍、住院导师宿舍、教室、会议室、讨论室、工作室、图书馆、计算机房、小型音乐厅、健身房、琴房、咖啡馆等设施，营造新雅师生共同学习、共同生活、共同建设、共同享有公共空间和精神家园。书院国际化气氛浓厚，视野开阔。除聘请外籍专家讲课、讲座和担任导师以外，绝大多数师资具有海外留学背景。书院每年选拔学生赴国外世界名校和行业机构学习和实习，开拓学生的视野，更好地让学生贴近世界。

3. 苏世民书院

2013年4月21日，"清华大学苏世民学者项目"启动仪式在人民大会堂举行。这是通过国际合作培养全球未来领导力的崭新教育举措，来自世界各地最优秀的青年学生入住苏世民书院，在这里生活、学习。

2016年9月10日，清华大学苏世民书院举行开学典礼，受到中美两国最高领导人的高度关注，从筹备之初到正式开学，曾两次收到中美最高领导人发来的贺信。"教育传承过去、造就现在、开创未来，是推动人类文明进步的重要力量。当今时代，世界各国人民的命运更加紧密地联系在一起，各国青年应该通过教育树立世界眼光、增强合作意识，共同开创人类社会美好未来。"清华大学苏世民书院旨在培养推动不同文明间相互理解与合作的全球未来领导者，并以此践行清华大学新百年新使命。为了满足世界对新型领导者日益增长的人才需求，苏世民书院秉承"立足中国、面向世界"的原则，依托清华大学综合学科的深厚基础，选聘国内外顶尖师资，精心打造了全英文"全球领导力"硕士学位项目并授予管理学硕士学位。

首批110名苏世民学者，来自31个国家，本科毕业于70所不同院校，从全球3000多名候选人中精选而出，申请成功比例比美国知名大学的商学院和法学院还要低。这是因为清华大学苏世民学者项目是专门为未来的世界领导者持续提升全球领导力而精心设计的硕士学位项目。

苏世民书院从世界范围选聘最好的师资，有中国社会学学会会长、美国前财长、哈佛大学前校长，有由多个国家前首相、前总统等组成的顾问委员会；苏世民书院的每一门核心课程都由中外教授共同授课，力求让学生从多元视角了解作为未来领导者所必须知晓的关键问题和分析方法，全部用英语授课。同时，书院开展交互式的教学模式，课上的案例讨论与课后的小组研讨、讲座交流是重要学习方式。形式上，国际化的师资队伍使学生的思维方式更加开放。内容上，以案例教学为主的课程设置、课下与不同背景同学的交流与讨论，让学生思想不断碰撞，很有收获。以知识、能力、思维与品格相融合的课程与训练作为主体，通过提供高质量的课程学习、丰富的专业实践、多方位学术交流与文化体验活动、与业界高层人士的研讨和对话等环节，帮助学生在全球化背景下观察中国、探究世界发展的共性问题，为学生提供全方位认识和探索中国与世界的独特机会和终身学习网络以及全球校友平台，促进学生批判性思维、跨文化理解力和全球领导力的提升。

苏世民书院采用集开放式教学、师生互动交流、跨学科素质培养、生活服务配套于一体的教学模式。书院作为汇聚一批来自世界各地、充满激情、思想开放、富于观察力和创造力的学者社区，通过不同背景、世界观和学术兴趣学生之间的交流与互动，提高跨文化理解力，促进新思想的萌发以及新的行为和评判准则的形成，成为影响终身的教育经历。走进书院，仿佛置身于小小联合国，随处可见的各国国旗、不同肤色和不同国籍的学生。他们都为一个共同的目标而来——来到中国，了解中国，提升领导力，再从中国走向世界。

书院特别注重学生的实践能力。苏世民项目举办的"周末出游"活动,从社会、政治、商业、文化等多个方面探索当下的中国社会。学生们到北京以外的地区参加一次 7 至 10 天的深度游学,集中探索该地区的某一话题。通过观察、听课、访谈和座谈等形式,与当地专家探讨问题,对当代中国所面临的挑战和机遇加深认识。

书院还邀请来自大学以外的知名人士,为学生们提供指导,帮助他们发展各自的专业、加深他们对中国的理解。导师全部来自不同领域,包括政府官员、外企高管、当地商业领袖、非政府组织领导人、国际组织的官员、企业家、艺术家、学者等。让学生能够切身体会到各行各业的情况,对于将来的发展也能提前深入了解。通过近距离接触这些"大咖",为进一步实践打下了深厚基础,学生们在北京的商业机构、政府机关或非营利组织工作,进行与他们的学术方向和专业兴趣相关的实践训练项目。如得到指导教授的认可,学生们也可以在学校进行学术研究替代实践训练。

苏世民书院所有的课程设计,更加贴近真实,根据每一个学生量身定制了详尽的培养方式,让学生们更加优秀、全面、真实。

(三)北京航空航天大学

北京航空航天大学成立于 1952 年,是新中国第一所航空航天高等学府,现隶属于工业和信息化部。学校分为学院路校区和沙河校区,北航在人才培养方面始终坚持"教"与"育"相结合,整体构建了由知识课堂、实践课堂、文化课堂构成的人才培养体系,努力实现学生社会责任、科学精神、人文情怀、实践能力、国际视野的同步提升。目前有全日制在校生 30642 人,其中本科生 15596 人。

北京航空航天大学自 2010 年开始大类招生,同年 9 月在 2010 级新生设立了基础部制培养模式。2011 年,沙河校区试行"通识博雅"教育模式,2012 年初实施"长城行动计划",同年 9 月发布《人才行动计划白皮书》。2013 年 12 月,为进一步完善北京航空航天大学"博雅通识"培养模式,学校正式发布了《通识教育白皮书》。近年来,学校扎实推进书院制教育管理模式,切实将"弘扬书院文化,传承大爱精神""强化通识教育,培育人文情怀""落实导师导学,塑造优秀品格""优化环境育人,打造成才社区"四方面工作融入学生培养的各个环节中,书院育人取得了积极成效。

北京航空航天大学现有汇融书院、知行书院、启明书院、冯如书院 4 个书院。

4. 启明书院

启明书院于 2012 年 9 月 10 日正式揭牌成立,是北京航空航天大学首批四个试点书院之一。"启明",即启明星,这里"启"又取开启、启迪之意,"明"又取明天、明德之意,喻指书院通过开展博雅教育,启志明德,培养祖国未来的领军人物和领导人才。书院秉承"启智明德"的理念,以均衡教育为目标,实施通识教育(素质教育)与专才教育相融合,积极推广学术及文化活动,实现学生文理渗透、专业互补、个性拓展。书院鼓励不同背景的学生相互学习交流,打破同专业"聚居",使学生的交际更广、视野更宽,满足学生个性化需要,促进全面发展。

启明书院秉承融合、交流、自主、创新的育人理念，严格执行博雅教育观念，注重人文教育与科学教育并进，重视学生的道德与能力培养，开拓学生视野，在启明书院，学生拥有充分的自由性和适度的规律性，重视培养学生的想象力和思辨能力，最终塑造学生独特的个性以及树立他们完整的民族性，以导师制、个性化、小班化、国际化的育人方式，交叉融合、协同创新的育人原则，旨在培养学生优秀的学习成绩外，还要树立他们健康、健全的人生观、价值观和世界观。

启明书院现由电子信息工程学院、自动化科学与电气工程学院以及仪器科学与光电工程学院本科一、二年级的学生组成。同时，为推进本科生通识教育的实践与探索，促进优势工科资源的共享与整合，实施学科交叉融合的工程教育，培养创新思维活跃、专业基础扎实、综合素质过硬、领导能力突出、具备一流竞争力和国际化视野的高端优秀人才，于2016年起，启明书院采取"强强联合"的办学模式，由电子信息工程学院、自动化科学与电气工程学院、仪器科学与光电工程学院共同组建启明工科试验班。

5. 汇融书院

北京航空航天大学汇融书院成立于2012年9月，以高等工程学院为基础组建。依托创新的教育理念和人才培养模式以及北航高等工程学院十年来扎实稳健而卓有成效的精英人才培养经验，实现了多专业学生集中学习生活、本科生导师制、小班化、个性化培养，倡导以德育人，关注人文素养，为国家培养在国民经济和国防领域具有领军和领导潜质的高级人才营造良好环境，这也是北京航空航天大学提出的"两领人才"口号。

十年来，书院积极探索拔尖创新人才培养和教育改革的途径，培育出了一批基础扎实、视野开阔、能力突出、具有优秀发展潜质的人才，带动北航教育改革迈出了关键一步，打造了学校高素质人才培养的一个响亮的品牌。在不懈探索的实践经验基础上，学院为大力推进高等教育改革，进一步提升本科生培养力度。

在书院制办学中，学院依托书院环境开展博雅教育，加强对学生的精神培育和人格塑造。学院负责对学生的知识传授和能力训练，书院则负责对学生的精神培育和人格塑造，学院与书院紧密配合、各有侧重，构成完整的人才成长支持系统。汇融书院延续着日臻成熟的博雅教育模式，将工科人才培养与博雅教育的思想有机融合，除了关注扎实的数理功底、深厚的专业素养，还重视培养高尚的人文精神，使其摆脱心灵束缚、树立健全人格、理解社会责任。大学四年中，学生专业分流不改变学籍和书院属性，所有学生四年都在"汇融书院"，集中住宿，统一管理，依据汇融书院"博而有要、雅而有节、敏而有蕴、卓而有徒、果而有畏"的育人理念，通过双导师制、四化育人（思想思辨自觉化、社会公益常态化、创新培养全程化、自我管理立体化）等育人方式，采用多角度、深层次的教育手段，培养学生们志存高远、胸怀天下、严谨求实、自由开放的书院精神。

汇融书院设有院长、执行副院长、副院长兼通识教育主任、资深顾问兼导师工作办公室主任等领导职务，设院务办公室主任、学生辅导与实践教育办公室主任、通识教育与专业联系办公室等办事机构，以及各年级辅导员。

汇融书院搭建多学科融合、小班化教学的"四维"人才培养模式，力图深入地体现书院精神、实现博雅教育、培养创新型素质人才。

6. 知行书院

2012年9月,学校以人文社会科学学院、外国语学院、法学院、人文与社会科学高等研究院本科生一、二年级为基础组建成立知行书院。知行书院目前在北航书院制试点中改革步伐最快、最具书院特点,实行文科大类招生、完全学分制,推行文科类通识教育,一年级不分专业,二年级自主选择专业,现共有学生540人。

知行书院确立了"才德君子、中西古今"的人才培养理念,在人格上,注重学生"德行品性"和"大写之人"的养成;在学识上,以"学贯中西,博通古今"为最高追求。

知行书院开设了中国文明文化史、西方文明文化史、中国古典研读(论语)、西方古典研读(理想国)、艺术史与现代艺术等五门精品通识课程。建有导师委员会,目前共聘导师136名。

在纳入培养计划的通识课程以外,书院积极举办博雅课堂,内容涵盖哲学与逻辑、科学与技术、文化与审美、生命与环境四个板块,邀请了200余位知名专家学者作报告,还举办了戏剧文化节、思想文化节、睿德读书会等活动,同学们通过课内外的通识教育,不仅丰富了知识,培养了学习兴趣,而且个性品格、文化修养和道德情感等方面都得到了全面发展,从通识教育资源中汲取了成长的滋养和成才的力量。

在导师配备上,以2014级学生为例,4个相关学院共同组建导师委员会,为同学们配备了134名导师,他们不仅是学院和专业品牌的讲解员、示范员,而且真心投入,与学生密切交流,用自己丰富的人生经历指导学生顺利度过大学适应期。在落实本科生导师制的基础上,各书院还聘任了离退休老师担任驻校导师,聘请了10余位读书导师,开展了名师恳谈、艺术家驻校等活动,并依托北京航空航天ihome网络互动社区开设"名师工作坊""风云人物群"等,组织师生全时全方位沟通,思维碰撞,情感共鸣,构建了以情优教、以情优学、情知并茂的教学相长格局。在全国大学生学习性投入问卷调查中,知行书院学生的"生师互动"及"校园环境支持度"评分明显高于同年级其他书院学生。

7. 冯如书院

2016年,北京航空航天大学开始启动以大类招生、通识教育、完全学分制、书院制为代表的新型培养模式,将航空航天等最具优势的工科资源加以共享和整合,设立"冯如"工科试验班,即"冯如书院",以实现"强强联合"、深化学科交叉融合培养。冯如是我国航空的先驱,学校用这个名字命名书院,集中彰显了"爱国奉献,敢为人先,开放包容,笃行坚卓"的北航精神。

冯如书院的学生入学后第一学年不分专业,实行通识教育。第一学年结束后,学生自行选择进入飞行器设计与工程、飞行器设计与工程(航天工程)、机械工程(含航空宇航制造)三个专业中任何一个,继续进行专业阶段的学习,实现学生更大的专业选择权。

冯如书院在课程安排上,实行完全学分制。学生可以根据自己未来的专业选择方向,自由选择课程组合套餐。选拔全校优秀的教师进行授课,强化专业基础知识储备。开设不同专业的专业导论课、新生学术规划研讨课,邀请校内外相关专业的院士、长江学者、杰出青年基金获得者、学术带头人等一流学者担任主讲教师,以加强学生对专业的了解。

书院在专业选择上,实行无门槛选择。第一学年结束后,学生可根据自己的专业意愿进行选择。只要学生在第一学年所选课程套餐符合该专业培养方案中第一学年的课程要求,即可直接进入该专业,不设任何成绩限制。在入学教育过程中,各专业将会全面宣讲本专业的基本情况供试验班同学参考。

冯如书院在学生管理上,实行书院制管理。试验班学生入学后,统一进入冯如书院。书院由学校直接管理,实行博雅教育的育人模式,以导师制、个性化、国际化为主要特色。书院将为每一名同学在入学之初就配备专业导师,挑选各学院杰出学者作为专业导师,帮助试验班同学了解专业、做好规划,并指导优秀学生开展科技实践活动;书院将为每一名同学建立发展辅导档案,根据每一名同学的特点、意愿实施个性化的指导和资源配置,以帮助学生尽快适应大学;与此同时,借助北京航空航天大学强大的国际化资源平台,提供众多国际交流、交换项目,引导试验班同学将目光投向世界。

(四)北京联合大学

北京联合大学是1985年经教育部批准成立的北京市属综合性大学,其前身是北京大学、清华大学等30多所大学的分校。经过30多年的建设与发展,学校的综合实力显著增强,形成了经、管、文、法、理、工、教、史等多学科相互支撑,以本科教育为主,研究生教育、高职教育和继续教育协调发展的完备人才培养体系,是北京地区规模最大的高校之一。现有全日制在校生2.5万余人,其中本科生2.1万余人。

北京联合大学现有学知书院1所书院。

8. 学知书院

2014年,北京联合大学成立学知书院。北京联合大学应用文理学院切实践行"以生为本",尊重和保护学生的主体性、选择性和创造性的教育理念,在实施"文理兼修、大类培养"本科人才培养模式改革的同时,积极探索、大力推进书院制育人模式改革,以新落成的学生宿舍楼为基础,成立"学知书院",挖掘书院文化孕育人文精神,将以前班级承载的部分功能转化到学生宿舍,建立打破专业、年级、班级界限的育人平台,将宿舍建成重要的教育阵地和学生成才天地。

学知书院秉承学校"学以致用"的校训,肩负学院"崇尚学术、关怀人文、立德树人、培育英才"的使命,传承中国古代书院的育人文化,利用课余时间对学生进行学风教育、文化熏陶与行为引导,引导学生深度阅读经典书籍,营造书香满文理的读书文化,依托传统文化的力量,培养学生的为人为学,与第一课堂相呼应,形成有益的衔接和补充,构建全方位、全天候、全覆盖的育人体系。

学知书院力求引领学生端正学习态度、涵养学习兴趣、形成学习风气,养成读书习惯、掌握读书方法、领会读书深意,满足个性需求、促进师生交流、提升综合素养,积极组织开展系列活动,打造书院育人平台,构建具有文理特色的教育管理体制和人才培养模式。坚持以"优秀传统文化育人"的理念,以社会主义核心价值观为引领,深入挖掘凝练"学知书院"文化精神,通过征集院徽等活动加强书院软文化建设;通过开设"学知讲堂"、文化沙龙等促进文理交融、专业渗透,发挥书院通识教育功能,每年共开展20余场多个系列,包括爱国人文知识讲堂、科普讲堂、知北京爱北京讲堂、三山五园讲堂、生涯规划讲堂、学生讲堂等讲座,参与学生达到2000余人次;通过熏陶式德育教育、文化读书节等,丰富学生素质教育养成体系。

书院依托读书涵养、发展辅导、文化活动、环境育人四个中心,学生事务、宿舍管理、就业指导三个服务职能,书院学生党员工作站、学生自管会两支队伍以及书院育人APP一个网上平台,加强书院导师、辅导员与学生间的密切联系,开展具有书院特色的品牌活动,注重学生自我管理与自我服务,构建扁平化、数字化、个体化教育管理体系。

书院提供多重保障,实现全方位育人。始终坚持以生为本的工作理念,一切以学生为中心,在学生宿舍楼内设立发展辅导功能区、文化活动功能室、自主交流区、自助书吧、图书阅读区、学生自主学习中心等场所,及时为学生宿舍增添学习、生活服务设施,为学生提供便捷的服务。在宿舍楼内配置洗衣机、烘干机,改进学生开水房、浴室设施,配备无线网络、电子阅报栏、安全监控系统及便携的安全保卫器材等,在校园内设立文理小剧场、学生活动中心,满足学生活动多重需求,为全方位育人提供多重保障。

(五)邯郸学院

邯郸学院位于河北省邯郸市,是教育部批准的全日制公立普通本科院校。学校建有14个二级学院,49个本科专业,现有全日制本专科在校生13643人,成人学历教育在籍学生4280人。邯郸学院秉承"赤心奉业"的核心理念,以"心"文化为灵魂,用心做人、用心做事、用心教学、用心读书、用心回报社会,弘扬"殚心真知、热心事业、甘心奉献、善心待人"的邯郸学院精神,践行"潜心养德、倾心修能、用心践行"的校训,培育爱心育人、专心学业、精心管理的优良校风,全心全意立德树人,一心一意服务社会,担负起"同心培养仰望星空、脚踏实地的人才"的办学使命。

邯郸学院现有劝学书院、启航书院2所书院。

9. 劝学书院

邯郸学院于2016年4月9日成立劝学书院,旨在满足当代教育发展和社会需求,落实邯郸学院教育创新创业与协同育人的方案要求,积极探索高等教育大众化条件下应用型、高素质卓越教师人才培养模式,培养具有宽厚人文、科学素养和学科专业知识、教师教育教学技能的应用型专门人才。书院现有学生150余人。

劝学书院是为有志于从事教育事业的优秀师范生搭建的,以培养卓越教师为目标,在导师指导下与第一课堂教学互补的自主研修社区。书院得名于古代著名教育家荀子《劝学》篇,以劝学"为师之道"为宗旨,汇聚校内外教学教育名师、专家学者担任导师,优选学校教师教育专业,且热爱教育事业,有责任感和使命感,具有从事教育工作强烈愿望的学生为培养对象。

劝学书院以"博学、笃行、乐教、善教"为院训,其指导思想是,以实现邯郸学院建设具有特色鲜明的应用型大学,培养应用型技术人才为目标;努力践行习近平总书记教师节提出的"做好教师,要有理想信念;要有道德情操;要有扎实学识;要有仁爱之心"四有标准,积极探索高等教育大众化条件下的卓越教师培养模式。

书院以人文精神教育为核心,以教师教育专业特色为亮点,既注重培养学生的教师道德理想信念,又注重训练学生的教育教学与技能,把中国传统的书院教育和当代教师教育专业化发展需求相结合。书院与二级学院合理分工、紧密协作,为学生创造一个与二级学院互补的社区化学习环境。

书院实行院长负责制、导师责任制。设院长、副院长及办公室，办公室设在教师教育协同创新中心。

书院实行导师制，设导师团队、学业团队，实施导师指导下的多形式、多内容、开放式、个性化教育。导师包括学业导师、团队导师、专业导师、文化导师和行业导师。导师团队作为书院导师队伍核心力量，由学校选聘教学工作突出、研究能力较强、具有高级职称或博士学位的优秀在职教师和知名退休教师、中小学教学一线名师、社会知名人士组成。

书院本着"公开、公平、公正"的原则，从全校师范专业学生中，择优选拔符合书院人才培养理念，道德品质优、学习成绩好、综合素质高、特长爱好广、发展潜质佳、有志于从事教师教育工作的优秀学生加盟劝学书院。

书院的学习是一种强化基础的拓展学习，学习方式重点是实践和训练，既包括校内的实践锻炼，也包括走进中小学、农村学校的实践锻炼，重在提升自己的特长。书院的学习重在自我管理，是以自主学习为主，并带有一定学习任务的学习。书院学员组成若干学习团队，每位学员均有自己的正副导师，通过导师制、专业社团和开放实验室等方式培养未来卓越的应用型人才。

劝学书院的培养目标是"ABCD+X"，其中"A"是指理想信念，"B"是指道德情操，"C"是指扎实学识，"D"是指仁爱之心，"X"指专业特色。"ABCD"是培养目标的共性，X则是培养目标的个性，是人才培养的专业特色。其具体目标为培养人格健全、品德高尚、综合素质优良、专业基础厚实且特长突出、有较强教育教学实践能力和拓展潜力、富有创新精神、乐教善教的研究型卓越教师，并有能力成长为未来教育家。

书院依据"以作为学"的教学思想，从"作"的实际需要出发，以培养卓越型教师为教学活动目标，采取理论与实践相结合，突出实践性、应用型，加强研教一体、教训结合、以研带教、以教促研的教学活动模式，围绕教师信念、青春校园、思想启迪、从教风采、才艺拓展、回报社会、实践创新和入职强化等主题，通过学术报告、专题报告、名师课堂示范、名师工作室活动、导师指导、教师技能比赛、公开课竞赛、观摩研讨、案例分析、小组研讨、读书交流分享、社会实践考察、李守诚工作室活动、思想沙龙、人生导航讲座、才艺展示、大手拉小手等方式，全面加强人才培养。

10. 启航书院

邯郸学院于2016年4月9日成立启航书院，"启"取开启、启发之意，"航"取航行之意，"启航"寓意整装待发。书院以"坚持教学综合改革和转型发展，探究适应地方经济社会发展需要的工程技术人才培养之路，推进人才培养模式改革，提高人才培养质量，培育卓越的应用型人才"为宗旨，以"培养政治素质过硬、人格健全、体魄健康、人文素养优秀、职业道德修养优良，工程技术突出、有较强工程实践能力和拓展潜力、富有创新精神的卓越信息类工程技术人才"为目标。书院现有学生60人。

与劝学书院相似，书院实行院长负责制、导师责任制。设院长、副院长，下设办公室，办公室设在教师教育协同创新中心。书院设导师团队、学业团队。

书院从"做人、能力、知识"三方面考察学生，从在校理工科大学生中择优选拔认同书院办院理念与培养模式，道德品质优、学习成绩好、综合素质高、特长爱好广、动手能力强、有志于成为卓越信息类工程技术人员的优秀学生。

启航书院的发展重点侧重为项目实践，通过实践项目充分锻炼学生动手能力，按照卓越工程师的标准培养书院学生。书院目前有网络系统集成、电子系统设计、物联网系统设计、移动互联网开发、物流电商五个项目方向,每个方向配备对口导师。

完善的导师制是邯郸学院书院制建设的特色和关键。书院聘任导师包括学业导师、团队导师、专业导师、文化导师和行业导师。

学业导师由学术造诣深、有较高的人格魅力和影响力的专家、学者或校领导担任,每学期集体指导不少于2次,为学生作讲座或报告不少于2次,并根据学生的需要对学生进行个别指导。

团队导师由讲师以上职称或硕士以上学历、从事相关专业课程的教学任务或研究工作、在所属业务领域有一定的学术成果的教师担任。书院为每个团队聘请1位团队导师,集体指导平均每周不少于0.5课时,个别指导每学期每名学生不少于0.5课时。

专业导师由中级以上职称或硕士以上学历、从事本专业的教学或实际在岗工作、在本专业领域或岗位内有一定学术成果或技术创新成果的教师担任,平均每周指导学生不少于0.5课时。

文化导师由在所属的文化领域有突出特长的教师担任,按照书院的活动安排开展讲座或知道学生开展活动,以陶冶学生情操,提高学生文化素养。

行业导师由对口的行业或企业专业技术人才、具有副高以上专业技术职称、有一定技术创新成果的校外人员担任。行业导师分团队开展指导活动,或来书院开展讲座、指导学生活动等,以对接行业企业岗位的人才需求,培养学生的岗位技术能力。

书院设立导师委员会,负责导师的选聘、管理、培训和考核工作。导师根据工作职责及参与书院工作情况,建立导师个人工作手册,记录学生面谈、主题班会、走访宿舍、学业辅导、指导学生活动等相关工作内容,书院以此作为导师津贴的发放依据,并定期召开导师工作例会,开展导师交流活动,听取工作汇报,总结导师工作,不断提升导师工作实效。

导师考核由书院负责实施,每学期进行一次,考核时提交工作手册,并向导师委员会提交工作总结。在学生、辅导员、导师委员会综合评价的基础上,确定考核等级。考核结果由书院认定并存入教师个人工作档案。学校设置"优秀导师奖",每学年开展一次书院导师评优活动,获奖教师在各级各类评优评先中予以优先。

(六)河北大学工商学院

河北大学工商学院创建于2001年,位于保定市河北大学新校区,由科技教育园区和坤舆生活园区两部分组成。学院以培养面向服务京津冀发展高素质应用型人才为目标,是目前河北省创办最早、办学规模最大、特色最为鲜明的综合性学院之一。学院目前设有理工学部、人文学部、经济学部、管理学部及国际文化交流学部5个学部,46个本科专业,全日制本科生16000余人。

河北大学工商学院现有明德书院、笃学书院、致用书院、治平书院、诚行书院5所书院,是河北省第一所推行住宿书院制的高校。

11. 明德书院

明德书院成立于2013年7月，以人文学部为依托，涵盖汉语言文学、新闻学等14个专业3000余名学生。"明德"二字取自"大学之道，在明德，在亲民，在止于至善。"以"明德"为书院命名，就是希望大学生继承和发扬中华民族传统文化，时刻把品行修养放在首位，塑造健全人格，做中国传统人文情怀和当代科学素养兼备的新时代大学生。

书院建设文化标识体系，"博学、砺志、创新、至善"等一批体现书院特色的文化标识装点了公寓门厅、走廊和楼宇框架，成为校园内的独特风景，校园文化品位进一步提升，文化内涵已深入学生心中，文化育人的功能正在逐步显现。

书院积极拓展文化活动空间，为学生党团活动、学生组织开辟专门的空间，建立党团活动室、微电影工作室、自习室、休闲室等一批极具特色的功能室，促进学生社团活动、科技文化活动发展，学生参与活动更加积极，自我发展的意识显著提升。

书院以专业特色为基础，积极打造品牌活动，浓郁校园文化氛围，吸引了大批学生包括外国留学生参加。"中华经典诵读""汉韵华裳""汉服体验""大学生记者节""模拟法庭""新闻达人秀""大学生广告节""赢在校园""苍鹭音乐节"等50多个活动品牌。由学生会策划的"走进大山，关爱儿童"公益活动已持续了十余年，已成为驻保高校著名品牌活动，被评为河北省十大优秀志愿服务品牌；由中共河北省委宣传部理论处、河北大学工商学院人文学社联合主办的"校园学术与文化大讲坛"旨在邀请知名专家学者主持学术讲座，通过各类学术交流活动来拓宽书院学生的学术视野，该社学生创办的学术刊物《人文学子》被国家图书馆、中国社会科学院收藏，获2013年全国第六届十佳学生社团荣誉称号。一系列与专业和个人兴趣爱好相关的活动，增进了学生彼此之间的交流和沟通，丰富了知识构成和生活体验，锻炼了想象力、创造力和实践能力，综合素质不断提高。

书院大力开展通识教育，面向学生开设了《人生哲学》《大学生现代礼仪》《大学茶文化》等多门通识课程，帮助学生形成基本的人文素养、文化视野和精神感悟，提升学生文化修养。

公寓安全文明建设是书院工作的基础，书院设立安全教育中心，举办校园安全文化节，以"宣传安全知识，关注校园安全"为宗旨，开展"和谐校园之消防演练""校园安全形象大使""和谐校园之无烟青年""和谐校园之315"等系列活动，构建文明宿舍，保障校园安全。

12. 笃学书院

笃学书院成立于2013年7月，以理工学部为依托，涵盖计算机科学与技术、电气工程及其自动化、光电信息科学与工程、通信工程、电子信息工程、土木工程、材料化学、测控技术与仪器、机械设计制造及其自动化等19个专业3000余名学生。书院以"笃学"命名，不仅体现了对河北大学校训"实事求是，笃学诚行"的继承和发展，更承载了国家领导人对当代大学生的要求与期望。"笃学书院"与时俱进、任重道远，致力于培养努力学习、勇于探索、知行相辅、自律自强、明晰真谛的合格人才。

笃学书院，秉承勤学、修德、明辨、笃实的院训，设计了一批体现书院特色的文化标识，建设学生党团活动、学生活动室、蓝海工作室、成长驿站等功能室。书院根据学生需求和专业特点，成立"笃学书院互助学习中心"，招募在校研究生、奖学金获得者及某一学科成绩优异的学生为

志愿者,学习困难学生可以在固定的课余时间到"互助学习中心"寻求帮助,或以班级、自由组群或个人名义预约一对多或一对一辅导。中心对于提高学科教学质量,加强书院学风建设起到了积极的推动作用,中心项目于2016年获得河北省辅导员精品项目三等奖。

书院根据专业特色,以学习型社团为基础,以实践团队为核心,以科技竞赛为抓手,着力培养学生的实践、创新能力。书院创建了软件创业中心、嵌入式系统协会、化学学习兴趣小组等专业组织,精心指导和组织学生参加全国、全省性的各种科技竞赛,努力为学生科技创新搭建平台。近年来,书院共有百余名学生参加国家级、省级的各类科技比赛,取得了优秀成绩。在全国大学生"恩智浦"杯智能汽车竞赛、全国大学生化工设计竞赛、数学建模大赛中屡获佳绩。

书院承办了河北大学工商学院三届大学生科技节,除了相关科技竞赛的开展,还包括科技作品展示、走进企业、科普进小学、科普进社区等多个环节,让学生成为科技节的主角,感受自己的脉动,感受科学的温度。科技节形式多样,内涵丰富,得到全院师生的一致认可。

为了丰富书院活动,提高书院内涵,书院凝练有体系的"家"文化,号召同学们以团委为家、以班级为家、以宿舍为家,家有可为、家有可观。"家天下"项目的家训、家规、家风、家范、家话、合家欢六个部分,是书院对文化活动提出的要求,也是对书院活动的整合与凝练。"家"使同学们有存在感、幸福感、荣誉感。

书院制改革为公寓安全工作创造了有利条件。书院层层落实安全责任制,辅导员的工作渗透到每一个楼层、每一间宿舍,并专门成立安全教育办公室,推进校园安全,共创美好校园环境,向同学们宣传安全知识,提高防范意识,并配合学校安全工作,成为学部与学生之间合作沟通的桥梁。笃学书院还与明德书院联手举办"拒绝传销、净化校园"系列宣传活动,此活动是"书院共建、普法校园"系列活动之一。活动中辅导员老师与学生干部积极展开专题研讨会,并带动学生干部走进学生宿舍,对同学们进行拒绝传销的普法宣传。通过师生间的不懈努力,提高了同学们对非法传销的防范意识,且该活动在帮助同学们树立正确就业观,营造安全、健康、纯净的校园文化环境上起到了积极作用。

实行住宿书院制改革,学生活动空间明显扩展,安全教育工作扎实开展,学术科技活动异彩纷呈,文化氛围日益浓郁,为促进学生更加健康全面的发展做出了突出贡献。

13. 致用书院

"致用书院"成立于2013年7月,以经济学部为依托,涵盖国际经济与贸易、经济学、金融学、税收学、统计学、保险学、财政学7个专业2500余名学生。院名取"学用结合、学以致用"之义,意在坚持马克思主义学风,实事求是,学以致用,将理论与实际、学习与运用,思想与行动相统一,充分发挥解放思想、集聚智慧、推动创新的作用,培养出德才兼备、追求真理、勇于创新、全面发展、知行统一、脚踏实地的新一代大学生。

致用书院建设"树经天宏志成大器,竟济世伟业做栋梁"等书院文化标识体系,在宿舍楼内设立自习室、心理咨询室和就业创业中心、会议室、淑女堂等功能室,为同学们提供更良好的学习、生活环境。

致用书院"学习互助中心"旨在为在校学生搭建一个"朋辈"学业互助支持平台,在交流互动中解决学习中遇到的实际困难,养成积极主动的学习习惯;为学生创造安静、舒适的心灵沟通空间,通过"朋辈"引导疏解压力、增强信心,做好学业和职业发展规划;为学生提供考研、就业等方面的咨询，解答学生面临的各种问题。互助学习中心聘请优秀在校研究生和高年级本科生为导师，采取一对一、一对多、多对多和小组讨论等形式，为学生解决学习、生活、心理、就业等方面的各种问题，充实了学生的学习时间，丰富了学习方式，为住宿书院制下学部的学风建设开辟了新的路径。

淑女堂是根据书院女生人数多的特点筹建的，学堂开设"心、礼、美、艺、家"五大模块课程，引导书院女生成为气质与修养并重，智慧与内涵兼备，情感与艺术同修，卓越与魅力交融、独立自强的现代女性，累计开设4期，培育学生240余人。学堂学员在2015年10月第二届中华茶奥会中创新茶艺竞技金奖、品饮茶艺竞技二等奖。

致用书院会客厅的藏书阁，藏有经济专业、历史文化、道德修养、人际交往等各类书籍，定期举办"读书会"活动，丰富了致用学子的课外生活。书院的爱心超市，不仅平时可以进行"物物交换、爱心漂流"，每年暑假社会实践活动中，志愿者们还可将爱心超市的物品捐赠给贫困区的孩子们。

14. 治平书院

治平书院成立于2013年7月，以管理学部为依托，涵盖会计学、财务管理、人力资源管理、工商管理、市场营销、旅游管理、图书管理、档案学、电子商务等13个专业3300余名学生。"治平"一词源自《大学》，"身修而后家齐，家齐而后国治，国治而后天下平"。为书院命名"治平"，意在激励同学们以"修齐治平"的人生理念为支撑，学习与传承中国传统文化中的管理思想，勤奋学习、立德修身、勇于担当，在实现中国梦的伟大实践中创造精彩人生。

书院愿景是推动内涵式发展，贯彻"以学生为中心"的办学理念，促进学生的全面发展，提高人才培养质量，丰富办学内涵。学生工作队伍全部入驻学生公寓，思想教育、成才服务和校园文化建设的主阵地转移到生活园区，形成了"做安全、做文明、做文化"——"三层布局"交织的工作局面，在潜移默化中立体化、多维度地影响着学生的成长和成才。

与明德书院、笃实书院、致用书院相同，治平书院也聘有院长，设党务办公室、院务办公室、团学办公室、学业指导办公室、就业创业指导办公室和安全教育办公室等职能部门。

治平书院坚持宿舍安全层级管理制度责任化，明确制度，责任到人；坚持"六个一"（"一周一普查一抽查，一月一评星一排名"）制度常态化，夜间值班制度严格化。书院大学生消防志愿者训练营和消防志愿者协会入住学生宿舍，每个分队负责一个楼层，每间宿舍征集一名消防志愿者，达到全部学生宿舍全覆盖，编织起一张关心消防、参与消防、支持消防的安全网络。消防训练营被授予"河北省十大优秀志愿服务组织"荣誉称号。

书院成立"学习互助中心"，选聘专业导生和志愿导生为学习困难学生群体解决在学习中的疑、难点，从固定服务、预约服务以及专题交流三方面开展育人活动，使互助学习成为培养学生学习自主性、合作性的一种补充方式。

书院建设"平天正心皆兴院，治世修身唯读书"等书院文化标识体系，提升校园文化品位；拓展文化活动空间，提升学生自我发展意识；成立安全教育协会，开展公寓安全文明教育，夯实书院制改革基础；组建治平会计事务所、快递部落物流工作室专业实践实训平台，提升学生自我发展意识；打造书院会计文化节等品牌活动，浓郁文化氛围；开展宿舍环境治理专项行动，督促同学们养成良好的生活习惯，提高自我管理意识；成立ERP俱乐部，引导相关专业学生以游戏的方式体验真实的商业竞争,体验企业经营管理之道;组建各类体育俱乐部,引导广大青年学生"走下网络、走出宿舍、走向操场",加强体育锻炼,强健身体体质;开展读书会、晨读会等阅读活动,营建学院读好书、爱读书的良好氛围。

15. 诚行书院

诚行书院成立于2013年7月,以国际文化交流学部为依托,涵盖英语、日语、朝鲜语3个专业490余名学生。"诚行"一词源于河北大学校训,意为诚实地做事。为书院取名"诚行"就是希望同学们牢记校训精神,以诚实守信的态度对待学业、职业和人生,尊重世界文化的多样性,以弘扬和传播中华民族传统文化为己任,为促进世界文化交流与融合做出应有的贡献。

书院门口"汇天下文化融世界、聚国际视野通时空"的楹联诠释了诚行书院的人才培养理念;"我们的足迹"文化墙记录着毕业学子游历世界的精彩回忆;大厅正中悬挂着由毕业生设计制作的书院 logo,象征和平的橄榄枝环绕着整个地球,也寓意着对世界和平、文化共融的祈盼;"诚行书吧"书籍资源丰富,供书院学生自由借阅,在培养学生良好阅读习惯的同时丰富了书院文化建设;"我们从这里了解世界,世界通过我们了解中国",是诚行书院所有师生的目标和追求;由书院老师指导,学生参与制作的 Globle View 文化长廊展示了书院丰富多彩的活动、学生所获荣誉及世界各国风土人情;互助学习中心、日韩文化室、咖啡小屋等功能室,为师生开展国际文化学习交流活动提供了空间和平台,使师生、空间与教育内涵有机结合,浓郁了书院育人的文化氛围。

围绕着学生综合素质提升,诚行书院积极打造独具特色的品牌活动和书院文化,营造书院浓厚的学术氛围和文化特色,努力促进学生知识、能力、品格的全面发展。搭建"Globe View"书院文化沙龙、"中韩青年教育文化交流月"、各国访问团志愿服务等平台,逐步拓宽学生的国际视野,深化书院的国际文化交流与合作;开设《初级日本语》《茶与人生》等兴趣课堂,为学生与专业教师、外教、留学生提供专业交流的平台,促进学生的专业成长;打造国际交流创意文化日、英语文化节、诚行下午茶、诚行讲堂等品牌活动,促进师生的广泛交流,提升学生的文化素养,使书院文化深深扎根于学生心中;不断拓宽实习实践基地建设,引导学生用"德行"、用"专业"服务社会,在社会教育中成就全人品格。

书院高度重视安全工作,成立"义务消防队",完善了安全工作管理机制,通过开展安全教育讲座、消防安全主题活动、定期宿舍安全大检查等多种形式对学生教育引导,努力构建学部全体师生、全方位、全过程抓安全稳定的工作机制,为书院全体师生营造了和谐稳定的工作学习环境。

(七)华北理工大学轻工学院

华北理工大学轻工学院(原河北理工大学轻工学院)是经河北省政府批准国家教育部确认,由华北理工大学成立的独立学院。学院位于唐山市,是培养工、理、经、管、文、法、艺相结合的全日制普通本科院校,学院坚持"特色办学,品牌建校"的办学方针,开设67个本科专业,14个专科专业,全日制普通在校生15000余人。

华北理工大学轻工学院现有知行书院1所书院。

16. 知行书院

为推动学院向应用技术型大学转型,2010年12月,华北理工大学轻工学院成立教学机构——知行书院,举全院的优势教学资源,在大众化教育背景下,对优秀学生实施"特色精英教育"。书院现有本科生600余名。

书院设置信息与计算科学(大数据方向)和信息与计算科学(云计算方向)专业,在全校范围内选拔素质良好的生源,经过系统的信息与计算科学专业(本科)培养,通过参加全国和国际数学建模竞赛、修读双学位或辅修其他专业、硕士研究生入学考试等途径,培养数学功底扎实,具有在工科专业或在数学学科和其他学科进一步深造和发展潜力,或能通过数学建模培训达到将数学学以致用,并具有双学位(或辅修专业)的复合型人才。获选拔的学生组成拓展实验班,简称拓展班。拓展班全程由知行书院管理,实施"统一主修模式、同步选择辅修、强化建模培训和读研深造、进行分流复合培养"的模式。

知行书院以"敏思健行,知行合一"为院训,坚持"以道治学,以道修身"的育人理念,贯彻敬业、守道、创新的教学理念,建设勤奋、求实、创新的学风,从学业任务、学业规划、赛场经验、学问研究、知行合一5个维度强化培养,倡导学生不断提升学业境界,帮助学生认识自己,由任务型大学生向卓越型大学生进取,培养高素质人才。

书院领导设党总支书记兼学部部长和党总支副书记,下设综合办公室及基础数学、专业数学两个教研室,综合办公室设行政秘书、教学秘书、学工秘书、团总支书记及辅导员,各教研室设教研室主任及秘书。

知行书院为教学机构,对学生实施"夯实基础,强化专业"的双重培养。书院对拓展班学生推行导师制,即由一位老师联系几名学生,从选课、学习乃至于人生理想道路等方面进行指导。同时,书院承担全院数学课程、政治理论课程、职业核心能力课程、形势与政策和国防教育教学任务。

知行书院从德育工作、感恩活动、关怀活动、交流活动、礼仪活动、爱心活动、励志活动、文体活动、创新活动9个方面开展全方位的人才培养工作。书院开展主题班会、主题签名、主题演讲、党团活动日等德育主题教育活动,培养学生道德品质和政治素养;组织先进事迹报告、参观爱国主义教育基地、朗读红色经典、志愿服务等党团活动,提高学生感恩意识和思想政治素质;设置健心室、走访寝室等举措,开展深入细致的学生关怀活动;组织交流会、座谈会、企业参观、就业市场走访等特色交流活动,增进学生与老师、同学、社会的交流;开展知识竞赛、专题讲座、主题征文、宿舍文化节等文明礼仪活动,提升学生的道德品质和精神风貌;建立"知行爱心基地",传播慈善意识,发扬爱心精神,倡导爱心教育、自主爱心创业及爱心捐助一体化;组织杰出校友讲座、职业生涯规划大赛、成功人士励志演讲和成才交流等励志活动,激励学生树立榜样,立志创造未来;组织学生参加文体活动,提高文化素质和身体素质,培养学生团队意识、合作精神和不怕吃苦、拼搏进取的精神;开展大学生科研创新训练和创新性实验活动,培养学生创新意识和创新能力,营造书院浓郁的创新氛围。

以学生寝室为重要阵地,开展宿舍学风建设和宿舍文化建设,是知行书院的两大特色。书院采取"宣传动员建学风、端正风气树观念、科学方法抓效率、诚信教育抓考风考纪、立足寝室抓学风"等措施,在寝室中建立有效的学风管理和教育机制。书院高度重视宿舍文化建设,多渠道强化寝室文化软件建设和寝室育人环境,开展宿舍检查、宿舍征文大赛、宿舍网络视频评比、宿舍装饰大赛、宿舍美化设计大赛等活动,培养学生自我管理、自我教育、自我服务的意识,充分发挥寝室文化对大学生的积极影响。

二、东北地区

(东北地区:辽宁省、吉林省、黑龙江省)
本地区有1所高校建有4所书院,它们是:
大连理工大学盘锦校区:伯川书院、令希书院、长春书院、国栋书院

表3 东北地区高校书院概况

序号	大学名称	书院名称	成立日期	学生人数	书院类型	命名方式
17	大连理工大学	伯川书院	2013年7月	600	全员制模式	人物
18	大连理工大学	令希书院	2013年9月	1400	全员制模式	人物
19	大连理工大学	长春书院	2014年7月	1200	全员制模式	人物
20	大连理工大学	国栋书院	2016年6月	925	全员制模式	人物

(八)大连理工大学

大连理工大学盘锦校区是教育部直属、列入国家"211工程"和"985工程"重点建设的高校——大连理工大学的一个新校区,位于辽宁省盘锦市辽东湾新区。校区设有8个教学机构,包括石油与化学工程学院、海洋科学与技术学院、食品与环境学院、生命与医药学院、文法学院、商学院、知识产权学院、基础教学部,现有在校生5632人,其中全日制本科生4933人。

盘锦校区实行学院—书院制培养模式,即每个学生都有两个身份,既隶属于一个学院,同时又隶属于一个书院。在学院里接受专业教育以及创新意识的培养;在书院里通过不同专业学生的共同生活、丰富多彩的社团活动以及助理导师、成长导师、学业导师的咨询、领航,有利于学生人格的养成,提高学生的综合素质。通过学院—书院协调发展机制,实现在校生"均衡教育、健康成长、全面发展"的培养目标。

盘锦校区现有伯川书院、令希书院、长春书院、国栋书院4所书院。

17. 伯川书院

伯川书院成立于2013年7月,以大连理工大学的创始人、"211工程"首倡者、我国著名教育家屈伯川先生的姓名命名,现有学生约600人,涵盖校区所有学院、所有专业、年级。

伯川书院以"博文约礼,海纳百川"为院训,强调大学在注重传授专业知识的同时,也注重通识教育,强调人的全面发展,最终实现学生"均衡教育、健康成长、全面发展"的培养目标。书院强调尊重、平等理念,塑造学生优雅的人文素养、良好的公民素质以及强烈的社会责任感,让每一个学生在获得专业修养的同时,成为富有爱心而心灵愉悦的人,成为勇于挑战而行为自觉的人,成为乐于担当而志存高远的人。

书院设院长、执行院长等书院领导及成长导师和学业导师。其中,书院领导由大连理工大

学、盘锦校区领导兼任，成长导师由德育教师（辅导员）担任，学业导师由相关学院聘任专业教师担任。

书院设有学生党支部、共青团大连理工大学伯川书院委员会及共青团大连理工大学伯川书院学生会等党团机构。书院的其他学生组织还包括宣传中心、社会实践与志愿服务中心、管理与培训中心、自管中心、素质发展中心、外事服务中心、思维拓展中心、自强社8个专项职能机构。

书院设院务委员会，负责书院建设和发展的重大决策，其中，院务委员会主任由书院执行院长担任，委员由各学院教师、书院成长导师及学术代表组成，秘书由书院成长导师兼任。

书院设学业咨询中心，负责提供全面的咨询服务、调研分析学生学业状况、建立一对一辅导模式、定期总结学业咨询情况、构建网络平台五大职能。咨询队伍由学业导师、成长导师、朋辈互助团队、咨询助理等组成。学业导师由校区领导、职能部门领导、各书院专业教师担任，为学生提供面对面的学业咨询；成长导师为书院辅导员，为学生提供成长咨询服务；朋辈互助团队由各专业学习排名靠前、具有某一专长的学生组成，为学生解决在学习中遇到的疑惑并分享解决方法；咨询助理由勤工俭学的学生组成，负责咨询室的各项基础工作。

伯川书院遵循书院制的育人特点，兼收中国文化中的"人文精神"与西方文化中的"博雅教育"精髓，通过学院—书院协同育人机制，强调大学在注重传授专业知识的同时，也应该注重通识教育，提供人文训练，培养人文素质，强调人的全面发展，最终实现学生"均衡教育、健康成长、全面发展"的培养目标。

书院的第二课堂与学院的第一课堂紧密结合，即学生综合素质的培养与专业能力的培养紧密结合。书院内，不同学院和学科专业的学生学习交流、生活娱乐在一起，有利于不同学科背景的学生在思想、情感、文化、信息等方面相互交融、影响、促进和提高，有利于学生视野的开阔、学业的交流；书院第二课堂引导学生多读书、多实践、多锻炼，增强学生的社会责任感和使命感，促进学生在体验中成长，提倡学生自我管理、自我教育，培养学生的自立、自主、自觉能力。

在育人实践中，伯川书院形成"两个注重，两个突出"的工作思路，致力于培养学生博览群文、心胸宽广、学有所得、践履所学，使所学最终有所落实，做到"知行合一"。"两个注重"即注重引导，培养学生学习成长的积极主动性，提倡学生自我管理、自我教育、自我发展；注重咨询，为学生的学习成长导航、护航。"两个突出"分别是突出书院服务育人功能，为学生学习成长提供社区式的生活环境；突出书院文化育人功能，为学生的学习成长提供不竭的精神动力。

书院注重文化育人，强调文化浸润和熏陶的力量，以文化的塑造功能培育学生健全的人格，培养学生综合能力，通过百川文化节、"杏坛观语"学生讲坛等文化活动和教育实践活动，凝练并弘扬自我服务的社区文化、自我展示的讲坛文化、阅读启智的读书文化、多彩活动的大学文化的伯川书院四大文化。书院还特别重视行为养成，通过诚信驿站、诚信雨伞、善行100、爱心劝募等隐性教育，培养学生诚信意识、志愿精神和责任意识。

18. 令希书院

令希书院成立于 2013 年 9 月，以我国著名的力学家和教育家、中国科学院资深院士、我国计算力学工程结构优化设计的开拓者钱令希先生的名字命名，书院学生来自校区 6 个学院 19 个专业，共计约 1400 人。书院拥有会议室、学业咨询室、党建活动室、瑜伽室、咖啡厅、谈心室等教学和生活服务设施，为学生提供温馨、舒适、和谐、充满学术气息和创新气息的学习和生活环境。

令希书院秉持"科技创新，学术自由，爱国奉献，知行合一"的书院精神，注重个性培养和全面发展相结合的教育理念，立志培养崇尚科学、热爱祖国、乐于奉献、德才兼备的新时代英才。

书院设院长、执行院长、成长导师、学业导师、班主任、生活导师及成长顾问。书院领导由大连理工大学、盘锦校区党政领导担任，成长导师由德育教师（辅导员）担任，学业导师由各学院专业教师担任，成长顾问由高年级优秀学生担任。

书院设有学生党支部、团委、学生会等党团机构，并下设大学生自我管理中心和自强社两支学生社团。

书院设院务委员会，负责书院建设和发展的重大决策。其中，书院院长担任院务委员会主任，委员由书院常务副院长、相关学院专业教师代表、成长导师代表和学生代表共同组成。

书院营造温馨家园，实施关爱计划，注重个人指导，积极搭建学生自我教育、自我管理、自我服务和展示自我的平台。书院还设有丰富的第二课堂活动，以实践课程为主体，以名家讲坛和学生论坛为两翼，既发挥专家学者的引领，又重视学生之间的学术讨论、思想碰撞。

书院建有学业咨询中心，其职能与其他书院相同，这里不再赘述。

书院从理想信念教育、学风建设、文化建设、科创精神等方面，全方位开展人才培养工作。书院开展入党启蒙教育、党章党史竞赛、"聆悉时政"沙龙、红色社会实践等特色党建活动，大力推进理想信念教育；书院制定《令希书院学风建设规定》，落实学业导师进单元工作、开展"线上线下"多渠道学业咨询和优良学风单元评选等活动，全面加强学习之风（学生个体）、教育之风（学业导师）、学术之风（科技创新）、管理之风（成长导师）；书院注重发挥第二课堂育人功能，以"陶冶高尚情操，构筑健康人格"为文化建设目标，打造"一刊一报一故事，一影一音一论坛"的书院文化品牌，陶冶学生高尚情操，构筑学生健康人格；书院注重培养科创精神，通过举办讲座、组建科创兴趣团队、聘任科创竞赛指导教师、评选"令希科创之星"等活动，引导书院学生积极投身各类科创竞赛，营造浓郁科创氛围。

举办"教授茶座""临溪观澜"等活动，全面增进师生之间、学生之间的相互交流，是令希书院的两大特色。"教授茶座"是知名教授与青年学生分享成长经历、共话科学精神和人文素养的校园文化品牌，邀请校区领导和知名教授走进书院与学生座谈交流；"临溪观澜"是由学生自主报名、自主选题、登台演讲、自愿参加，为学生搭建的锻炼自我、展示自我、提升自我、升华自我的平台，成为盘锦校区校园文化建设和第二课堂人才培养工作的重要组成部分。

19. 长春书院

长春书院成立于 2014 年 7 月，以"中国奥运第一人"——大连理工大学功勋教师刘长春教授的名字命名。书院现有学生约 1200 人，涵盖校区所有学院，所有专业、年级。书院内建有学生活动室、图书阅览室、健身中心、朋辈辅导室等,为学生课外活动提供了充足的场所。

长春书院将刘长春先生"诚朴友善正直,勤学深思敏行"的精神奉为院训,强调强健的体魄是健全人格的基础,智识教育的基点与学生核心竞争力的基石,希望学生吸纳体育竞技所包含的忠诚、勇气、友谊、信任、合作等基本价值以及公平竞争、捍卫荣誉、自强不息、奋勇拼搏的体育精神,并将其转化为专业技能学习上的精进不止、人文素养培育上的睿智博学、实践能力锻炼上的锐意进取,做人方面的诚信、淳朴、友爱、善良、正直,做事上的勤奋学习、深入思考、勇于实践、行动力强,最终实现身体、智力与品德的全面发展。

书院设院长、执行院长、书记兼副院长等书院领导、成长导师、学业导师及助理成长导师。书院领导由大连理工大学、盘锦校区党政领导担任,成长导师由辅导员担任,学业导师由各学院和专业的教师担任,助理成长导师由高年级优秀学生担任。

书院设有教工党支部、学生党支部、团委、学生会等党团机构,下设大学生自我管理中心和自强社两支学生社团。

书院设院务委员会,负责书院建设和发展的重大决策。其中,院务委员会主任由书院执行院长担任,委员由学院专业教师、书院成长导师及学生代表共同组成。

书院设有学业咨询中心,负责提供多领域的咨询服务、调研分析学生学习情况、定期汇总学业咨询情况、建立资源共享平台、推进学业导师单元责任制5项职能。咨询中心有学业咨询和导师助理两支队伍,学业咨询队伍由各学院专业教师组成,导师助理队伍由高年级优秀学生组成。

书院以学业导师为依托,双院协作抓好学风建设。书院打造"学业导师单元制"师生沟通平台,通过学业导师与学生居住单元相对接,为学生提供全方位、个体化、具体性、前瞻性的指导服务;推出"学霸"朋辈辅导活动,提供多渠道的学业辅导;基于学业数据汇总分析,通过个体谈心谈话、寝室座谈、单元会等形式,做好学业帮扶。

书院充分发挥学生公寓以单元为单位的集体住宿模式优势,倡导单元"家"文化的集体价值观念,通过单元寝室文化设计大赛、示范单元评比等活动促进单元建设,营造优良的学习生活环境。

长春书院结合独有的奥林匹克精神,开创"长春盛典""凭阑观春"学生讲坛等特色育人项目,培养学生自我管理、自我教育、自我服务的意识和能力。"长春盛典"是书院为纪念刘长春先生诞辰,鼓励学生学习刘长春先生热爱祖国、不甘屈辱、自强不息、敢为人先的伟大精神,传承大连理工大学"红色基因",打造积极进取、刻苦奋斗的校园文化氛围而举办的大型系列活动。"凭阑观春"学生讲坛是学生展现自己演讲与见识能力的大舞台,定期邀请名师、名人、学生演讲,以达到学生见闻增长、知识交互、价值共享、自我实现的多重目的。

20. 国栋书院

国栋书院成立于2016年6月,以我国著名的机械工程专家、教育家、柴油机预混合燃烧理论的奠基人、我国内燃机事业的先驱者胡国栋先生的名字命名,现有学生约1200人,来自于校区6个学院的20个专业,实现了书院制模式下,导师与学生间的多层面交流、不同专业学生间的知识互

通。书院设有学业咨询室、朋辈辅导室、心理咨询室、党团活动室、文化沙龙等,通过营造社区式的育人氛围,鼓励学生的自主研习与自我探索。

国栋书院以"诚和通达,敦本务实"为院训,强调培养学生诚信和善的气韵品性,厚重务实的谋事作风。"诚和通达"根植胡国栋先生至诚和善的为人风骨,启示书院学子只有为人"诚",与人"和",对待所知所学努力求"通",方至"达"的境地。"敦本务实"凝练于胡国栋先生真抓实干的科研精神,告诫书院学子即便思路犹如满天繁星,心中充斥无尽梦想,也务必从自己的本职事务开始,从诚心诚意地对待自己的学业开始,从实干和实践的角度出发,才能成就自身与社会的发展。

书院设院长、执行院长等书院领导,设成长导师、学业导师、助理导师。书院领导由大连理工大学、盘锦校区党政领导担任,成长导师由辅导员担任,学业导师由相关学院聘任专业教师担任,助理导师由高年级优秀学生担任。

书院实行院务委员会的管理体制,由院系教师、书院成长导师及学生代表构成的院务委员会,在负责书院内各项事务的提案与议定过程中,充分保障了学生对书院事务的知情权与参与权。

书院设立学业咨询中心,咨询中心队伍由专业团队和朋辈辅导团队组成。其中,专业团队由各学院专业教师担任,朋辈辅导团队由各学科成绩优异以及具备相关技能的学生担任。

书院致力于由教师的身教垂范,营造书院的整体育人氛围,并始终强调大学生一切的想法与主张,最终必须落实到本职事务的真抓实干与躬身实践上,以务实的态度面对学业与研究,以笃实的作风面对事务与活动,以诚实的心境面对自我与他人,在实干中成就自身的发展,在实践中成长为对社会国家贡献己力的栋梁之才。

书院立足于导师与学生间的密切互动,开创"秉文沙龙"大学生人文素养提升计划和家庭兴趣小组两项特色育人项目,促进师生交流和学生全面成长。

"秉文沙龙"大学生人文素养提升计划着力于对学生的人文素养进行补足提升,根据中西历史、传统文化、艺术欣赏、哲学思维、民俗礼仪、心理探索、科学精神、法律规范 8 个板块,依托书院宿舍楼内的"社区驿站",将专家教授请至学生寝室楼内,使学生足不出户地与导师对话,不仅锻炼学生的思辨与表达能力,更在师生对学科研究、政治历史、艺术生活等范畴主题的观点碰撞下,综合提升大学生的人文素养。"秉文沙龙"已成为书院制模式下的常规性、品牌性活动,并纳入盘锦校区第二课堂方案。

家庭兴趣小组是国栋书院为发挥博雅教育的育人优势、加深学生与学业导师间的沟通交流而定制的主题活动。书院结合学业导师的个人研究方向与学生个人科研兴趣需求,组建学业导师与学生一对多兴趣小组。兴趣小组采用研究型导师制,每名导师带领 5—15 名学生围绕特定主题进行共同学习与研究,学生近距离接触学业导师,在兴趣探究的过程中提升综合素质。

三、华东地区

华东地区:江苏省、浙江省、安徽省、福建省、江西省、山东省、上海市
本地区共有 13 所高校建有 35 所书院,它们是:
复旦大学:志德书院、腾飞书院、克卿书院、任重书院、希德书院

华东师范大学:孟宪承书院
苏州大学:敬文书院、唐文治书院
江南大学:至善学院、君远学院
江苏师范大学:敬文书院
苏州科技大学 敬文书院
南京审计大学:泽园书院、澄园书院、润园书院、沁园书院
浙江大学:竺可桢学院、国际校区书院
绍兴文理学院:阳明书院、成章书院、仲申书院、建工书院、竞雄书院、树人书院、青藤书院、文澜书院、东山书院、羲之书院
温州大学:步青学区、超豪学区、溯初学区
山东大学:一多书院、从文书院
中国海洋大学:行远书院
青岛职业技术学院:知行书院

表4 华东地区高校书院概况

序号	大学名称	书院名称	成立日期	学生人数	书院类型	命名方式
21	复旦大学	志德书院	2005年	3000	全员制模式	人物
22	复旦大学	腾飞书院	2005年	2000	全员制模式	人物
23	复旦大学	克卿书院	2005年	2000	全员制模式	人物
24	复旦大学	任重书院	2005年	1500	全员制模式	人物
25	复旦大学	希德书院	2011年	3000	全员制模式	人物
26	华东师范大学	孟宪承书院	2007年	2300	特定群体模式	人物
27	苏州大学	敬文书院	2011年6月	200	实验班模式	人物
28	苏州大学	唐文治书院	2012年3月	80	实验班模式	人物
29	江南大学	至善学院	2009年10月	500	实验班模式	校训
30	江南大学	君远学院	2011年4月	240	实验班模式	人物
31	江苏师范大学	敬文书院	2015年6月	501	实验班模式	人物
32	苏州科技大学	敬文书院	2016年5月	120	实验班模式	人物
33	南京审计大学	泽园书院	2014年3月	5587	全员制模式	地名
34	南京审计大学	澄园书院	2014年3月	3261	全员制模式	地名
35	南京审计大学	润园书院	2014年3月	4375	全员制模式	地名
36	南京审计大学	沁园书院	2014年3月	2858	全员制模式	地名
37	浙江大学	竺可桢学院	2000年5月	1500	实验班模式	人物
38	浙江大学	国际校区书院	2016年7月	88	特殊群体模式	理念
39	绍兴文理学院	阳明书院	2012年5月	1200	全员制模式	人物
40	绍兴文理学院	成章书院	2011年9月	2631	全员制模式	人物
41	绍兴文理学院	仲申书院	2012年6月	1500	全员制模式	人物

续表 4

序号	大学名称	书院名称	成立日期	学生人数	书院类型	命名方式
42	绍兴文理学院	建工书院	2012 年 6 月	1500	全员制模式	人物
43	绍兴文理学院	竞雄书院	2012 年 6 月	1500	全员制模式	人物
44	绍兴文理学院	树人书院	2013 年	1500	全员制模式	人物
45	绍兴文理学院	文澜书院	2015 年 5 月	1500	全员制模式	人物
46	绍兴文理学院	青藤书院	2013 年	1500	特殊群体模式	人物
47	绍兴文理学院	东山书院	2014 年 11 月	1500	全员制模式	人物
48	绍兴文理学院	羲之书院	2014 年 8 月	1500	特殊群体模式	人物
49	温州大学	步青学区	2014 年 7 月	5000	全员制模式	人物
50	温州大学	超豪学区	2014 年 7 月	3300	全员制模式	人物
51	温州大学	溯初学区	2014 年 8 月	5000	全员制模式	人物
52	山东大学	一多书院	2014 年 8 月	500	非全员制模式	人物
53	山东大学	从文书院	2015 年 1 月	500	非全员制模式	人物
54	中国海洋大学	行远书院	2010 年 9 月	80	实验班模式	理念
55	青岛职业技术学院	知行书院	2010 年 9 月	800	全员制模式	理念

(九)复旦大学

复旦大学是由中华人民共和国教育部直属的综合性研究型全国重点大学。现有 70 个本科专业,41 个一级学科硕士学生授权点,35 个一级学科博士授权点。目前共有本专科生 12000 余人,研究生 17000 余人。

复旦大学的书院制创立于 2005 年。2005 年 9 月,复旦大学进行通识教育改革,成立了复旦学院,包括志德、腾飞、克卿、任重 4 个住宿书院。2009 年又成立了希德书院。

2012 年以前,复旦大学的书院制是以复旦学院为依托的,由于书院制仅仅针对一年级的学生,所以复旦学院仅管理一年级本科生,对通识教育核心课程建设担负一定责任。2012 年之后,复旦大学的书院制正式由一年制改为四年制,涵盖的学生范围也由以前的一年级本科生发展成为现在的全校所有本科生。

为了进一步推进书院发展,2013 年 7 月,复旦大学正式开始组建新的复旦学院(本科生院),原复旦学院、教务处、本科生招生办公室、现代教育技术中心和学生教材中心职能整合,机构并入。新的复旦学院既是管理机构,也是办学机构,统筹本科招生、通识教育、课程建设、书院建设、导师队伍建设、教务管理等本科教育各方面,打通了人才培养各环节。

复旦学院下设书院导师办公室,书院导师办公室是复旦学院为全面推进本科生通识教育而设立的书院教育活动管理与服务部门之一,主要职责有:书院导师队伍管理、本科生导师工作机制研究与制定、书院综合教育活动组织工作的协调与保障、书院日常院务运行的服务与支持、书院整体规划方案设计与实施的调研与协调等工作。

新的复旦学院下设志德、腾飞、克卿、任重、希德五个书院。五大书院涵盖了复旦大学所有本科生。这些书院目前是按照学校的住宿区域划分,物理空间相对独立,包括一个区域内的公寓和公共空间。书院内的住宿安排,则基本按学科交叉和大类融合的原则。

21. 腾飞书院

腾飞书院成立于 2005 年 9 月,系纪念复旦老校长李登辉先生而命名。先生字腾飞,取其意,崛起成功。腾飞书院选择红色作为标志性颜色,汉隶作为门匾字体。书院楹联取自安徽怀古书院:"乾始坤承通彻古今上下总是鸢飞鱼跃,静虚动直浑忘物我内外无非月满潮平。"经过几年的建设,腾飞书院也逐步形成自己的特色品牌活动,如"腾飞论坛""腾飞定向""腾飞大戏",书院刊物《非文》等。

腾飞书院现有学生 2400 余人,学生的专业主要集中在信息、计算机(软件)、力学、材料及药学专业,书院区域横跨邯郸校区南区生活园区及张江校区两个区域。

腾飞书院设有院务委员会、院系协调工作委员会、导师工作委员会、学生自我管理委员会。各委员会分别结合自身定位和职责,通过各类工作、活动开展,全面推进书院建设工作,逐步形成腾飞书院新的文化和特色。

书院院务委员会由书院院长、书院工作人员、导师代表、辅导员代表及学生代表组成,由书院学生工作联络人担任秘书长,院务委员会定期召开会议,负责书院日常建设工作的讨论和设计。

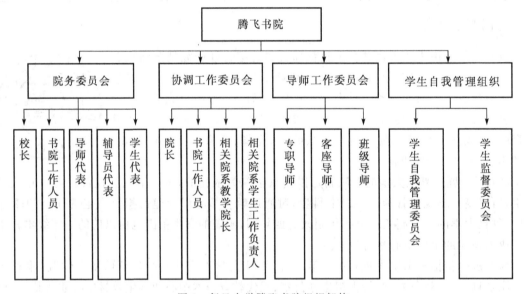

图 1 复旦大学腾飞书院组织架构

腾飞书院和其他四所书院的院长均是由学校聘请资深教授担任,由于住宿书院不是一个行政级别的单位,所以书院院长不能简单的用行政级别去衡量。

为加强和书院相关专业院系的合作和交流,充分发挥合力育人的作用,书院组建协调工作委员会,由书院院长、书院工作人员及相关院系教学院长及相关院系学生工作负责人组成。协调工作委员会定期召开会议,讨论书院建设中需要和院系协调合作的工作。

导师的指导和参与活动是书院内涵文化营建的必要前提和重要内容。腾飞书院依托院系的优秀师资力量,成立专门的导师工作委员会,制定有效的导师工作制度,建立层次多元、结构合理的导师团队和畅达的师生沟通机制,为书院同学提供全面的学业、科研和生活指导,催化和激活同学们的创造性潜力。

腾飞书院导师工作委员会是书院导师工作的领导、指导和协调机构,设主任委员1名,导师委员6名,秘书1名,负责书院导师工作制度的制定和实施、具体指导活动方案的策划和实施。成立以来,委员会已组织了专业介绍、讲座沙龙、读书指导、科研实践等一系列同学反响良好的活动,形成了"腾飞计划""腾飞论坛""腾飞沙龙""腾飞读书""腾飞定向""腾飞大戏"等品牌活动。

腾飞书院导师团队包括3类导师:专职导师、兼职导师、特邀导师。其中:专职导师是书院各院系退休返聘的资深教授,全职负责对为同学们提供全面的指导;兼职导师是来自书院各院系的优秀中青年骨干教师,主要在学业成长和科研学术发展方面对学生进行引导和孵化;特邀导师是由书院邀请的知名教授、专家和学者,通过学养拓展讲座和书院通识课程等形式,帮助学生接触科学前沿,拓宽知识视域,培养求知兴趣。

书院所有导师的相关信息都向同学们公开发布,方便同学们在学习和生活中遇到任何问题或困难时,能够自由而便捷地选择导师求助,获得满意的解决方案。在丰富多彩的书院生活中,腾飞导师主要是通过面谈交流、主题讲座沙龙、经典读书、科研—实践项目指导以及网络通信、电话交流等多种方式,和书院同学进行对话、沟通和互动,构造师生共享的开放信息平台,构建自由、平等和充满活力的探索知识的共同体,书院导师是同学们真正的良师益友,他们提供的学术精华、科研经验、人生感悟和立身处世之道,对同学们产生了积极而深刻的影响。

书院还倡导学生的自主精神和独立能力,通过提倡学生在住宿区域实现自我管理、自我服务,从而逐步培养和塑造学生的公民意识和责任意识,并鼓励学生积极参与书院建设,腾飞书院成立学生自我管理组织,分别命名为书院学生自我管理委员会、书院学生监督委员会。

学生监督委员会是由书院各班级学生代表组成,学生代表由班级同学民主选拔产生,一般任期为一年。每届学生监督委员会任期与学生代表任期相对应,一般为一年。学生代表主要职责为监督书院学生自管会各项工作开展情况、财务支出情况,并定期收集书院同学对书院建设的建议及意见,以提案等形式及时反馈书院学生自管会及书院院务委员会。同时,监督委员会定期召开大会,对于书院内一些重大活动、安排进行民主讨论。

监委会常务委员会是学生监委会的常设机构,由全体学生代表民主选举产生,负责监委会日常事务管理、会议组织、各项工作协调及落实等。常务委员会设主任1名,秘书长1名及委员若干名(委员人数根据学生代表人数确定,有固定比例,如1:15),为加强工作交流,常务委员会每位成员分别对应本书院10—15名学生代表的联络工作。

书院学生自我管理委员会,其主要职责包括建设和管理书院的公共空间;推进书院各项活动开展;在书院搭建师生交流的平台,定期开展书院学术活动;建设生动活泼的书院文化等。同时,学生自管会有义务在书院区域倡导所有成员形成积极健康的生活方式和精神风貌,形成书院生活公约。书院学生自管会接受学生监督委员会监督。

书院与学生组织互相督促,书院对学生自我管理组织定期进行工作评估,主要方式为组织成员定期提交工作报告、工作讨论、述职等形式,同时,书院也要接受所有学生监督。

22. 希德书院

希德书院成立于 2011 年 9 月。经书院全体师生民主决策,定名"希德书院",系纪念复旦大学校杰出女校长谢希德先生。希德书院以紫色为标识色,门匾取字秦汉简帛古隶,出自秦睡虎地、汉银雀山简牍,经配字形成"希德书院"。该字体脱胎于秦篆的威势,开创了汉隶的雄浑,作为一种承上启下的字体,象征着"希德书院"开创新书院制的尝试与创新。院徽主体取字"希",变形为鹏鸟齐飞向东,象征着书院由多个院系专业组成,团结一心,朝着"复旦"之光,飞向代表希望的东方。书院楹联取自湖南衡山集贤书院"立言立功立德,此之谓不朽;希贤希圣希文,人皆可以为"。

希德书院学生约有学生 3000 人,分别来自于经济学大类、自然科学大类(含高分子、化学、生科、物理、环境、材料部分)以及核技术专业。院区位于邯郸校区南区。

希德书院的书院架构主要由院长、学术顾问委员会以及院务委员会组成。书院的学术顾问委员会由多位来自经管、自然科学专业的著名教授组成;书院的院务委员会则由导师工作委员会、财务委员会、通识课程委员会、学术交流委员会、联络委员会和团工委组成,书院院务委员会主要负责书院的日常学生事务工作。

值得一提的是,无论是学术顾问委员会,还是导师工作委员会,相关老师的信息都在网站上公开,方便学生在遇到问题时自由地选择导师并与之进行联系。

导师论坛是希德书院的品牌活动,该活动旨在加强导师与学生之间的联系,强调导师对本科生培养的重要责任,完善书院的导师制度。同时,本活动希望通过论坛这一平台,将导师精湛的专业修为、渊博的知识、丰富的人生阅历传递给学生,帮助学生树立正确的人生观、价值观,开阔学生视野,增强学生的社会责任意识,提高学生的学术修养。

除此以外,同腾飞书院一样,希德书院也设有学生自我管理组织,分别命名为书院学生自我管理委员会、书院学生监督委员会。学生自我管理组织的设置和运行机制大体相同,这里不再进行赘述。

23. 任重书院

任重书院成立于 2005 年 9 月,系纪念解放后第一任校长陈望道先生。先生字任重,取其意,任重而道远。任重书院以橙色为标志性颜色,门匾字体为唐楷,唐楷的出现代表文字从古代演变到了现代。书院楹联:"力学如为山九仞,高须加一篑;行仁若法海十分,满尚纳千流"。

任重书院有 1500 余名学生,分别来自中文、历史、哲学、工商管理类等专业。院区位于邯郸校区本部。

任重书院的工作重点是导师工作、学生工作、学生自我管理工作。为了落实这三项工作,任重书院设立书院建设委员会,下设书院导师委员会、书院学生工作协调委员会以及学生自我管理委员会。

导师工作委员会是书院导师工作的领导、指导和协调机构,负责书院导师工作制度的制定和实施、具体指导活动方案的策划和实施。导师工作主要涉及学术答疑、开设书院讲座、开设书院课程、主持研习班和指导学术性社团 5 大方面。

由于导师和学生管理工作统一在学生所属的院系,所以为加强和书院相关专业院系的合作和交流,充分发挥合力育人的作用,书院组建协调工作委员会,由书院院长、书院工作人员及相关院系教学院长及相关院系学生工作负责人组成。协调工作委员会定期召开会议,讨论书院建设中需要和院系协调合作的工作。协调工作委员会由书院导师工作联络人担任秘书长。

同之前的书院类似,任重书院也成立了任重书院学生自我管理委员会、学生监督委员会。这里就不再赘述。

"任重沙龙"是任重书院的品牌活动,创办于2005年10月12日。"任重沙龙"活动的理念和目标是讨论同学们感兴趣的话题、实现全书院信息共享。"任重沙龙"已经成为一个拥有整体标识、固定工作团队以及具体工作流程的任重书院"人气颇高"的名牌活动,甚至经常会吸引很多其他书院的学生一同来参加。每周三中午举办,每学期共计12—15次,分为学习篇和生活篇。学习篇:解答大学新生在初入大学所面对的学习转型、实践创新、研读经典等问题。生活篇:解答大学生在初入大学阶段面对的身份转型、校园生活、自我定位、心理和感情调适等问题,并给予学生与老师和领导接触交流的机会。参加对象为任重书院全体学生以及其他书院感兴趣的学生,无需报名,可以根据海报指示时间地点自行选择感兴趣的话题前往参加。

除此以外,经过十多年的书院发展,任重书院还形成了"经典研习班""学术训练营""导师在身边"等品牌活动,建立了书院咖啡吧、诗歌图书馆、子墨留学生之家等书院特色公共空间。

24. 志德书院

志德书院成立于2005年9月,系纪念复旦创始人马相伯先生。先生名志德,取其意,明志且道德高尚。志德书院以绿色为标志性颜色,门匾字体为秦篆,秦篆是我国古代汉字统一的标志。书院楹联:"志于道据于德依于仁,而后游于艺;修其身齐其家治其国,必先正其心。"

志德书院现有学生3000余人,分别来源于社科大类(国务、社会)、新闻、外文、法学、数学等专业。院区位于邯郸校区东区。

同复旦大学其他书院一样,志德书院的工作重点也是导师工作、学生工作、学生自主管理工作三方面,也分别设立了书院导师委员会、书院学生工作协调委员会以及学生自我管理委员会等组织机构,这里就不再一一进行赘述。

"志德讲会""志德书院日""四月追风主题月"等是书院特色文化品牌。

"志德讲会"是传统书院学术演讲和交流的重要形式,"志德讲会"是在通识教育理念下传承书院传统的一个具体体现。每个月1—2次,面向全体书院学生,由书院各类组织自主申报承担设计,主题围绕理解大学、理解学习和人生等专题。内容包括:辅导员团队谈大学适应;导师团队谈人生规划;学长学习经验谈;导师谈学习研究方法;学工组长谈学术科创;与虹口区癌症俱乐部共办联合主题演讲会;志德中学行:通识教育宣讲行动等。

志德书院日是以复旦大学创始人、老校长马相伯先生的诞辰日4月7日作为每个月的书院日,开展结合学校学院要求和节日契机的书院特色主题活动。一方面加深同学们对书院精神的理解与传承,加深对老校长精神的学习;同时为书院文化的积淀和书院内各班之间的交流提供平台。"书院日"每月一次,面向全书院同学,每次由两个班负责设计、组织和协调。诸如"书院大扫除日""书院体育比赛""上海/校园定向""学雷锋"等主题活动。

四月追风主题月是以复旦大学创始人、老校长马相伯诞辰日为契机,开展主题学习活动。四月追风,正如其名字所期望的那样,希望学生在春天这个充满朝气的时节,从先人身上汲取力量,不断向前进取,存志于心,德怀天下。院团学组织具体落实,各班配合参与,活动持续1

个月,面向书院全体师生。内容包括清明祭扫缅怀老校长,围绕学习老校长事迹而开展的读书活动,"追风晨跑""志德游园会","志德诗文化节"以及各班级的主题班会等。

25. 克卿书院

克卿书院成立于2005年9月,系纪念上海医学院创办者颜福庆先生。先生字克卿。克卿书院以蓝色为标志性颜色,门匾字体为魏碑,魏碑是南北朝时期碑志、雕刻使用的字体,用以树碑立传纪念先贤的尊贵品格。书院楹联:"读书面对圣贤,当知所学何事;立志胸存社稷,但求无愧于心。"

克卿书院现有学生2400余名,来源于医学大类专业。书院区域横跨邯郸校区南区及枫林校区两个区域。

同复旦大学其他书院一样,克卿书院的工作重点也是导师工作、学生工作、学生自主管理工作等三方面,也分别设立了书院导师委员会、书院学生工作协调委员会以及学生自我管理委员会等组织机构,这里就不再一一进行赘述。

"克卿人节"、克卿峰会、书院刊《新卿年》等是书院特色文化品牌。

"克卿人节",该活动将视线聚焦于汲取中国文化、传承书院精神,以严谨与活泼并重的形式开展各类活动,提供给学生一个走近历史、交流思想、感受文化的大平台,引导学生以自己独立的视角思考问题,探讨、追寻、弘扬克卿书院文化、精神的内涵,从中学会认知、学会做事、学会共同生活、学会生存,同时加强学生对于中国文化的鉴赏与解读能力,对于书院精神的独立思考与传承能力。每年11月揭开序幕,持续1月左右。包括学术讲座、考察实践、书画展示、体育竞技等参与式互动活动,面向克卿书院全体师生。

克卿峰会,该峰会通过调研,总结学生最关心的问题,组织灵活生动的峰会形式,由辅导员面向全体书院学生分专题解答,从而做到全书院信息共享,成为克卿学子全方位了解大学学习生活、学校政策等相关信息的平台。内容包括学校资源利用、职业生涯计划、生活技能指导、人生规划以及文化礼仪等。

书院刊《新卿年》,该刊始编于书院创立之初,在内容与排版上力求创新,专题式地记载历届克卿学子在校内、校外的出色表现,核心课程的设置,通识教育各类活动,通识教育模式下学生的心声等等内容,举隅式地勾勒出复旦学院通识教育的成果。一般每学期编辑完成一期,版面内容包含学生风采、经典品读、文化赏析、新闻娱乐、生活提示等。

(十)华东师范大学

华东师范大学位于上海,是中华人民共和国教育部与上海市人民政府共建的综合性全国重点大学。学校设有闵行、中山北路两个校区;设有2个学部、22个全日制学院、78个本科专业,共有在校全日制本专科生14192人、教职工4024人。

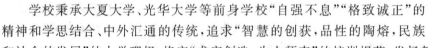

学校秉承大夏大学、光华大学等前身学校"自强不息""格致诚正"的精神和学思结合、中外汇通的传统,追求"智慧的创获,品性的陶熔,民族和社会的发展"的大学理想,恪守"求实创造,为人师表"的校训规范,发扬教师教育和教育研究等传统学科优势,致力于建设世界知名高水平研究型大学。

华东师范大学现有孟宪承书院1所书院。

26. 孟宪承书院

孟宪承书院创建于2007年9月,以我国现代著名教育家、华东师范大学首任校长孟宪承的名字命名。

孟宪承书院致力于加强课堂内外各类教育活动的结合,探索四年一贯、循序渐进的免费师范生职业养成教育模式,增强师范生的使命感和社会责任感,实现他们在"综合素质、个人形象、专业情谊、事业追求"等方面职业素养的全面提升。在住宿制书院模式下,学生集中住宿。

孟宪承书院于2013年3月成立书院党政班子,正式进入书院建设实体化阶段。

孟宪承书院现有近3000名免费师范生,他们来源于汉语言文学、英语、思想政治教育、历史学、数学与应用数学、物理学、化学、生物科学、地理科学、体育教育、音乐学、美术学12个专业。

孟宪承书院与专业院系合理分工、紧密协作,共同肩负人才培养责任。每一位书院学子都有双重身份,既是孟宪承书院的学生,也是专业所在院系的学生;第一课堂的专业学习与学术发展由专业所在院系负责,第一课堂之外的学习生活与养成教育主要由书院负责。

孟宪承书院由党委书记和院长统一领导,两名副院长分别由教务处和学生处副处长兼任管理,书院下设行政办公室、学生事务办公室和学业指导办公室。

行政办公室由主任和专员两人组成,主要职责为资料整理和网站更新维护;学生事务办公室由辅导员组成,主要职责为学生事务管理;学业指导办公室由主任和两名专员组成,主要职责为加强学业指导,进行学业诊断、学业辅导、举办沙龙讲座等。

书院设有党建中心、团建中心、教师技能中心、文化建设中心、科创中心、社区服务中心、导师协调中心、职业生涯发展中心、社团发展中心、公益中心十大中心。

除了十大中心外,孟宪承书院还以一座宿舍楼为基础,建设了共享学习空间,包含咖啡吧、书店、休闲阅读区、文化展示区、自由讨论区、电子阅览区、多功能厅、研讨室、培训师、团队活动室、多媒体互动室、微格教室、学生创意活动室、导师互动交流室、心理辅导室、学生创意活动基地、生涯咨询室、会议室、学业指导室等公共空间。

孟宪承书院的生活社区包括"孟空间"和学生的住宿区。书院通过对本科生公寓20号楼一层"孟空间"实行学生自主管理,探索营造社区化的学习成长空间。主要活动形式包括:1.开展学业普查并撰写学业诊断报告,组建各类学习小组,倡导朋辈互助辅导,对改进教师教学、学生学习产生了积极影响;2.举办学生领导力特训营、梦想show和孟想汇、教师暴走上海、师生午餐会、微公益等特色活动,提高学生综合素养,展现良好精神风貌。

学生的住宿区包括四栋宿舍楼,每层楼设盥洗室、洗衣室、奶箱、信箱。这是一个师生共同的住宿环境,辅导员居住在每栋楼的二层。在寝室安排上实行专业年级的混寝安排,可以让不同专业、不同年级的学生之间进行交流,文理兼修,生活多姿多彩,在书院管理上推崇学生自我管理,以"人性化的社区环境"和"个性化的混寝安排"创建民主社区。

为了加强课堂内外各类教育活动的结合,孟宪承书院设计了八个学期教师养成教育,分别以教师信念、青春校园、思想启迪、从教风采、才艺拓展、回报社会、实践创新和入职强化为主题逐步实施。

此外,孟宪承书院还专门为免费师范生开设了通识教育系列讲座课程,主旨是加强师范生人文、社会和自然科学的基本素养,拓宽师范生的学科视野,掌握学科前沿理论与知识。目前已开设了文学、历史、经济、社会、地球科学、生命科学等6门课程。

在孟宪承书院持续发展的这几年内,逐渐形成了以下多个特色工作。

一是打造引领学生共同成长的导师团队。由人生导师、社会导师、常驻导师和学生导师构成的导师团队,其中,人生发展导师按照1:50的配比,现有专职教师十余名,并从12个专业院系聘请了30余名教师担任人生发展导师。人生导师每周到书院与学生展开面对面交流,对专业学习、生涯发展等进行全方位辅导。社会导师,由基础教育特、高级教师组成,按照1:100的配比,进行不定期讲座、沙龙、实践活动。常驻导师,由书院各专业专职辅导员、住楼辅导员组成,按照1:80的配比,辅导员常驻生活园区办公,为学生提供全天候、个性化的指导和服务。学生导师由高年级优秀学子按1:8比例配备,对日常学习与生活进行朋辈指导。

二是营造勤学乐学崇尚科研的良好学风。学业普查和诊断是常驻导师利用日常工作之余,根据学业发展需求报告要求,定期进行学风调研,了解学生学业发展需求,得出学业困难诊断报告,根据学业成绩分析报告,发现学业问题,提供工作参考。同时,书院重视朋辈互助学习,组建了形式多样的学习小组,有导师带领的、学导带领的、按照课程组织的、读书会形式的、学生自由组合的、以楼层为单位的、集体自习形式的,不同形式,同一目的。

三是重视教师教育素质养成的第二课堂。书院通过建立四个计划来提高学生的教师教育素质,包括教育领袖养成计划、教师生涯导航计划、教师技能提升计划和教师人文融通计划。

四是书院大力推进学生志趣联盟。书院有两个品牌志趣联盟,一个是男子汉俱乐部,旨在激发师大男儿的活力与激情。男子汉俱乐部现有四个活动项目:剑道、散打、攀岩、打鼓,四个项目都配有专业的负责教练。另一个是彩云支南支教社团,彩云支南"同心·童梦"计划充分整合师范院校的优势资源,利用优良的教师技能平台,面向广大边老少穷地区的孩童,分享自身所学,在分享中共同进步、共同成长。

(十一)苏州大学

苏州大学是江苏省属重点综合性大学。苏州大学现有哲学、经济学、法学、教育学、文学、历史学、理学、工学、农学、医学、管理学、艺术学十二大学科门类。学校设有24个学院(部),拥有全日制本科生26175人,全日制硕士生9332人,在职专业学位硕士2891人,全日制博士生1601人,临床博士1593人,各类留学生2911人。

苏州大学现有敬文书院和唐文治书院2所书院。书院将不同学科专业背景的学生汇聚在一个小型社区进行集中管理,社区内除有学生宿舍外,还建有供书院师生研讨、活动、生活的多用途场地,院长、辅导员的办公室也都设在书院里,便于和学生交流。

27. 敬文书院

敬文书院设立于2011年7月。其以香港爱国实业家朱敬文先生名字命名,并弘扬"为国储材,自助助人"的敬文精神,希望以此激励和感召每一位有使命感、责任感的学子学有所成、回馈社会、报效祖国。

敬文书院定位于专业教育之外的"第二课堂",立足书院、联合学院、走出学校、辐射社会。书院汇聚不同学科专业背景的学生和导师,共建一个师生亲密互动的社区共同体。目前,书院有常任导师若干名、学业导师

五十余名、助理导师若干名、社区导师若干名。敬文书院目前近200名学生在读,从苏州大学本部(王健法学院、外国语学院、数学科学学院、物理与光电·能源学部、计算机科学与技术学院、电子信息学院)、东校区(东吴商学院、体育学院)、北校区(机电工程学院、沙钢钢铁学院、纺织与服装工程学院)各学院的全日制本科提前批次、本一批次学生中选拔。

敬文书院以培养研究型、国际化、高素质创新人才为目标,提出"育人为本、德育为先、个性培养、全面发展"的理念;以"为国储材,自助助人"的敬文精神为院训,倡导"明德至善、博学笃行"的院风。

行政架构方面,敬文书院设有名誉院长、院长、副院长各一名,常任导师若干名。导师制工作是书院日常工作的重点,除了常任导师外,书院还配备了学业导师、助理导师以及社区导师,导师常驻书院办公,与学生零距离接触,为学生的成长成才提供全天候、个性化的指导和服务,帮助学生优先发展、个性发展、全面发展。

书院的学生事务主要由学生事务中心和团委负责。此外,敬文书院在学生公寓内构建"书院党支部—学生党小组—党员之家"的三级工作网络体系,以宿舍楼层为单位,每个楼层都开设党员之家,并以此为阵地开展各项学生事务工作。

在学生文化活动方面,敬文书院通过学生社团的自我管理、学生活动的自我组织等形式有效增强学生参与管理的积极性和主动性,引导学生增强主人翁意识。学生在管理社团、组织活动等展现自己的才能时,书院管理人员引导学生主动讨论、书写活动方案,控制活动过程,总结活动得失,优化活动方案,从而培养学生的创造力,提高学生的领导能力。

敬文书院提出了颇具书院特色的"1328育人模型"。其中:"1"指的是以德为先,推出1项爱心储蓄活动;"3"是以学生为主,深化3大核心计划,即科技人文通融计划、生涯发展辅导计划、领导力培养计划;"2"是以学生需求为导向,搭建2类平台,即敬文讲堂和研习会;"8"是以学生为诉求,着重提升学生的8种能力,即自我服务的能力、学习的能力、交流的能力、质疑的能力、组织的能力、体育运动的能力、回馈社会的能力、国际竞争的能力。

敬文书院发展至今,已形成了独具特色的书院文化,具体来看,主要有以下六个方面:

(1)书院是学者的社区和温馨的家园。书院有着园林式的院落环境,彰显"贴近、亲和、交融"的育人氛围,导师室、办公室与学生宿舍"同位化、近距离",同时设置图书阅览室、咖啡吧、谈心室、自修室、演习室、钢琴房、健身房、洗衣房、共膳居等,便于将学生的学习和生活融为一体。

(2)书院的学生构成是文理渗透、学科交叉。学校每年从天赐庄等校区相关学院的本科新生申请者中选拔优秀学生加盟书院。书院每间宿舍由不同专业的学生入住。每一个被选拔进书院的学生都有双重身份:他们既是敬文书院的学生,也是所在专业学院的学生。其第一课堂的专业学习主要由各自所在学院负责,第一课堂专业学习以外的通识教育和非形式教育主要由书院负责。

(3)教授、博士领衔书院导师队伍。书院选聘四类导师实行"全程全员导师制"。其中学业导师在大学适应、课程学习、生涯规划、课外阅读、文献查阅、论文写作、学科竞赛、科研项目、就业创业乃至人生价值实现等方面对学生进行切实有效的指导;常任导师常驻书院办公,统筹教务学务,第一时间为学生答疑解惑;社区导师负责引导书院学生培养良好的生活习惯和健康的生活方式;助理导师辅助常任导师、学业导师开展工作。

(4)书院注重通识教育塑造全人。书院以全人教育为旨归,精心设计通识教育课程。持续开设敬文讲堂,邀请校内外名家讲学,建构文化传承、艺术审美、经典会通、创新探索四个系列的高品质通识教育课程,使学生能够登高望远,提升思维力、想象力。大力实施以"适应和提高"为宗旨的外语教学改革,为书院学生专门设置教学体系,加强听、说、读、写、第二外语、跨文化素养等"针对性模块化教学",赋予学生感悟语言之美、培养世界关怀的全新体验。

(5)书院坚持以创新为驱动引领学生成长。书院以"FLAME创新体系建设"为驱动,激发学生的创造活力。该体系融导师制、线上线下联动课程、3I工程项目、创客空间、创业计划五大元素为一体:借助导师制对书院学生进行全系统、全方位的导学;利用线上引入MOOC,线下加以课堂翻转式能力培育、小组合作式创新探索,激发学生的兴趣,推动基于全体学生的学研;建设创客空间实验室,并开设创意交互平台。

(6)书院始终以培养具有人文情怀、创造精神的研究型、国际化、高素质人才为目标,着力打造跨专业、跨文化、跨国界的学习环境。目前,书院已经有超过50%的学生获得海外研修的机会,分别前往QS排名前50的美国哈佛大学、杜克大学等众多国际名校研修交流、留学深造。

28. 唐文治书院

唐文治书院成立于2012年3月30日,以苏州大学前身之一的无锡国专的创始人、著名教育家唐文治先生的名字命名。唐文治书院在"第一课堂"开展博雅教育(即素质教育或通识教育)。目前书院已招收三届学生,学生人数近80人。

唐文治书院实施全程导师制,由书院选聘具有高级职称或博士学位的优秀教师担任学生四年的学业导师,为学生的学业发展给予最直接的指导。书院还配备了专职辅导员、班主任,负责学生生活学习的管理工作。三位一体的师资阵容,从学术上、生活上及日常管理上为学生们带来全方位的保障,引导学生们扬帆远航。

唐文治书院的成立旨在进一步推进苏州大学"卓越人文学者教育培养计划",建立全新的研究型教学模式,探索本科教育和研究生教育的有机结合,体现现代大学制度的基本精神,突出民主办学、敬畏学术、教学相长、自我发展的特征,实施跨学科跨领域的教学方式,以培养复合型、学术型的高端文科人才为目标。

书院的管理也体现着现代大学制度的基本精神,突出民主办学、敬畏学术、教学相长、自我发展的特征,以"学术责任"培养"敬畏学术"之心,形成学术伦理基础上的师生关系,为培养卓越的人文学者奠定基础。

唐文治书院设有院长、常务副院长、副院长,具体负责日常事务。书院还设有评议委员会负责重大事项决策,设委员会主席一名、副主席若干及委员若干。

书院的学生活动则主要由学生事务中心组织。唐文治学生事务中心成立于2014年,是唐文治书院独立的学生机构,为唐文治学子们参与学院管理、决策、活动等提供了平台。中心设有宣传部、学刊部、学习部、文体部以及团务部。

自成立以来,书院不断整合国内外、校内外优势资源,全面实施科技人文融通计划、生涯发展辅导计划、领导力培育计划等核心计划。

在科技人文融通计划中,书院将隐性教育和显性教育相结合,鼓励学生文理渗透、专业互补,互相启发、创新思路;通过开设敬文讲堂,推行好书悦读计划,实施第二外语启蒙计划等方案,全面提升学生综合素质。

在生涯发展辅导计划中,书院以人人参与课题项目推动学术创新为突破口,将在课程辅导、考研、出国、就业、创业、生涯发展等方面为学生提供有针对性的指导和服务。在领导力培育计划中,书院通过创新学生组织架构,创新学生活动模式,全面提升学生自我管理、自我服务、自我教育的能力;同时开设领导力培训课程,从而挖掘学生潜力,提升其未来发展的竞争力。

唐文治书院除部分通识课程外,主体课程都是单独编班授课。注重发挥学生的学习自主性,训练学生处理和研究问题的能力,除课堂教学外,特别重视阅读、讨论、作业等环节。第一学年特别设置了每周十节的英语课,强化英语训练,使学生真正掌握英语的听说读写能力。书院的"文治读书角"特别为书院的学生配备了大量的藏书,尤其是经史子集类的必读书,塑造学生纯正的人文素养与人文关怀。书院大力鼓励与资助学生举办各类读书沙龙、文化参访、郊游踏青、社团组织、暑期社会实践活动等,大大丰富了学生的业余生活,拓展了学生的社会视野。

(十二)江南大学

江南大学是教育部直属、国家"211工程"重点建设高校("九五"首批入选)。学校以"笃学尚行,止于至善"为校训精神;以"彰显轻工特色,服务国计民生;创新培养模式,造就行业中坚"为办学理念;以"建设特色鲜明的研究型大学"为战略目标。学校现有各类在籍在册学生近3万人,其中全日制在校本科生19907人,博硕士研究生7374人,留学生803人;现有教职员工3102人,其中专任教师1777人(含研究生导师886人)。

江南大学建有至善学院、君远学院等2所书院制学院。

29.至善学院

江南大学至善学院成立于2009年,是学校秉承"笃学尚行,止于至善"的校训,以培养未来"学术大师""兴业英才"和"治国栋梁"为长远目标而筹建的荣誉学院,是江南大学实施拔尖创新人才培养计划的重要举措,是学校倾力打造的品牌,是江南大学优秀学子荣誉的象征。目前约有学生500人。

至善学院的学生由选招生和强化班学生组成。选招生由大一上学期结束后从全校大一学生中按照一定比例择优选拔,强化班学生由"国家生命科学与技术人才培养基地班"部分学生组成。

至善学院在全校所有本科专业学生中选拔3%—4%具有突出培养潜质或特殊专长的优秀本科生,对其采取专业学习在专业学院,素质提升在至善学院的"双向管理"模式,与学生所在专业学院共同培养。至善学院以"资源倾斜、能力强化、荣誉吸引"为政策导向,通过优胜劣汰等举措,着力提升"领袖素养、创新潜能、国际视野"等核心素质。已初步构建大众化教育背景下,"多学科-多目标-多层面"并行模式的拔尖创新型人才培养体系。

学院以"学术大师,兴业英才,治国栋梁"为人才培养愿景,以"理想抱负、领袖素质、国际视野、创新潜能"为人才培养目标,以"至善环境,至善师资,至善管理,至善服务"为办学宗旨。理念使命为:构建荣誉至善学院,科学统筹配置优质资源;针对不同学科特征,精准定位共同核心素质;设计不同培养层次,落实核心素质培养措施;因材施教以生为本,树立多元培养目标导向。

学院设管理委员会，由党委书记和校长担任主任，分管教学工作副校长、分管学生工作校党委副书记、校办主任、人事处长、教务处处长、研究生处处长、学生工作处处长、科学技术处处长、社会科学处处长、图书馆馆长、团委书记等任委员。学院党总支书记由分管学生工作校党委副书记兼任；院长由分管教学副校长兼任；副院长由教务处处长、学生工作处处长兼任。学院设专门管理机构，配备常务副院长、党总支副书记、分团委（辅导员）、教学秘书等专职人员。

至善学院的学生实行至善学院与生源学院双向共同管理模式，学生的学籍管理、事务管理、党团关系仍在隶属生源学院，综合提升过程由至善学院管理。在至善学院参加学习和培训的情况由至善学院单独管理考核，每学年结束时至善学院将会同生源学院共同对至善学生做出综合评定。

至善学院以荣誉吸引、资源倾斜、能力强化为导向，已初步构建多学科-多层面-多目标的拔尖创新型人才培养体系，形成点-线-面立体化培养方案特色，包括三维课程体系、创新能力培养体系、对外交流培养体系、个性化目标培养体系等，主要内容包括：

以四支导师队伍为点，画龙点睛，汇聚引领。聘请逾200名学校院士、长江学者、杰青、外专及知名教授担任特聘人生导师，对至善生实施一对一人生规划指导；自主选课题-双向选导师，为主题沙龙、大创项目、大小挑竞赛等系列大学生创新训练计划配备研究生导师级科研创新导师；从全校大学生最喜爱的老师获得者、各类精品课程承担者等优秀师资中建好素质创新课程的课程导师队伍，利用其丰富的阅历、高瞻视野的背景，融会贯通、寓教于练的素养开设素质创新系列课程；以至善讲坛、系列讲座、实习实践为平台，遍邀名师大家、业界精英、政坛领袖和优秀校友讲学，并聘请担任社会导师。

以素质创新课程为线，网络互穿，全程贯通。至善学院将未来领军人才应该具备的领袖素养、创新潜能和国际视野等核心素质与传统博雅教育对哲学社会科学素养、人文素养、自然科学与技术素养、美学艺术素养、实践能力素养等方面的诉求相结合，同时注重对中国大学教育方案实施增强补缺，在实践中创造性地提出并打造了"素质提升、能力强化、知识拓展"三维素质创新课程体系，建设28门素质创新课程，实行暑期英语应用能力强化训练项目，并对素质创新课程推行小班化。

以实施三类项目为面，团队训练，全面覆盖。至善学院经过长期探索和深入实践，精心设计了遵循创新规律之序的渐进式学生创新训练项目群，对学生的创新意识、创新思维、创新素质和创新能力进行分级分层培养；学院在拔尖创新人才培养模式的探索中，顺势打造逐级提升式对外交流培养项目群，国内交流、夏令营、海外访学、海外暑期课程班和海外交换生五个层级，整个项目群建设基础厚实，注重质量，层层递进，步步深入；学院基于拔尖人才的培养目标，设计并实施了多级实践式立德树人培养项目群，着力培养至善生的使命意识、社会责任、领导能力、奉献感恩等核心素质。多极实践式领袖素质培养项目群在工作内容上以强化社会责任为主，工作方式上以实践教育方式为主，工作载体上以非实体组织关系下的学生党团建工作新模式为依托，以"党员工作站""尚行社"为抓手。

30. 君远学院

君远学院成立于 2011 年 4 月 28 日,是江南大学和唐翔千专项教育基金合作创办的江南大学下属二级学院,是双方创新人才培养模式、提高人才培养质量的重大举措。江南大学与香港著名实业家唐翔千先生双方各出资 4000 万元合作共建江南大学君远学院。目前有学生约 240 人。

君远学院依托机械工程学院建设。君远学院本科招生专业为机械工程及自动化(机械电子工程),每年从机械工程学院入学新生中自愿报名、择优选拔综合素质高、动手能力强、具有创新精神和喜欢机电一体化方向的学生 60 名,组成 2 个君远班,实施机械电子工程卓越工程师培养计划。

君远学院以"面向工业界、面向未来、面向世界"的工程教育为理念,以社会需求为导向,以知识传授为基础,以能力培养为重点,以道德养成为根本,以工程技术为主线,强调"厚基础、重实践、强能力、彰个性"的人才培养模式,注重知识、能力、素养的全面协调发展,为国家培养机电工程领域创新能力佳、工程实践能力强的机械电子卓越工程师。

君远学院设有理事会,其中有理事长、副理事长、理事、理事会秘书长、理事会秘书等职。书院的管理机构有院长、君远工程中心主任、君远工程中心副主任、办公室主任、辅导员等人。书院设有咨询委员会。君远学院为江南大学下属二级学院,实行理事会领导下的院长负责制。理事会成员由江南大学、上海君远基金会及无锡市委统战部三方组成。院长受理事会委托全面负责学院的教学与日常行政管理工作,定期向理事会述职。君远学院实行双导师制、项目小组制,并设有君远奖学基金和优先免试推荐研究生等政策。

君远学院聘请具有丰富教学经验和工程实践经验、有教学改革热情和责任心的教师担任授课教师。总学分和学时数减少,集中实践环节增加,课程内容优化(体现时效性、先进性、综合性),教学方法改革(以项目为载体任务拉动式教学,加强实践和实验验证),注重先进、前沿的机电一体化技术的引入。校内学习阶段从入学起为每位学生配备校内导师,企业实践阶段配备企业导师,为学生提供学习、思想、生活、心理、科研等多方面的指导和咨询。学生通过导师制实现分组管理,为每个小组配备具有丰富教学经验、有科研项目、有热情和责任心的教师担任导师。实行项目小组制,每位学生都有机会参与创新实践和科研项目,培养和锻炼学生自学能力、解决工程实际问题的能力和团队合作能力。提供更多的实践动手机会,君远工程中心优先对君远学生开放并为其提供技能培训,帮助学生获得见习机械工程师或其他技术资格证书。

通过改革培养模式,优化培养方案,加强学生的人文教育和文化修养,致力培养德育为先、能力为重、全面发展的高素质人才;与周边地区高新技术企业开展深度产学研合作,实行"导师制""项目制"和"顶岗制"等,把课堂教学、企业实习、实际工程训练与科研项目有机结合,着力提高学生的职业素养、工程实践能力和创新意识。通过"引进来"和"走出去",即引进或聘用有企业实践经验的高级工程技术人员任课或担任兼职教师,有计划派出教学骨干和青年教师深入企业挂职或兼职锻炼,建设一支高水平的工程型师资队伍,更好地实施高水平的高等工程教育与实践。学院积极参与国内高校实施"卓越工程师教育培养计划"的交流与研讨活动,不断总结经验,提高办学水平,扩大行业影响;经常性邀请海内外知名高校教师、企业高级管理人员以及技术骨干来学院开展系列讲座;建设和实施若干双语课程,培养学生良好的英语应用能力;拓展建立海外实习基地,鼓励学生积极参与大学生海外修学交流计划。

君远学院具有显著的人才培养优势。"小而精"的办学模式有利于"导师制""项目制""顶岗制"和"任务驱动"等培养模式和教学方法的改革创新。高水平的"君远工程中心"的建设与启用,为君远学院卓越工程师教育培养计划的实施提供了优越的设施与场地条件。此外,君远理事会和咨询委员会制度、君远奖学金、君远教育基金等为君远学院的人才培养提供了坚实的保障。

(十三)江苏师范大学

江苏师范大学是江苏省人民政府和教育部共建高校,是区域引领性示范高校。学校现有泉山、云龙、奎园、贾汪4个校区,设有22个专业学院以及敬文书院、继续教育学院、国际学院、独立学院科文学院和教育部批准设立的首个非独立法人中俄合作办学机构——江苏师范大学圣彼得堡彼得大帝理工大学联合工程学院。现有68个本科招生专业,在校普通全日制本科生17158人,博士、硕士研究生3390人。

江苏师范大学现有敬文书院1所书院。

31. 敬文书院

江苏师范大学敬文书院成立于2015年6月1日,其前身是成立于2011年的卓越人才培养强化部(简称卓培部),以香港爱国实业家朱敬文先生名字命名,是学校在"大众化教育"背景下探索"精英教育"所设的"荣誉学院"和"办学特区"。

书院设有校长实验班和卓越教师班,现有在校生501人。校长实验班招收非师范专业学生,采用"1+3"人才培养模式,分为文科实验班和理科实验班,学生被书院二次录取后,第一学年分文、理大类培养,按学科群夯实理论基础,一年后在导师的指导下自主选择非师范主修专业,实现个性化发展。卓越教师班招收师范专业学生,采用"三方协同"的培养机制和方案,着力塑造高尚师德,强化博雅教育,提升从师技能,培养"适教、乐教、善教"的优秀教师。

学校高度重视卓越人才培养工作,在敬文书院实行特区政策,对书院师资配备、经费保障、硬件投入等全面倾斜,如配备条件良好的独立教室,独立的生活社区,为每位学生配备具有高级职称或博士学位的专业导师。导师与学生实行双选,在大学4年内,学生都可以就学业、课题、理想、生活等多方面的问题与导师沟通。书院学生在专业学习、科技创新等方面也享有优惠政策,如享有创新成果和高级别竞赛单独资助,各级各类评奖评优、研究生推免、科研立项、学科竞赛等政策倾斜,拥有更多的海(境)内外学习、交流机会等。

敬文书院设有主任、书记、教务办公室、教学档案室、党总支办公室及团委办公室等行政和党团机构,以"守正出新,自助助人"为院训,依托学校省级优势学科群及其高水平师资,采用多样化培养模式和个性化培养方案,通过实施"德行养成与塑造计划""人文素养与博雅气质提升计划""科技创新与实践训练计划""青年领导力发展计划"等,为学生的潜能和个性充分发展提供良好的实践平台,对学生的品行养成、学术兴趣、价值取向施加积极影响,培养具有国际视野,服务中国并影响教育的具有良好社会责任感和职业素养的拔尖创新人才。

德行养成与塑造计划是指,以"立德树人"为目标,明确"德才兼备,以德为先"的卓越人才培养理念,重视社会公德、职业道德和家庭美德教育,把高尚品德的培养与塑造明确列入卓越人才培养方案,贯彻在人才培养的全过程中。

人文素养与博雅气质提升计划是指,以促进人的全面发展为宗旨,强化"素质教育"理念,明确"提高品位、优化气质、提升人文素养"目标,开设博雅课程、组织海内外游学和社团活动,使学生拓展视野、开阔胸襟、提升志向、强健体魄、增强自信。

科技创新与实践训练计划是指,遵循"导师引领、兴趣驱动、以研促学、学研结合"原则,开设研究方法、创新思维等课程和"卓培讲堂"系列学术讲座,激发学生的创新动机、创新兴趣、创新意识;从大一开始就让学生接受系统的科研创新训练,跟着导师进行科学研究;设置"创新学分",支持、引导、组织、指导学生申报和参加各类大学生创新项目、创新实践活动和学科专业竞赛。

青年领导力发展计划是指,创新学生组织架构和学生活动模式,全面提升学生自我教育、自我管理、自我服务的能力;开设领导力培训课程,创设领导力工作坊,挖掘学生潜能,提升学生领袖气质,提高学生管理能力;通过名校参观学习、企业实习考察、农村扶贫支教、社区挂职锻炼等形式,为学生提供发现和发展自我潜能机会,使学生更具社会责任感,更富于进取精神。

书院有意打破同专业学生的"聚居"状态,着力培育宿舍"成长社区"的文化生活方式,打通学生之间跨学科交流的渠道,不同专业的学生横向交融、纵向贯通,形成一个独立的大家庭,生活在一片拥有厨房、咖啡馆、健身房、洗衣房以及自习空间的成长社区,在自由、宽松、舒适的氛围中进行沟通,完成能力与精神的个人成长。

(十四)苏州科技大学

苏州科技大学是一所中央与地方共建、江苏省与苏州市共建、以江苏省管理为主的普通高等院校,被教育部批准为卓越工程师教育培养计划高校。学校拥有十大学科门类,形成了工、理、文、管、艺等多学科协调发展、特色鲜明的学科专业格局,开设 16 个教学单位,开办 58 个本科专业;共有全日制在校本科生 24000 余人,硕士研究生 1200 余人,教职工 1648 人,其中专任教师 1028 人。

学校坚持以教学工作为中心,深化教学改革,加强教学基本建设,规范教学管理,教学质量不断提高。学校不断推进育人模式的改革与创新,积极探索"书院制"育人新模式。

苏州科技大学现有敬文书院 1 所书院。

32.敬文书院

敬文书院成立于 2016 年 5 月,是学校为深入贯彻落实党的教育方针和"立德树人"的根本要求,适应高等教育大众化背景下优秀人才培养的需求,推进高校育人模式的改革与创新,全面提高教育质量,着力提升学生的品行修养、人文素养和实践创新能力,在借鉴中国古代书院制度和国内外著名大学"住宿书院制"的基础上结合学校实际而成立的教育教学机构和学生学习生活社区。

敬文书院借鉴剑桥、哈佛等国外著名大学的"住宿学院制"及香港中文大学的"书院制",同时传承我国古代书院重人格塑造的育人传统,以宿舍楼宇为单位,以师生共住为特征,创新课内课外联动的人才培养模式,注重培育学生品德,促进学生跨学科交流和全面发展。

敬文书院每年从录取在苏州科技大学石湖校区(环境科学与工程学院、电子与信息工程学院、商学院、人文学院、教育与公共管理学院、数理学院、化学生物与材料工程学院、外国语学院、音乐学院、国际教育学院)各学院的全日制提前录取艺术类公办本科批次、本一批次、本二批次学生的新生中选拔100—120余名认同书院制人才培养理念的学生加入敬文书院。

进入书院的学生具有双重身份,既是专业学院的学生,又是敬文书院的学生。学生的专业课学习以专业学院为主,日常管理及实践活动以书院为主。学生在大学四年间除了要完成各自专业的学分,还要完成敬文书院的积分,即完成书院规定的课程、讲座及项目,并取得不低于29个书院积分,可获得书院颁发的"苏州科技大学敬文书院修业证书"。敬文书院施行学生培养动态滚动机制,不适应书院学习生活的学生可申请退出书院。

书院的管理机构为院务委员会,由直属支部书记1名、常务副院长1名、常任导师1名等人员组成,负责研究和决定书院的重大事项。导师制是敬文书院日常工作的一项重点,除了常任导师即辅导员外,书院还设有学业导师、社区导师、助理导师以及项目导师。

书院还设立团委、学生会和学生事务中心等组织,并根据需要成立各种社团、兴趣小组。团委、学生会、学生事务中心、社团,实行自我管理、自主服务。

在硬件环境方面,书院建立图书报刊阅览室、机房、讨论室、会客室、谈心室、多功能室、琴房、健身房、咖啡吧等设施,为书院开展学生思想品德教育、文化素质教育、实践创新教育等提供办公和活动场所。

敬文书院弘扬"为国储才,自助助人"的敬文精神,以新教育理念为指导,其基本任务是按照全面提高人才培养质量的要求,以"听、说、读、写、行、创"等为特色行动方式,并开设"精品通识课程"和"名师名人讲座",实施"四大成长计划"和"六大特色项目",鼓励学生积极参与各类创新实践项目,使之成为师生学习、研究和生活的教育生活共同体,重点提升学生的品行修养、人文素养和实践创新能力,与专业学院的专业教育相向而行,共同引导和促进学生全面、健康、协调和可持续发展。

书院重点提升学生的身心品行修养,要求学生学习并掌握生命关怀的基本知识,具备体育运动、心理健康、幸福心理学等方面的基本理论与技能;具备现代社会基本的公民素质;具有演讲、辩论等社交沟通能力,并了解伦理学、民商法学等道德、法律知识;具有较好美学素养,懂得现代社会的基本礼仪;具备一定的艺术鉴赏、现代美学的基础知识。

书院重点提升学生的人文科技素养,要求学生掌握我国优秀传统文化的精髓,熟悉国学经典、中国社会思想史等文化体系;了解当今科技热点以及科技发展的历史,具有较好的科学素养;具有阅读外文资料的能力,了解包括西方文化、西方哲学史等在内的世界文明;具有较好的国际视野。

书院重点提升学生的实践创新能力,要求学生掌握科学研究的基本方法;具备基本的管理学知识,锻炼并提高实际领导力等社会实践能力;具有文献检索、学术研究的能力;具有一定的科技开发与创新能力;熟悉就业与创业的基本知识;具有较好的职业生涯规划意识与技能。

"精品通识课程"的开设包括公民素质、生命关怀、美学艺术、中外文化、科学素养、国际视野、实践能力、创新能力、就业能力九大模块的通识教育课程。

"名师名人讲座"则邀请校内外名师名人担当主讲嘉宾,打造"敬文大讲堂"这一书院讲座品牌;"四大成长计划"包括文明养成计划、新教育阅读计划、体育锻炼计划和创新训练计划;"六大特色项目"包括"听、说、读、写、行、创"活动以及"四方社""演说社""悦读社""科文社""公益社""创业社"六大社团,这些特色项目为学生的全面发展和成长成才搭建良好的实践锻炼平台。

(十五)南京审计大学

南京审计大学是我国唯一以"审计"命名的全日制普通本科院校,为我国审计高等教育发源地之一。学校是一所以审计为品牌,经、管、法、工、文、理等学科相互支撑、协同发展的特色高校。学校现有浦口、莫愁两个校区,全日制在校生 15237 人,其中,普通本科在校生 14094 人,硕士研究生 243 人,留学生 90 人。

南京审计大学现有 4 个书院,分别为泽园书院、澄园书院、润园书院、沁园书院。

33. 泽园书院

泽园书院成立于 2014 年 3 月,以泽园住宿社区为载体和平台。书院硬件设施完善,拥有独立的综合运动场、餐厅、超市、音乐台,现有 20 栋学生公寓,4 个工作站区。

泽园书院目前涵盖 11 个二级学院、28 个专业的 5500 余名本科学生,100 余个班级,20 余个党支部。

泽园书院的理念为"知书达礼,自主致公,共成长,泽天下"。其中,"知书达礼"是指:多读书,读好书,有文化;懂礼貌,行礼仪,有修养。"自主致公"是指:自我管理,主动学习,致力奉公,公平公正。"共成长,泽天下"是指:师生互动,共同进步,提升自己,服务社会。

泽园书院设领导和常任导师(辅导员)近 30 人,驻院专业心理咨询师 2 名。

书院承担了大学生党建与思想教育、通识教育、学业辅导、学风建设、就业指导、学生事务管理(奖惩助勤贷补)、心理健康教育以及维护校园安全稳定、书院环境与文化建设等职责,侧重于思想引领、行为养成、人格塑造和实践锻炼,系统培养学生的学术思维、道德品质、职业规划、人际沟通、身心健康和适应社会环境等能力,培养造就适应经济社会发展和全面发展的高素质人才。

在育人方面,书院注重通识教育和学生人文素养的全面提升,重视优秀传统文化的"教学做合一",引导学生多读经典,懂礼貌行礼仪,培养诚信品质以及自主的精神和能力,致力奉公,服务社会。

为进一步促进学生专业教育与人文教育均衡发展,完整人格的培养,书院成立了团学社科等学生自治组织、大学生艺术团、学生体育俱乐部,并挂靠 41 个学生社团,组织开展"泽园书院文化节""国学大讲堂"和"财经对决"等活动,邀请专家讲学,鼓励学术争鸣。

自成立以来,泽园书院始终积极实施文化育人工程,打造书香书院。书院紧扣"泽"的内涵、校训"致公"精神和中华优秀传统文化,凝练书院特色文化。泽园书院面向全体师生征集书院文化标识活动,通过公开征集"泽园书院的 logo 图标、院旗、院徽、书院站名"活动,让学生亲身参与和经历自己的书院建设,突出书院之"家"的理念,把书院打造成大学生"温馨的家园、心灵的港湾、成长的摇篮"。

34. 澄园书院

澄园书院成立于2014年3月。书院现住有2800余名学生,分别来自经、管、法、文、理、工六大学科,涵盖审计学、会计学、财务管理、金融学、经济学等28个专业。

澄园书院奉行"导师相携、校友砥砺、朋辈互勉、自主自治"的工作理念,继承与发扬古代书院文化精神,以宿舍为载体,以社区为依托,通过高质量的通识教育和风采多呈的素质拓展活动,引导学生成长为品德高尚、视野开阔、知行合一、具有人文情怀的高素质人才。

书院设有党委书记、副书记、副院长等书院领导,建有就业导师、公共基础课导师、社团导师、通识教育导师、常任导师、经典阅读导师、学业导师、科创项目导师、校级学业导师等多支教育团队。

书院成立以来,积极探索育人之道和建院之策,致力于为学生们提供全方位、立体化、私人订制式的教育服务。根据学生的个性特点,分类制定专项发展模块,以项目制方式调动书院内外资源,促进学生全面健康发展。

书院通过心理成长工作室与导师团队相配合,对书院学生开展个性化、贯穿整个大学期间的"职业生涯设计与人生发展指导";通过经典导读、室外体验式学习、实践创新训练、社团活动等多种非传统课堂的形式,强化学生的专业素养,培养学生的跨学科与国际化视野,锻炼学生的应用实践能力。

橙色是澄园书院的主题色,象征着青春活力、热情洋溢和开拓进取的美好品格。澄园书院充分挖掘"澄"式文化基因的精神内涵,凝练出"澄园先锋"、"澄"馨家园、"澄"才共进、师长传"澄"、书香"澄"梦、异彩纷"澄"六大育人工"澄",旨在让每位内外兼修的"小橙子"都能在书院找到快乐与方向,自主选择、个性成长、全面发展,做最好的自己。

35. 润园书院

润园书院成立于2014年3月,位于南京审计大学浦口校区最早建成投入使用的学生社区——润园,书院现有5个工作站区,目前共有学生4500余人,涵盖学校本科4个年级11个学院的38个专业(含专业方向)。

润园书院根据学校"特色、质量、国际化"的办学理念,积极倡导"励学、敦行、协同、共进"的书院文化和"同学习、共成长"的书院生活方式,围绕"建设优美的环境、营造优良的文化、培养优秀的人才",全面推进书院的各项文化建设,努力把书院打造成为学生"温馨的家园、心灵的港湾、成长的摇篮"。

润园书院秉承"创造、分享、体验"的建设理念,以优秀人才培养为目标,思想政治教育为引领,经典阅读为基础,孵化并培育书院品牌,建设和谐书院。

书院设有党委书记、副书记、副院长等书院领导,下设综合办公室、教育管理办公室、素质拓展办公室兼分团委、心理工作室等机构。

导师制是书院工作的核心,创建优秀的导师队伍是书院强化育人功能的关键。经认真遴选,书院从学校专业教师队伍中选聘班导师、学业导师、社团导师及创业导师89名。导师制创建以来,通过开设导师夜话、导师进班级、导师通识讲座、导师论坛等系列活动,拓宽了师生交互渠道,强化了导师在学生成长成才中的积极作用。

加强制度建设，实现工作的规范化，是润园书院各项工作的着力点。自成立以来，书院完善了从内部管理、文化建设到学风营造的学生工作体系，提炼并形成了书院文化，加强网站和微信等新媒体建设，编撰书院特刊——《润物志》。书院管理实现了精细化、网格化管理，鼓励学生勤勉好学并与团队一起成长，帮助学生实现自我价值，感受成长的快乐。

在学风建设方面，启动了旨在推进学风建设的"励学计划"，创设了"人人都有出彩的机会"的制度氛围；学生综合素质培养方面，开展道德实践、魅力团支部大赛、素质拓展月等；在学生党员和干部队伍建设方面，实施"先锋计划"，加强党性锤炼；在书院环境及物理空间建设方面，成立"看看书吧"、社区生活体验中心等，设立"回音壁"关注学生关切的事物；为营造温暖、活力、创意的"家文化"，举办润园杯球类比赛、"当青春遇上美丽"、导师夜话、社团巡礼节等一系列丰富多彩的活动。

润园书院推行"五大工程"，即"卓越人才工程、党建创新工程、书香阅读工程、品牌打造工程、和谐书院工程"，同时全面推行"八大计划"，分别有"先锋计划"——构建长效机制，发挥党员作用；"英才计划"——激发学生潜能，造就卓越南审人；"雏鹰计划"——因材施教，培养杰出校友；"励学计划"——注重个性发展，重塑学困生信心；"励志计划"——明晰奖励体系，引导经困生成长；"读书计划"——打好人生底色，夯实发展后劲；"拓展计划"——搭建成长平台，全面素质提升；"西部助力计划"——拓展西部学生视野，提升综合能力。

36. 沁园书院

沁园书院成立于2014年3月，现有在校全日制学生2800余名，涉及国际审计学院、会计学院、公共经济学院、工学院、管理科学与工程学院、理学院、文学院等12个学院23个专业。沁园书院积极探索书院改革之路，坚持"大爱为基，育人为本"，践行"立德、立志、立人"，努力实施通识教育，追求"温暖、力量、卓越"，引导"创造、分享、体验"，提升学生综合素质，促进学生全面发展。

沁园书院以"求真、至善、尚美"为院训，树立"通识教育、全人培养，师生互动、名师引领，自主管理、自由发展"的理念，努力将中国传统书院精神和现代大学理念相结合，积极探索具有南审特点的新型书院制下的育人模式。

书院设院长、党委书记、党委副书记、副院长等书院领导，下设机构主要包括综合办公室、教育管理办公室、素质拓展办公室兼分团委以及大学生心理咨询工作室。

书院还聘有常任导师、通识导师、就业导师、专业导师、总导师、社团导师、公共基础课导师等多支师团队，共同开展育人工作。

书院奉行"一切为了学生，高度尊重学生，全面依靠学生"的教育理念，以学生社区为管理平台，构建基于学生兴趣和自主发展的文化组织，打造信息共享、人际互动和文化交流平台，强化朋辈教育与影响，通过有引导的自我管理、自我服务和自主发展，营造提高学生综合素质的优质文化环境和自我教育平台，促进学生成长与发展。

沁园书院注重通识教育，开展"沁园春"书院文化节、"品读荟"等经典阅读活动，开设礼仪文化学堂、"先锋大讲堂"，提升学生人文素养。书院加强文化建设，营造环境文化，构建制度文化，确立组织文化。书院强化学风建设，着力培养学生的读书习惯和运动习惯，"一体两翼"助力学生腾飞。

书院实施"新生启航计划"，成立"菁英成长训练营"，建立朋辈互助工作坊、心灵驿站，做好新生教育、学习支持、心理健康、帮困助困,四位一体服务学生成长。书院倡导同学自主管理、自由发展,实施导生制,举办家族秀,创新学生组织设置,成立学生社区自我管理与服务中心、学生调解委员会等学生组织。

(十六)浙江大学

浙江大学,前身是1897年创建的求是书院,1928年更名为国立浙江大学。浙江大学直属于中华人民共和国教育部,截至2016年12月,学校有紫金港、玉泉、西溪、华家池、之江、舟山、海宁7个校区。学校有7个学部,36个专业学院(系),2个中外合作办学学院、7家附属医院。有一级学科国家重点学科14个,二级学科国家重点学科21个。学校现有全日制在校学生48762人,其中硕士研究生15092人,博士研究生9537人,留学生6237人,其中学位3498人。

浙江大学的竺可桢学院具有高校书院的鲜明特征,因此,本书将其与国际校区书院共同列为研究分析的对象。

37. 竺可桢学院

浙江大学竺可桢学院成立于2000年5月,是浙大培养精英本科生的荣誉学院,以浙大竺可桢老校长之名命名,学院前身为创办于1984年的原浙江大学(工科)混合班。

竺可桢学院是浙江大学对优秀本科生实施"特别培养"和"精英培养"的荣誉学院,是实施英才教育、培养优秀本科生的一个重要基地。学院以"为杰出人才的成长奠定坚实的基础"为宗旨,实施哲学思想教育、数理能力训练等本科全程培养的卓越教育计划,为培养造就基础宽厚,知识、能力、素质、精神俱佳,在专业及相关领域具有国际视野和持久竞争力的高素质创新人才和未来领导者奠定坚实基础。学院依托学校强大的学科和高水平师资,采用多元化培养模式和个性化培养方案,为优秀学生的个性充分发挥、潜能充分发掘提供朝气蓬勃、张弛有度的发展空间,为培养战略性科学家、创新性工程科技人才、高科技创业人才及各界领袖人物打好坚实基础。

竺可桢学院共有学生1500余名,每年通过综合测试、体能测试、专家面试等选拔方式从学校招生部门推荐的优秀学生中选拔400余名优秀学生进行"特别培养"。除此以外,竺可桢学院实行开放办法,浙江大学在籍非荣誉学籍优秀学生也可以通过申请、遴选进入竺可桢学院学习。竺可桢学院设有"混合班""人文社科实验班""求是科学班""巴德年医学班(临床医学八年制)""工科试验班""工程教育高级班""创新与创业管理强化班""公共管理强化班"8种班级。

混合班和人文社科实验班前两年实施通识教育,分别强化数理基础和文史哲经典训练,后两年实施差异教育(专业导师制和个性化培养),加强专业培养;求是科学班实行本一博贯通、个性化特质教育的"塔尖培养模式",实施全程导师制,采用个性化、国际化的培养方案;巴德年医学班实行"八年一贯、两段完成"的医学博士培养模式,前4年学生必须获得浙江大学非医学类专业本科文凭,并完成医学预科课程,后4年进行医学专业训练。

"工程教育高级班(ACEE)""创新与创业管理强化班(ITP)""公共管理强化班(UPA)"是竺可桢学院开设的三大复合型人才培养特色辅修班,面向大一、大二本科生招生。

进入竺可桢学院的学生即可成为浙江大学荣誉学生,学院采取荣誉学籍(每半年依据荣誉学籍基本条件,对学院学生进行荣誉学籍认定)、荣誉课程、荣誉项目、荣誉证书等机制,对不适应竺可桢学院学习的学生分流至其他相关专业院系学习。

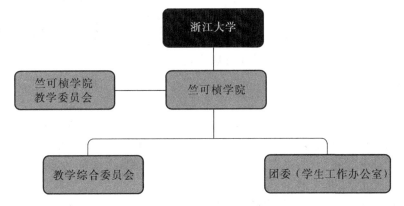

图 2　浙江大学竺可桢学院机构

竺可桢学院是浙江大学的直属单位,目前由浙江大学校长担任学院院长一职,学院还设常务副院长兼党委书记、副院长、党委副书记等职务。行政机构方面设有教学综合办公室、团委(学生工作办公室)等两个办公室,截至 2017 年 6 月,教学综合办公室共有 5 名工作人员,团委(学生工作办公室)共有 7 名工作人员,学生工作办公室的 7 名工作人员均以辅导员身份分别负责某一年级的学生。竺可桢学院还设有由知名教授组成的教学委员会。

竺可桢学院的工作总体来说可以分为两大部分,一是教学工作,二是学生工作。

在教学工作方面,竺可桢学院学习借鉴国外著名大学荣誉学院的办学理念,充分利用浙江大学的教学资源优势,选聘各院系的学科带头人、两院院士、政府基金奖励学者、国家"千人计划"专家、国家杰出青年科学基金获得者、国家级教学名师等一批学识渊博、经验丰富、对教学工作充满激情的 40 余名教师,承担竺可桢学院培养计划中课程的教学任务,同时聘请国内外知名教授为学生授课。

同时,除了荣誉课程教师以外,学院还建有一支由院士、长江学者和众多博士生导师组成的专业导师队伍。

除了导师工作,竺可桢学院还建立诸多国际项目培养学生的国际视野,如"哈佛大学、麻省理工大学毕业设计项目"为学院大四学生提供毕业设计机会、"卓越人才培训项目"派遣优秀学生赴美国知名大学或企业进行为期 3 周的访学、"海外名校交流项目"定期选拔学生赴香港科技大学等海外名校进行 1 至 4 周的学术和文化交流、"海外名校暑期实习生项目"为优秀学生提供海外名校为期 8 周的暑期实习。

在学生工作方面,竺可桢学院分别完成了党建工作、思想政治教育工作、学生事务工作等各项学生工作。在党建工作上,学院党委依托"红色先锋党员成长计划",在党建工作层面树立了两大品牌活动:党员讲坛、党员骨干的仪式教育和红色教育。在思政教育工作方面,学院面向全院学生开展爱国主义教育、爱校荣校教育和爱院荣誉教育,每年度组织形式政策报告会,同时组织学生参观竺可桢故居等活动,加强对竺可桢精神的学习,此外,还开展"领袖培训"计划,加强对学生干部的培养。在学生事务工作方面,学院承担评奖评优、勤工助学、心理健康教育、困难生帮扶、学院安全稳定等学生事务工作。

38. 国际校区书院

国际校区书院是浙江大学直属单位浙江大学国际联合学院（海宁国际校区）的下设单位。成立于2016年7月。2016年9月，新入学的国际联合学院（海宁国际校区）的学生全部在国际校区书院安排住宿，一共88人，中国学生52人，留学生36人，涉及四个专业：生物医学、电气工程及自动化、电子与计算机、中国学（硕士）。

浙江大学国际校区采取完全住宿式书院制，学生与老师同住在书院内，学生可以在书院中住宿、自习、研讨、就餐、休闲和社交。每个学生拥有独立的居住空间，并共享客厅和卫生间。位于一楼的多功能建筑设计（图书室、学习室、讨论室/交流吧、活动室/休闲吧、健身房等）为学生提供了一个亲密的、支持性的学习生活环境。

浙江大学国际校区首期启用的书院是一幢5—10层的围合式建筑，可容纳近800余名学生和近80位专家学者和教师住宿。

书院共分6个住宿区，每个住宿区在每个楼层有二个单元。每个单元安排了12—25间学生寝室，单元里都设有较为宽敞的公共休闲区，供同学们进行课外交流。休闲区还配有饮水净化设备、电热开水器、电视、冰箱、微波炉、多士炉、胶囊咖啡机等设备为大家提供生活便利，每个单元内都设有集中的卫生间和盥洗室，可24小时供应淋浴热水。

所有学生寝室均为单人间，室内家具齐全，有充裕的储物空间。每个寝室都已安装了空调。虽然寝室里没有阳台，但每层都设有公共晾晒区。

书院底层除书院行政办公区和宿舍管理办公区外，全部为公共活动用房和生活服务用房。

截至2017年6月，书院设有院长1名，副院长2名，并配备了学业导师3名（其中留学生学业导师1名），学生的任何事情都可以直接联系学业导师，书院还配备了兼职导师10余名，兼职导师是书院导师体系的重要组成部分，他们在各个领域均取得了优异的成就，他们来源于诸如总务部、联合学院、综合办公室、人力资源部、教务部等学院及职能部门。按照学生住宿单元，将1—2名兼职导师分配至不同的住宿单元，每位兼职导师在一周某一天的1—2个小时中在书院内值班，并为同学在学习、活动、情感及专业等方面提供咨询和帮助。此外，书院还开设兼职导师见面会和讲座，在书院的网站上详细地列出了兼职导师的值班时间详见，除了固定的值班时间外，兼职导师还开通了Office Hours供学生咨询交流，学生可以通过学生事务部的邮箱同兼职导师进行预约，学生事务部会对预约事宜进行协调和安排。

除了学业导师和兼职导师以外，书院还配备有书院服务支撑团队，目前由2名生活导师和6名服务支撑团员组成。书院服务支撑团队是建立在活动室、休息厅等公共空间和书院住宿管理服务基础上的服务团队，旨在为在书院住宿的师生提供书院前台服务、设施日常维修、清扫服务的基础上，不断营造纯美的书院文化及人文情怀，与师生一起创造亲密的、支持性的学习生活环境，团队由前台、维修和保洁及房务人员组成。

书院精心设计了课程和项目，并拥有国际化的教师团队和学生群体，使学生能够获得一流的学习体验。作为学生与生活的场所，书院将通过一系列学生主导的社团组织，如学生会、书院生活委员会，社团管理委员会，鼓励学生通过参与和组织各类社团来了解社会、提高领导力、学会协作并熟悉财务事宜。

国际校区学生会秉承浙江大学学生会"全心全意，服务为你"的宗旨，铭记浙大"求是创新"

组织架构
Organizational Chart

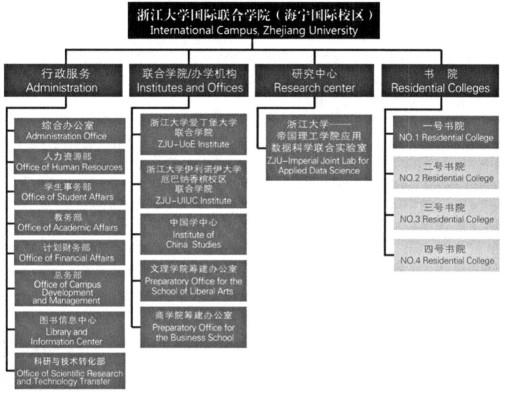

图 3　浙江大学国际联合学院（海宁国际校区）组织架构

的校训,代表广大学生,积极参与校区各项事务和管理,提升学生综合素质,是校区实施学生自我管理的重要依托和平台,并对整个校区各项事务和决定有参与和建议权利。

书院生活委员会是浙江大学首个以住宿区——书院为主要归属单位而成立的学生组织。宿生会与书院住宿管理办公室紧密合作。宿生会的单元代表由各单元经民主推荐产生。他们充分深入到同学中去,了解住宿生需求,传达宿舍管理办公室通知,能够为书院宿舍管理办公室和住宿生之间架起一座桥梁。同时,宿生会还承担了丰富书院文化、沟通中外学生的重任,宿生会通过举办一系列丰富多彩的活动来实现书院住宿生之间的友好交流。

社团管理委员会则负责对校区所有社团进行统一的服务、管理、引导、监督。

学业指导环境、素质发展环境、生活共享环境集通识教育、素质教育、养成教育在国际校区书院内被营造于一体,极大地促进了书院学生在知识、能力、素质、人格等方面的全面发展。

（十七）绍兴文理学院

绍兴文理学院是一所普通全日制公办本科院校,其前身可以追溯到1909年创立的山会初级师范学堂。学校现有本科专业70个,拥有教职工2342人,各类全日制在校学生2.4万余人。

绍兴文理学院2010年以参与浙江省教育体制改革试点为契机,结合自身办学定位、城市文化积淀和学校学生公寓管理的优良传统进行了书院制改革的探索和试点。学校坚持立德树人为基本导向,以提高应用型人才培养质量为目标,经过7年的实践探索,初步形成了以"学科制"、"选课制"、"书院制"为核心的应用型人才培养体系。学校明确将书院定位为一种新的育人组织形式,是对以学院为育人组织形式的补充。书院的建设遵循学生成长规律,以主动走近学生为基本原则,以服务学生发展需求为导向,努力将书院打造为强化立德树人的阵地、密切师生关系的舞台、提升发展能力的课堂、落实精细管理的平台,充分发挥书院在文化育人、管理育人、实践育人、服务育人中的积极作用。

2013年,学校建成了阳明书院等十大书院。每个书院设院务委员会,由书院院长、副院长、院务主任、学业导师代表、辅导员代表和学生代表等组成,院务主任主持书院日常管理工作;每个书院皆以绍籍名人命名,通过院训、院徽、院匾、墙绘等一系列文化设计来彰显名人思想精髓和人格品质;每个书院功能用房按"六室两房"配备,为学生提供最贴心、最全面、最温馨的服务,营造出"家"的良好氛围。书院逐步形成了"学工主导、双院协同、队伍集中","事务集约、学生自治、服务自主"等具有自身特色的运行机制和服务体系,学校努力将书院打造成"诗意地栖居"的精神家园,赋予书院独特的文化内涵和精神,以潜移默化方式影响学生的价值取向、思想意识、意志品质、行为习惯,启迪学生对真、善、美的追求,促使大学生在心灵、知识、行为和身体上全面发展。

39.阳明书院

阳明书院成立于2011年,以绍籍乡贤——明代著名哲学家、政治家、教育家王阳明先生之名命名,是我校施行书院制改革的首批试点书院。书院以王阳明思想精髓"知行合一"为院训,倡导学生从个体潜在素质的发挥和提升出发,遵循以启发、独立个性解放为主导的教育原则,引领学生躬身实践、勇于探索,培养学生形成高尚的道德情操和个人修养。

阳明书院位于南山校区,包含2、4、6幢学生公寓,共住有1800余名学生,主要来自医学院和教师教育学院,包括小学教育(师范)、学前教育(师范)、临床医学、护理学、医学影像技术、医学检验技术、康复治疗学等专业。书院设院务委员会,包括院长1名,副院长2名,院务主任1名,辅导员6名,每月定期召开一次院务联席会议,集体讨论研究书院发展建设与学生教育、管理和服务等重要事项。除此之外,还设有专业化的成才导师团队,定期走进书院为学生答疑解惑。

在阳明书院,一方面是老师俯下身子陪伴学生成长成才,另一方面则是学生自治组织的完善和自治能力的提升。书院在设立团委、学生会等学生组织之外,阳明书院在全校范围内发起成立公益实践团队——书院宣讲员团队,目前有60余名优秀的文理学子被选聘为书院宣传员。他们在提升自身表达能力和交际能力的同时,通过宣扬书院名人文化精神,让更多人了解书院、熟知书院、宣传书院;培养学生"爱国爱家园"的主人翁意识。近三年来,书院宣讲员团队先后接待近96个教育政府部门领导、高校等并为之宣讲,充分展现出彬彬有礼、热情好客的书院小当家形象。与此同时,为充分发挥朋辈影响和榜样示范作用,阳明书院开创了一档面向全校青年的励志访谈节目——"阳明讲堂"。讲堂全程由学生自主策划组织,通过邀请身边的学生榜样,如卓越奖学金获得者、创业先锋等来讲述自己的经历和感悟,让阳明讲堂成为文理青年思想汇聚和碰撞的舞台,成为书院传播青年正能量的坚实讲台,成为书院体现育人理念的实践平台,从而剖析书院学子成长历程,传递文理青春校园正能量。此外,阳明书院着力弘扬"孝文化",构建和谐书院。曾以"孝文化"为主题先后开展"微孝时代的召唤"、毕业季"感恩倡议"等活动,启发学生感恩社会、感恩家庭、感恩父母,在传承"孝"文化的过程中感受书院之"家"的温暖,提升书院学生的"获得感"。

另外,在阳明书院楼下建立了南山校区书院"一站式"学生事务服务中心,实现由"方便管理者"向"方便学生"的转变。各部门各司其职、各负其责,在事务大厅设立服务窗口,实施"上门服务",对管理对象实施精细、准确、快捷的服务,以精细促落实、以精确求高效,确保学生管理工作有条不紊地开展,梳理政策制度24项,重构工作流程30余项,使学生事务工作趋向科学化、规范化、制度化,简化工作程序,提高了工作质量。

40. 成章书院

成章书院成立于2013年,以绍兴先贤、"辛亥三杰"之一的陶成章先生之名命名。书院以陶先生的精神为指引,以"立德立志"为院训,立德乃成人之本,立志为成长之要,倡导学生争做崇德尚学、志存高远、敢于担当的有德有为之人。

成章书院现有学生2000余名,入住学生来自机械与电气工程学院和土木工程学院,涉及机械与电子工程、自动化、计算机科学与技术、土木工程、建筑学等9个专业。书院管理队伍设有院长1名,副院长2名,院务主任1名,辅导员6名。实行"一岗多职"的工作模式,每位辅导员对应一个学院落实"带班"责任、对应一幢公寓落实住楼责任制。

2013年,学校结合党的群众路线教育实践活动和文明寝室建设的要求,开创了"相约星期三"活动品牌项目进一步推动营造全员育人氛围。成章书院以"相约星期三"品牌项目为契机,先后邀请校领导到书院为学生上党课,与学生党员面对面传达党代会精神、畅谈应用型人才培养;推出"博士面对面""成章杂谈"等学术沙龙讲座,邀请师生分享热点话题和经验收获,进一步促进师生交流。以点带面,各书院自"相约星期三"活动开展以来,干部、教师纷纷深入书院、走近倾听学生、启迪思想引方向、交流沟通促发展,解决困难重服务,营造全员育人良好氛围的重要载体,形成了全校师生共建文明寝室、美丽书院、活力校园的生动格局。近两年,全校干部教师走访学生寝室11000余次,其中校领导走访近200次,中层干部走访近500次,让课堂外的"师生面对面"成为校园的常态、教师的习惯、育人的特色,进而真正实现全员育人、全程育人、全方位育人。

与此同时,成章书院为丰富学生课余文化生活,合理利用书院休闲空间,打造了集学习、会议、休闲、健身为一体的学生活动场所——书院文化长廊。书院以此为平台,积极开展了丰富多彩的文化活动,如"我的寝室我的家"系列活动、"点滴生活,秀美书院"书院生活秀大赛、"学智杯"教坛新秀大赛、青春微课堂等。通过这些活动,学生远离游戏,走出寝室,养成了良好的生活习惯与道德品质;促进了同学情谊,增强了学生的竞争与合作意识;展示了书院学子积极向上的精神风貌和朝气蓬勃的青春风采。

成章书院重视学生的自我教育和自我管理,积极培养学生的社会责任感、沟通能力和实践能力。建立起学生会队伍、楼层长队伍、义务消防队伍、志愿者队伍等,学生组织秉持"公平公正"的工作原则,为学生提供服务,为书院建设和发展献计献策,努力工作。同时推动书院信息平台和公益服务平台建设,提高服务效率和效益。书院微信公众号,推出文明寝室、掌上图书馆、美文分享、活动直播、失物招领等多个精品栏目和线上活动,成为引领书院文化、激发正能量的学生思想政治教育工作新平台。

41. 仲申书院

仲申书院成立于2013年,以绍籍名人蔡元培先生的字命名。书院以"思想自由,兼容并包"为院训,倡导民主、自由、平等、博爱,鼓励学生文理并重,注重发展学生个性,培养学生健康的体格和健全的人格,促进学生全面发展。

书院位于南山校区,所辖7幢、8幢、9幢、10幢共四幢学生公寓,住有经济与管理学院、教师教育学院等1400余名学生。每幢公寓楼均设有综合办公室、学习辅导室、病号房、公共储藏室、头脑风暴室等8间功能房,为学生提供便利服务,满足学生日常生活、学习需求。

书院设院长1名,副院长1名,院务主任1名,辅导员2名,设有书院团委、学生会、自管会、楼委会等多个学生自治组织,另有书院宣讲团、"诚"品牌公益项目运营团队、文创工作室、院报编辑部等多个学生工作团队。

书院坚持"立德树人、以生为本"的工作理念,营造仲申家文化氛围:实施生日学生慰问制,以送生日贺卡的名义走近每一个学生,及时给予学生家的温暖;以书院文化节为载体,不断丰富文化节内涵,进一步推动文明寝室建设,营造"我的书院我的家,快乐幸福你我他"的良好氛围,倡导学生关心同学、关心寝室、关心书院。深入挖掘优秀典型寝室,充分发挥学生干部和党员先锋模范作用,以一个人带动一群人的方式促进文明寝室建设,引领学生争先创优,形成了党员示范寝室、科研竞赛寝室、公益服务寝室、奖学金寝室、考级考证寝室、考研榜样寝室等一批特色典型寝室。在校首届文明寝室奖学金评比中,仲申书院8幢114室获得了一等奖。她们是书院小有名气的"学霸"寝室;她们几乎将所有专业证书收入囊中;她们以赛代练、在专业竞赛中斩获颇丰;她们善于学以致用,将所长服务他人。

与此同时,仲申书院还积极建设"诚信文化"。书院以"诚"品牌系列公益项目为依托,成立"诚"品牌运营团队,开展诚信教育,增强大学生对诚信内涵的理解,树立和培养大学生的社会主义核心价值观。目前,"诚"品牌公益项目主要包括诚信六件套,即诚信驿站、体育俱乐部、图书漂流站、无人打印机、爱心晴雨伞和二手中转站。其中,诚信驿站以"给你信任,予我温暖"为主题,受到20年前"莘莘售报亭"学生自售模式启发,传承老校长陈祖楠大力提倡的"养成教育"精神,成立于2014年。诚信驿站通过无人收银,无人找零,自主交易方式为同学提供生活用品和学习用品。项目由学生团队组织策划实施运作,努力打造"书院的风景线,诚信的活样板"。"诚信驿站"运行引起了众多新闻媒体的关注:中宣部半月谈、中国文明网、浙江省人民政府网站、浙江工人日报等几十家媒体曾先后进行过报道。

除此之外,仲申书院积极建设"校友文化"。书院以校友文化为主题,秉承蔡元培先生"弘奖学术启文明,栽桃种李最多情"教育精神,学习北大"大家筑小舍,小舍出大家"的人文理念,将优秀校友事迹呈现在书院廊道上。通过隐性教育的方式,熏陶住在仲申书院的每一位"准校友"以历届杰出校友为典范,怀揣梦想踏进小舍,以大家之身走出小舍。

"家文化·诚信文化·校友文化"构成了仲申书院的文化载体,充分发挥了仲申书院在文化育人、管理育人、实践育人、服务育人中的积极作用。

42. 建功书院

建功书院成立于2013年,以绍籍名人陈建功先生之名命名。书院以"严谨专注"为院训,旨在发扬陈建功先生"治学为严"的学术精神,倡导学生"精雕细琢,精益求精",严谨治学,踏实做人,不断进取与创新,勇攀人生高峰。

建功书院位于南山校区,由立德楼、立志楼、至善楼三幢学生公寓405间学生寝室组成,涵盖数理信息学院、生命科学学院在内的9个专业,50个班级,1760余名学生。书院秉持"德育生活化"的教育理念,设立了开心小屋、阳光小屋、守桃小屋、求知小屋、收纳小屋、学生会办公室等一系列贴近学生生活、学习所需的功能用房。其中开心小屋为书院心理工作站,阳光小屋为学生病号室,守桃小屋为辅导员值班室,求知小屋为学习辅导室,收纳小屋为学生公共储藏室。

建功书院设有院长1名,副院长2名,分别由对应学院——数理信息学院和生命科学学院学工书记担任。下设书院院务主任1名以及辅导员6人。

建功书院坚持"双院协同"的工作原则,建立起一套"书院学院联席制度",通过"书院学院联席会议制度""书院舆情和信息通报联动机制""每周工作简报制""住楼责任制",实现书院和学院协同育人。在此基础上,以提高应用型人才培养质量为目标,遵循学生成长规律,结合学生在社会实践、考研留学、创业创新等方面的兴趣爱好,以书院为平台,通过团队导师制,形成创新团队,构建"学习共同体"。围绕"学习共同体"建设,书院与学院加强协作、共享资源。书院从资源、空间、环境上为学院开展第一课堂教育教学提供有力辅助,协同学院实现全员育人,学院以提升学生专业水平、实践技能、科研水平为核心,从师资力量、专业配备上给予支持。通过构建"学习共同体",促进师生面对面交流,建立新型师生关系,充分发挥专任教师在教书育人中的主导作用,加强学生考研、学科竞赛、科技创新、实践能力、创业就业指导;提高学生学习的自主性和自治能力,培养学生开展专业学习、素质拓展与从事科研的能力;在书院中形成"学业争先,教学相长"的良好风尚,学生在各级各类科研竞赛中都取得了不错的成绩,进一步发挥书院第二课堂对第一课堂开展教育教学的补充作用,实现书院对第一课堂的有效延伸。

书院注重第二、三课堂育人功能的发挥,为拓展学生的全面素质提供服务。建功书院建有书院团委、学生会、礼仪队、辩论队、主持队、啦啦队以及各类球队。书院以第二、三课堂为主要载体,开展了一系列丰富多彩的素质教育活动,促进学生在知识、行为、身体和心灵上的全面发展,推动"全人教育"。如培养学生感恩意识的"感恩母爱,情满文理"母亲节活动、"最美毕业生"评选活动、"重阳忆桑梓,彩笺系浓情"家书活动、"五个一(问一声好、敬一杯茶、送一张贺卡、发一条短信、擦一次黑板)"感念师恩主题实践教育活动;培养学生勤俭意识的"勤"住幸福,"俭"到快乐——世界勤俭日活动;培养学生好习惯的"遇见最美的自己"21天行为习惯养成挑战赛;培养学生集体意识的"建功一家亲"汤圆宴、精彩激烈的班级球赛;培养学生自信心的自信公众演讲比赛等。由此,提升学生的综合素质和社会融通、自主学习、组织管理等实践能力,全面提升人才培养质量。

43. 竞雄书院

竞雄书院以近代民主革命志士、绍籍先烈秋瑾先生的别号命名。书院以秋瑾先生大义凛然的革命精神为指引,以"立身为公"为院训,倡导学生追求自我价值,追求真知真理,树立公平、公正、大公无私的崇高品质,积极探索自我、发展自我、创造自我。

竞雄书院位于河西校区，包含7、8、9幢学生宿舍楼，由音乐学院、体育学院、美术学院组成，现有学生1514人。书院建有学习室、病号房、公共储藏室、心理谈话室、阅览室、休闲花园、会议室、党建室、110值班室等公共设施，为学生提供了全方位的贴心服务。

书院设院务委员会，由书院院长、副院长、院务主任、教授代表、学业导师代表、辅导员代表和学生代表组成，集体研究决定书院发展建设与学生教育、管理和服务等重要事项。书院现有院长1人，主要负责制定书院发展规划、筹措育人资源和指导重大活动；副院长3人，由音乐、体育、美术三个学院的学生工作书记兼任；院务主任1人，辅导员6人，主要负责书院日常事务管理。

竞雄书院以学生"三自"管理为宗旨，重点关注学生队伍建设，先后成立了书院团委、学生会、社团、义务消防队、党员先锋队等学生组织，充分发挥学生干部的先锋带头作用，进一步提升书院学生的综合素质。为推进书院民主管理，书院每年召开一次学生代表大会，选举产生学代会执委会和主要学生干部，向全院学生代表征集学代会提案，并表彰书院先进集体和先进个人。

书院紧密围绕"立身为公"的院训，倡导学生大公无私的品质，引领学生积极践行社会主义核心价值观，构建起学生志愿服务体系，设立了多个社会实践志愿服务基地。为加强学生的爱国主义教育和书院归属感，打造了以秋瑾故居为平台的爱国主义教育基地；为培养学生社会责任感和爱心教育，打造了以孤儿院、养老院为平台的教育基地；为引导学生还打造了以戒毒中心为平台的警示教育基地和以鉴湖社区为平台的社会服务基地，开展以助残日、纪念秋瑾、公祭大禹为主题内容的志愿服务活动。

同时，竞雄书院结合学校应用型人才培养目标，依托书院"音体美"学生学科专业优势，相继打造了"和合之声""草坪音乐节""书院吉尼斯挑战赛""心理健康海报设计大赛"等书院大型品牌活动，这些活动结合学生专业优势，彰显书院特色内涵，塑造了文化建设的"金名片"。

此外，竞雄书院以培养学生成长成才为出发点，营造出浓郁的书院文化氛围。以入住学生的不同专业背景为依托，构建了"流动型"书院艺术廊道，在公寓廊道中不定期举办学生个人（团队）作品展等，如秋瑾烈士展、廉政文化作品展等，展现出书院学生积极向上的良好风貌，凸显了竞雄书院博采众长的文化特色。

44. 树人书院

树人书院以绍籍名人周树人先生（笔名鲁迅）之名命名。书院以"抱诚守真"为院训，进一步发扬鲁迅先生浩然正气的人文精神，倡导学生树立远大理想，恪守人生信条，坚守真理，诚信做人，努力成为中华民族的脊梁。

树人书院位于河西校区，由1-4幢学生公寓组成，目前入住学生1850余人，主要来自化学化工学院和纺织服装学院。书院具有多专业、跨年级的多元化特点，为书院学生在学习、生活、就业、情感等方面提供了多渠道、立体式的交流可能。书院开辟"树人港湾"谈心谈话室、书屋、党员之家、会议室、病号房、自习室、公共储藏室等功能用房，为学生的学习和生活提供便利。

树人书院设院长1名，副院长2名，由化学化工学院和纺织服装学院副书记兼任，还设院务主任及辅导员,同时书院还聘有学业导师、寝室结对导师、学校中层干部联系幢区和寝室,共同开展育人工作。

书院格外注重对学生志愿精神的培养,提倡公益文化,充分发挥学生专业优势,体现"互助互爱"的奉献精神。书院联合纺织服装学院开展的"衣诺坊"公益服务项目,是我校第一个专业性公益服务站,取其"壹诺"的谐音,代表诚信、承诺、友善的意思,致力于免费为全校师生提供服饰缝补、拷边、熨烫美容、修改、搭配咨询等服务。衣诺坊的设立,是我校"求真、修德、尚美"书院文化的传承与创新,是一个为全校师生打造的"以情相助"的公益平台,至今志愿服务师生的人数已多达近2000余人次。此项目受到省教育厅和中国青年网等广泛报道。同时,书院引进校首个"绿蛙"置放点,并建立"绿蛙运营机制",通过开展"绿蛙－暖冬行动,我有一件旧衣裳"等活动,号召大学生捐赠旧衣物。联合化学化工学院建立"爱心超市",通过回收和学生捐赠的闲置物品、书籍等,为全校师生共享公共物品和相互交换物品提供平台,引导学生感恩社会,服务大众。

此外,树书院始终秉持鲁迅先生倡导的"大学人文精神",紧紧围绕应用型人才培养目标,鼓励学生专业交融,已逐渐形成以入住学生专业特点为背景的书院文化活动特色。曾组织开展"化学在身边"活动,通过现场制作手工皂、天气瓶、驱蚊液等化学工艺品,向全校师生展示并邀请学子体验化学的魅力,彰显理工科学子的专业素养及创新精神;曾组织推荐学生团队多次参加由中国纺织服装教育学会和教育部高等学校纺织类教学指导委员会联合主办的"红绿蓝杯"中国高校纺织品设计大赛,在第八届中国高校纺织品设计大赛中,收获一等奖8项,二等奖9项,三等奖13项。

45. 文澜书院

文澜书院成立于2013年,以绍籍历史学家范文澜先生之名命名。书院以"博众所长"为院训,倡导学生秉承开放进取的精神,坚定科学信念、注重理论联系实际,加强文化交流,集众人之所思,博众家之所长,弥己身之不足。

文澜书院位于南山校区,包含11、12、13、14幢学生公寓。书院共有学生2100余人,分别来自人文学院、外国语学院和法学院,涉及国家级特色建设专业汉语言文学以及汉语言国际教育、英语教育、国际交流商务和国际交流翻译、日语、马克思主义理论、法学、公共管理9个专业。书院设有稷下居、养心居、珍宝阁、墨韵居、暖心居、师友居、文澜阁等功能用房,分别为学习辅导室、病号房、储藏室、书法研习室、心理辅导室、辅导员值班室、书屋。

文澜书院设有院长1人,副院长3人,专职辅导员11人,并选聘由讲席教授、专业导师、通识导师组成的学业导师队伍一起构成文澜书院完善的全员育人队伍。

文澜书院倡导以文化人,弘扬名人文化,引导学生树立远大理想,培育健全人格。四幢学生公寓分别命名为芸台楼、麒麟楼、八求楼、万卷楼。芸台、麒麟为范文澜先生的小名;八求楼取自绍籍政治家、藏书家祁彪佳的藏书楼名,万卷楼取自绍籍诗人陆游的"书巢"对联"万卷古今消永日,一窗昏晓送流年"。书院希望通过绍籍乡贤的精神引领,激发学生见贤思贤,积极进取。在书院随处可见名人警句,书院学生参与人文学院推出的游学活动,让学生走出学校,追寻古人踪迹,仰慕古人精神。读万卷书行万里路,从范文澜故居追寻古人遗迹,到兰亭曲水流觞,思慕王羲之;从"人文中原行"师生游学,用双脚丈量大地,对话中原文化,到壮阔的地方去开阔心胸,到文化现场去涵养思想,到"人文秦晋行"师生游学,到壮阔的地方去开阔心胸,到文化现场去涵养思想,到山川大美处激扬文字。以游促学,在自然的学习环境和交流互动的学习方式中激发学生对于学习的主动性以及文化探索的积极性。

文澜书院积极丰富和推动第二、三课堂建设,推进社团活动进书院。将"今天话剧社""风则陶韵社""外语节""社团文化节"等社团在书院平台展开,增强书院学生的参与度,进一步发挥学生的主体作用,搭建学院与书院协同育人的活动平台。其中,今天剧社成立于2009年,由一群热爱话剧和表演的学生组成,人文学院教授、资深话剧研究专家担纲专业指导,旨在为喜爱话剧表演、热爱舞台艺术的同学提供一个广阔、自由的实践成长平台。其理念是成为学校里一只激情飞扬、活力四射、团结友爱、自强自信的集体,为广大文理学子奉献精彩的话剧,提供精神大餐,提升校园文化的艺术品位。成立至今,相继上演了剧作《雷雨》《原野》《无道》《恋爱的犀牛》《宣誓就职》《北京人》《暗恋桃花源》等近十部话剧。2013年,取得浙江省大学生艺术节二等奖的成绩,被评为"浙江省优秀社团"。剧社也多次受到浙江省文化厅、绍兴日报刊文报道,在学校乃至绍兴都具有相当大的影响力。

46. 青藤书院

青藤书院以明代著名文学家、绍籍先贤徐渭先生的别号青藤居士命名。青藤书院以徐渭先生"独创一格"的精神作为院训,启发书院学子在追求学术的过程中勇于创新,彰显真我个性。

青藤书院位于河西校区,作为学校唯一的研究生书院,包含5、6、10、11幢学生宿舍楼。目前共有硕士研究生210人,涵盖人文学院、经济与管理学院、化学化工学院和土木工程学院四个学院的硕士研究生。

书院以"独创一格"为院训,旨在寻绎大学精神,推进校园人文建设,营造博雅的文化气质。书院致力于为不同学科背景的学生创造一个宽松、自由、值得信赖的生活学习环境,让学生真正自由自在的去学习、辩论、思考和感悟。通过搭建书院学生与导师之间的交流桥梁,使之互相真诚对话、辩论、探讨,彰显出互动的感染力。书院积极倡导学生"因博雅,求真理,以服务",一起分享生命的无限可能,感悟学问人生,在追求真理的道路上探索未知、努力求索。

青藤书院定期举办旨在提升人文素养和科学精神的学术文化沙龙,为书院学生提供一个自由博雅的学术文化交流品平台,不努力打破人文与科学的壁垒,促进学科之间的交融,不断提升研究生的人文素养和科学精神。每期学术文化沙龙邀请研究生学院导师担任主讲嘉宾与学生一起进行交流、讨论和辩论有关问题,并在沙龙交流发言的基础上进行汇总整理,编印出版书院刊物《青藤学人》,现已出版四期。

此外,青藤书院还大力培养团学助联动的学生干部队伍,成立了团委、学生会、学生助理会,鼓励不同专业学生间的交叉融合和相互交流,积极引领学生开展自我管理、自我教育、自我服务。与此同时,书院通过开展"校长与学生面对面"、"名人故居"走访等丰富的文化特色活动,让书院学子在温馨、博雅、钻研的书院氛围中立志成才、健康向上。

47. 东山书院

东山书院位于绍兴文理学院上虞分院。书院于2011年9月正式成立,以上虞先贤谢安"东山再起"的典故命名,依托本部在人才、资源、品牌等方面的优势,通过师资共享,管理同步,以培养学生坚定的理想信念、强烈的社会责任感、宽广的视野为目标,强化专业技能训练与实践,引领学生"学有所长",旨在培养高素质技能型专门人才。

书院目前有学生约1800多人,来自五大系七大专业。五大系包括外贸系、人管系、财信系、学前教育系、艺术系,七大专业包括商务英语、文秘、酒店管理、会计、计算机应用、学前教育、艺术设计。

书院设院长一人。下设院务办主管一名,协调书院具体工作;教育主管一名,主管学生思想政治教育工作,担任学区、宿舍内学生党团组织顾问,指导学生开展各类以政治思想教育为主导的活动;学业主管一名,担任学生学业规划顾问,指导学生选课、选专业,解决学习相关问题。帮助学生提高学业成绩;宿舍主管一名,担任宿舍管理委员会顾问,指导学生开展宿舍各类教育管理活动;设兼职学生成长导师若干名,为学生提供全面服务,陪伴学生成长成才。在组织机构方面,书院设有设立学业指导办公室,负责教学组织协调、学生学业指导等工作;设立教育引导办公室,负责学生思想教育、心理健康、生活指导等等协调、组织与考核工作。通过建立健全硬件设施、完善学业指导、强化专业训练、加强思想引导,引领书院学生学业争先、行为示范、全面发展。

东山书院致力于向学生传播优秀道德文化价值观体系。书院秉承"文化育人"、"环境育人"的理念,为学生营造儒雅的、富有独特韵味的文化环境。基于上虞典型的虞舜文化和"舜会百官"等名人历史典故,通过挖掘谢安、王充、竺可桢等著名乡贤的历史文化典故,融合"孝德文化社团"等机构的设置,凸显社会主义核心价值观的品牌文化项目建设,积极倡导组织传统节日庆祝活动、青年志愿者等各类活动,不断丰富活动形式和内涵,增强学生的社会责任感。

东山书院致力于构建灵活高效的书院管理体系。书院通过组织召开书院建设工作会议,强化书院工作。书院积极建设辅导员队伍、学生队伍、导师队伍,发挥书院师生共住特色,搭建多层次全方位管理平台。书院结合当前的自媒体优势,依托各分团委及年级、专业、班级、支部的官方微信等自媒体平台,在公众号上推出"心手相牵,快乐成长"的志愿者项目、共叙"五四"畅谈青春等精品栏目和活动。书院借助网络文化传播媒介,拍摄制作微电影《存在》《夏天真的故事》,进一步提高书院学生的归属感和认可度。

东山书院致力于帮助学生建立完整的通识教育学习体系。书院遵循"德育生活化"的工作理念,积极开展文明寝室创建活动制度化、常态化建设,以文明寝室创建活动为载体,努力提升学生思想道德水平和文明素养。在具体工作指导中,层层落实责任,层层传递压力。分院文明寝室创建工作领导小组成员落实到书院各楼层开展工作,各系对系属寝室负总责,明确班主任带班工作职责。充分调动学生党员、学生干部、学生积极分子的创建引理作用。书院以通识经典课程为中心,以学术讲座、读书会、学生活动为补充形式展开通识教育,实施大学生生活导航、学业规划、习惯养成、公民素质与礼仪培养、综合素质拓展、心理辅导与困难援助等一整套育人计划。书院通过建设不同年级、不同专业的学生以及导师之间的师生社区,将"书院制"与通识教育良性互动,立体化多层次培养学生的博雅素养和自由人格。

东山书院致力于打造应用型人才培养体系。书院始终秉持"以服务为宗旨,以就业为导向"的办学方针,坚持通过活动锻炼学生的社会能力、通过专业实践提高学生的学业水平。书院聘请校外企业精英、资深专家领导为学生开展讲座,通过课堂理论讲解、课后实训模拟,使职业教育名副其实。书院辅导员、导师与校外导师队伍通力合作,积极为东山学子创建相互学习交流的平台,逐渐达成学生队伍专业化、规范化的要求,搭建了全方位与社会接轨的全员育人模式。书院通过举办大学生职业规划竞赛、学科专业知识竞赛、职业技能大赛等活动,选拔学科中的佼佼者,增强学生信心,营造良好的专业学习氛围,提升学生的综合素质与专业思想。书院大力开展各类趣味社团活动,在陶冶学生业余情操的同时锻炼学生的沟通协调与组织管理能力。以书院为中心的各项特色活动在提高学生的实践能力、就业能力、创新能力和创业能力。

48. 羲之书院

羲之书院成立于2011年,位于中国书法圣地——兰亭校区。书院以书圣王羲之命名,得天时地利,为生活在翰墨飘香校园内的书法专业学生,竖起了一个传承与超越历史标杆的文化使命,营造了一种追随圣贤、续写兰亭的校园文化氛围。书院根据专业要求,院内设有展厅、临摹室、拓碑室、党团活动室、装裱室、羲之书屋。以"德艺双馨"为院训,以培养人才为使命,体会书法艺术的浩瀚与博大精深,学习"书法大家"的人文精神,提升自身品德修养与书法技艺,做到德才兼备、声名远扬。

书院现有书法学专业学生300余名,留学生6名,专业分为两个方向:书法学(师范)与书法国际化。设有兼任院长1名,书院院务主任1名,辅导员3名。书院成立学生自治组织——羲之书院团委学生会,下设组织部、宣传部、青年志愿者大队、学习部、文艺部、监察部、外联部、办公室、体育部、社团部,社团部下辖四个特色学生社团:七茶社(弘中国茶艺、议书法文化)、花草社、墨翰文学社、摄影社、台球社。定期不定期的举办一些极具特色的活动。各个社团都有专业的教师指导,积极打造学习共同体。

羲之书院在日常教育管理与服务工作中,十分注重信息数字化建设。除了完善《学生基础信息档案》《贫困生信息档案》《毕业生信息档案》《心里预警对象档案》《入党积极分子档案》等数字化信息,还构建了教师、班主任、辅导员、学生党员、学生干部信息化队伍,保证各类信息交流通畅,做到学生安全教育、心理咨询、资困助学、公寓管理、违纪处理、学生信息档案管理实时化的要求。

羲之书院积极推进书院与学院的协同,理清学院和书院的责任清单,分工合作,协同育人。学院主要负责学生第一课堂,而书院作为学生管理的基本单位,主要是丰富和拓展第二、第三课堂,把促进师生交往、优化成长环境、拓展学习空间、强化学业指导、加强服务保障。书院设院务委员会,由书院院长、党总支书记、院务主任、相关专业学院负责人、教授代表、学业导师代表、辅导员代表和学生代表组成,集体研究决定书院发展建设与学生教育、管理和服务等重要事项。书院服务学生采用"一站式",承诺决不让学生跑第二趟。书院在学生公寓内都建立了"诚信驿站",采取无人售卖自行付款方式培养同学的诚信意识;在公寓楼道内设有"爱心雨伞",可以无记名自行借用;每年九九重阳,书院会开展以"孝"为主题的文化教育活动,每位同学给远在他乡的亲人寄一封家书;每年冬至日,书院都会开展包饺子系列活动,让学生们体验到家的温暖,感悟中国优秀传统文化。

书院坚持让思想政治教育"有血有肉",走下"空中楼阁",让其"回归生活""贴近生活""引领生活"。书院积极动员整个学院教师教书育人,利用自身专业特长及社会资源优势,为学生做好考研指导。鼓励学生参展参赛,利用学科组织优势,动员专业教师对学生参展参赛进行有针对性的指导;推进"创作小组"的建设,鼓励优秀,在院内树立一批典型。以特色活动为抓手,鼓励学生创作。开展"大写""畅写"等参与面广专业性强的学生活动,让学生通过参与活动进一步提高专业兴趣、提升专业技能和专业水平。

同时,书院还结合学生专业特点,搭建社会对话交流平台,服务社会。羲之书院发挥自身的书法专业优势,服务于"大兰亭"书法文化建设,参与村镇文化建设,积极营造、引领村镇书法文化。还立足专业特色,开展服务地方文化建设的各类活动。除了每年三月三日的书法文化节,"五一""十一"长假期间向景区提供志愿服务之外,每逢书法节前夕,都会组织"畅写阳春""大写千字文"等活动。羲之书院高度重视书法文化的推广,积极配合兰亭书法艺术学院,为书法文化的推广做好宣传以及服务工作。已为来自日本、奥地利、法国、美国、瑞士等10余个国家的代表团数千人进行的书法培训或开展的书艺交流提供服务。

(十八)温州大学

温州大学的前身是温州师范学院,2006年,温州师范学院、温州大学(专科)合并组建新的温州大学。温州大学是一所地方综合性大学,分为茶山校区和学院路校区,在校生3万多人,教职工1755人。

为深化高校人才培养模式改革,2012年6月,温州大学启动"学区制"学生教育管理模式改革。在保留学生原有学院专业归属的基础上,对学校原有的三大学生生活园区(A区、C区、E区)进行地理划分,建立步青学区、超豪学区、溯初学区三大学区。

学区是独立的与学院平行的实体行政机构,通过学区制学生教育管理模式改革,把学生思想政治教育工作从班级前移到学生生活区,把学生生活区建设成为融"思想教育、行为指导、生活服务、文化活动、道德实践"等功能为一体的思想教育新平台,成为全面塑造大学生健康人格、培育大学生综合素养、加强校园文化建设、传承温州大学精神的育人新阵地。

温州大学的学区具有大学书院的鲜明特征,因此,本书将其列为研究分析的对象。

49. 步青学区

步青学区成立于2012年9月5日,取名于中科院院士、杰出温州籍数学家、原温州大学名誉校长苏步青先生。取苏先生之名命名学区,意在缅怀为温州大学发展做出卓越贡献的老校长,激发学生弘扬苏老艰苦奋斗、自强不息的精神。

步青学区在地理空间上辖10幢公寓楼栋及其他相关辅助用房和各项配套设施,学区入住来自美术与设计学院、数学与信息科学学院、物理与电子信息工程学院、化学与材料工程学院、生命与环境科学学院、机电工程学院和建筑工程学院7个学院的5000多名学生。

作为党政一体、实体建制的正处级学生教育管理机构,步青学区设立党委,下设综合办公室、党团建办公室、学生宿舍管理与服务中心、心理与资助发展中心四个科室,承担全区学生的思想政治教育和日常管理、党团组织建设、学生评奖评优、助学解困、心理健康教育、公寓管理与服务等诸多育人功能。

步青学区目前共有10余名工作人员,其中学区党委书记兼主任1名,党委副书记兼副主任1名,学区学生党员发展事务工作人员1名,四个科室各科室分别各有3—4名工作人员。四个科室的工作人员除了承担相应科室的工作外,还以学区楼宇为单位,分别担任步睿楼、步志楼、步云楼、步青楼、步华楼、步奕楼、步晨楼、步远楼、步欣楼、步旭楼10个楼栋的辅导员,从现有资料和人员来看,每个楼栋设1—2名楼栋辅导员。

学区以"自我管理,自我服务"为理念,设立学区团工委、学生会、学生自治委员会;为协调各学院学生会之间及其与校学生会之间的关系,设立步青学区学生联合会,在学区党总支领导、学区团工委指导下负责完成学区层面学生会工作的协调、组织与落实;每一幢学生寝室楼聘任楼长,每一间寝室建立寝室长管理制,体现学生在学区管理改革中的主体地位和重要作用。

步青学区以"以生为本、立德树人"为理念,尊重学生、理解学生、服务学生、引导学生,把服务学生的成长需要和满足学生的成长需求作为学区工作的重要出发点,坚持围绕"全人教育"这个中心,牢固抓住"安全稳定的底线"和"党建引领的红线",大力彰显"学生自治""楼栋自管"和"通识教育"三大特色,全力推进"步青文化""邻里文化""传统文化""社团文化"四大文化建设,致力建设"美丽、和谐、文化、文明、活力"五个步青。

50. 溯初学区

溯初学区成立于2012年6月,是温州大学实施学区制学生教育管理模式改革后设立的三个学区之一,与学院共同承担高校人才培养功能。

溯初学区以地区命名,位于温州大学C区公寓,学区入住来自商学院、法政学院、教师教育学院、体育学院、人文学院、外国语学院、音乐学院7个学院的5000多名学生。

根据学区与学院的职责划分,学区主要承担大学生的日常管理、党团建设、评奖评优、助学解困、心理帮扶等育人功能。

同步青学区一样,溯初学区也设综合办公室、党团建办公室、学生心理与资助发展中心、学生宿舍管理与服务中心4个科室,承担全区学生的思想政治教育和日常管理、党团组织建设、学生评奖评优、助学解困、心理健康教育、公寓管理与服务等诸多育人职能。

溯初学区目前共有工作人员10余名,其中学区党委书记兼主任1名,党委副书记兼副主任1名,四个科室各科室分别各有2—3名工作人员。四个科室的工作人员除了承担相应科室的工作外,还以学区楼宇为单位,分别担任11栋学生宿舍楼的楼栋辅导员。

除行政机构外,溯初学区也设立了团工委、学区学生会、学生社团以及楼栋团支部、楼栋文明自律委员会。

团工委是学校团委的派出机构,在学区党总支领导和校团委授权下,领导学区团的工作,完成学区层面共青团工作的协调、组织与落实,结合学区实际,研究制定学区共青团的相关政策及制度。

溯初学区团工委下设办公室、网络部、编辑部和宣传部。以上四个部门组建成团建信息中心,中心主任由团工委学生副书记兼任,副主任由各部长轮值。另组建溯初学区业余团校,负责组织学生干部初级培训和学区学生骨干培训。

溯初学区学生会是在学区党总支领导下、学区团工委指导下的学生自治组织,负责完成学区层面学生会工作的协调、组织与落实,发挥学区层面学生组织的"自我教育、自我管理、自我服务"职能。学生会设文艺部、实践外联部、人力资源部、生活部、权益部、社区部、心理部、学生社区文明自律委员会。

溯初学区还设立楼栋团支部、楼栋文明自律委员会,均为学区团工委、学生会派驻楼栋的工作机构。

楼栋团支部设书记一名,组织委员、宣传委员、文体委员各一名。楼栋文明自律委员会设主任一名,副主任1—2名,下设办公室、活动部、督察队、服务小分队,各楼层设层长一名,副层长若干名。

楼栋团支部、楼栋文明自律委员会成员全部从申报文明寝室的寝室长中产生,其中层长可适当放宽资格条件。层长、副层长由楼层所属学院寝室集体推荐,层长一般由楼层寝室最多学院的寝室长担任,副层长由其他学院寝室长担任。

溯初学区发展至今,一直致力于发展学区的文化建设,目前已建成了一系列具有溯初文化理念的文化设施,比如:党员之家,是党员与群众思想交流的重要阵地;学子礼堂,是学区师生开展小型团体活动的热门之地;学生事务中心,可以为学生提供场地预约、学生证补办、应急打印复印等服务;溯初晨读角,是溯初人早起晨读的绝佳场所;溯初厨房,是师生课余自己动手做饭聚餐的好去处;溯初谈心室,是学生倾诉苦恼和朋辈教育的理想选择;学术交流室,是学生科研团体进行科研项目交流的好地方;还有溯初茶吧、寝室导师工作室等。这一系列的文化设施,处处彰显着溯初学区"小溯初,大服务"的文化理念。

51.超豪学区

超豪学区成立于2012年6月,以原温州大学校长,著名温州籍数学家、国家最高科技奖获得者、中国科学院院士谷超豪先生命名。学区位于学生生活园区E区,占地77428平方米,共有学生公寓11栋。

学区现负责本部五个学院(人文学院、外国语学院、美术与设计学院、数学与信息学院、国际合作学院)24个专业的3300余名学生的思想政治教育和日常行为管理。另外,城市学院和瓯江学院部分学生、全校研究生等也在学区所属的地理区域范围内居住。

同步青学区、溯初学区一样,超豪学区也设综合办公室、党团建办公室、学生心理与资助发展中心、学生宿舍管理与服务中心4个科室,承担全区学生的思想政治教育和日常管理、党团组织建设、学生评奖评优、助学解困、心理健康教育、公寓管理与服务等诸多育人功能。

超豪学区目前共有工作人员10余名,其中学区党委书记兼主任1名,党委副书记兼副主任1名,四个科室分别各有2—3名工作人员。四个科室的工作人员除了承担相应科室的工作外,还担任学生辅导员的职责;四个科室分别有一名工作人员作为负责人联系一个学院,四个科室的所有工作人员还分别担任诚信楼、诚善楼、诚正楼、诚谨楼、诚勤楼、诚朴楼6栋学生宿舍楼的楼栋辅导员,根据学生入住情况,每个人大概担任1个学院的1—2个年级学生的辅导员。

同步青学区、溯初学区一样,超豪学区也设立了团工委、学区学生会、学生社团以及楼栋团支部、楼栋文明自律委员会,这里就不再赘述。

超豪学区秉承"厚培德本、深濬智源"的温州大学办学传统,以建设融"思想教育、行为指导、生活服务、文化熏陶"于一体的宜学宜居的绿色学区为目标,以培养"有道德、有理想、有能力、会生活"的蓬勃昂扬的超豪学子为己任,以人性化的管理、温情化的服务、情感化的教育为工作理念,以"大处着眼,小处着手,以生为本办实事"为工作原则。学区"尊重学生、研究学生、服务学生、发展学生",不断完善楼栋设施和文化建设,突出文化育人。学区以四大学生组织、"同学之家"和"党团服务岗(站)"等为平台,大力提升学生自我教育、自我管理和自我服务能力,以"诚信五件套""感恩教育系列""微党建系列""爱心超市"等为载体,努力推进学生素养和学业双发展,成人和成才同步走。

(十九)山东大学

山东大学是一所历史悠久、学科齐全、学术实力雄厚、办学特色鲜明,在国内外具有重要影响的教育部直属重点综合性大学,是国家"211工程"和"985工程"重点建设的高水平大学之一。山东大学在济南、青岛、威海建有八个校区(济南中心校区、洪家楼校区、趵突泉校区、千佛山校区、软件园校区、兴隆山校区及青岛校区、威海校区)。现有各类全日制学生6万人,其中全日制本科生40822人。

2016年,山东大学政治学与公共管理学院、信息科学与工程学院、环境科学与工程学院、法学院、计算机科学与技术学院、生命科学学院6个学院的本科新生入驻青岛校区,同时试行住宿书院制。

山东大学现有一多书院、从文书院2所书院。

52.一多书院

山东大学一多书院成立于2016年9月17日,书院以曾在校执教的闻一多先生命名。现有政治学与公共管理学院、信息科学与工程学院、环境科学与工程学院3个学院约500名2016级本科生。

书院的最大特色是"跨":一是学生跨学院住宿,不再采取以往按学院集中住宿的方式;二是跨学院管理,辅导员进书院办公,按书院工作要求明确职责,分领域、跨学院开展学生的教育、管理与服务工作;三是跨学院组织,不再以学院而是以书院为单位成立各类学生组织;四是跨学院讲座,组织通识性、普适性人文科技讲座,面向多学科听众;五是跨学院活动,由书院学生组织策划开展校园文化活动。这样管理的职责更加明确,学生的个性培养也更加鲜明。不同学院的学生学习、生活都在一起,最大限度地拓宽学生的知识面,夯实通识教育的基础。

书院按照师生比不低于1:10的比例,为全体学生选聘发展导师,其中既有知名教授、博士生和研究生导师,也有本科生辅导员、学校行政干部等。导师以学业指导为主,兼顾生活指导和发展指导。导师定期到书院与学生面对面交流,还可以通过讲座、微信群等方式进行沟通,对学生开展学业指导和成长成才指导。学生提前在迎新网上获得每位导师的相关信息,自行选择适合的导师。从大一入学就有专门的导师指导个人发展,为学生提供了十分难得的学习成长机会。

书院建设秉承"三元服务社区"的理念。按照"服务生活、服务学习、服务发展"三元社区建设理念,建设服务设施,全面改善学生居住生活条件,提高书院服务水平。书院拥有社团活动室、自助厨房、自助洗衣房、饮水吧、会客厅等设施,从优越的学习、生活条件上,打造住、学、生活在一起的社区书院。

为了探索学生自我管理的机制,书院以实现学生自我服务、自我教育、自我管理、自我监督为目标,成立了学生会、自我管理委员会、自我监督委员会,建立了一系列的规章制度。

自我管理委员会承担学生行为管理和学生服务用房管理,自助厨房就是由学生自我管理委员会负责,通过制定相应的规章制度,温馨提醒使用者定期清理冰箱、油烟机等,并即时公告,促使大家安全、健康、文明使用自助厨房。这种学生管理学生、学生服务学生的模式逐渐养成了很多良好的习惯。自我监督委员会还召开质询会,公布其他组织的工作考察报告。三大学生组织各负其责,各类学生活动组织周密,保证了各项管理工作的有序进行。学生自我管理的能力得到显现和提升。

53. 从文书院

山东大学从文书院成立于 2016 年 9 月 17 日,书院以曾在校执教的沈从文先生命名。现有法学院、计算机科学与技术学院、生命科学学院 3 个学院约 500 名 2016 级本科生。

书院内成立了辅导员工作室,承担学生的思想引导和发展指导工作。按照 1∶200 的标准配备专职辅导员,入住书院开展工作。辅导员要"四进三次"——"进课堂、进宿舍、进操场、进网络""每周听一次课、参加一次学生的体育活动、进一次学生宿舍",以此推动辅导员与学生的紧密交流,及时发现和解决学生的思想问题。

与一多书院一样,从文书院也为学生配备导师。导师们除了保持与所负责学生的日常线上交流外,每个月要与学生面对面会见一次。导师通过定期的交流,帮助学生解决学习上的疑惑和生活上的困难,使学生感受到学院的关怀。当传统的学院制被打破,学生们缺乏个人成长指导的时候,导师制应运而生,比传统的学院负责制带来更加直接有效的指导。

书院建立学生会等各类学生组织,实行学生的自我教育、自我管理、自我服务。书院建立了统一规章,实行书院事务、学生事务的制度化管理。此外,在书院宿舍楼中,还有洗衣室、厨房、创客空间等功能区,为学生提供优质的学习、生活条件保障和综合素质训练提升的平台等。

书院组织了"芝兰三月三"传统文化季系列活动,通过学术讲座、"生活中的传统文化"、六艺游园会、传统文化知识竞赛、传统文化音乐专场等形式,引导学生了解传统文化、学习和弘扬传统文化,致力培育学生的文化自信;组织心理健康趣味运动会和"思壮杯"篮球、足球、羽毛球、乒乓球联赛等体育活动,着力培养学生健康的心灵和强健的体魄;积极打造网络思想政治教育阵地,推出"学生在线 QD"网站和微信公众号,坚持从学生的视角看身边的事,以学生的语言说正面的事,传播正能量,引导新思想,收到了良好的效果。

(二十)中国海洋大学

中国海洋大学创建于 1924 年,现辖崂山校区、鱼山校区和浮山校区。学校遵循"通识教育为体,专业教育为用"的本科教育理念,实行有限条件的自主选课制度和学业识别与毕业专业识别确认制度,努力培养复合型、高素质人才。现有全日制在校生 25700 余人,其中本科生 15300 余人、硕士研究生 7500 余人、博士研究生 1800 余人。

中国海洋大学现有行远书院 1 所书院。

54. 行远书院

中国海洋大学行远书院于2015年5月14日成立。行远书院的成立旨在进一步推进本科教育改革，贯彻"通识为体，专业为用"的教育理念，实现博雅教育与专业教育的有机融合，培养文理兼备、关怀社会的复合型人才。行远书院目前共有学生81人，2017年拟面向2016级招收70人。

行远书院院长由钱致榕先生担任，他曾任美国约翰·霍普金斯大学教授、香港科技大学创校学术副校长，任台湾政治大学讲座教授时创办了博雅书院，并担任博雅书院总导师。

行远书院是中国海洋大学通识教育的实验区和本科教学改革的"特区"。学校希望通过书院建设，实践钱致榕先生倡导的博雅教育理念，逐步探索出一条符合人才成长规律，符合中国海洋大学自身实际，能够更好地实施通识教育、培养未来栋梁之才的新路径，并期望把行远书院打造成一个特色鲜明的通识教育示范区。

设置行远书院，组织开展通识核心课程教学，旨在帮助学生拓宽人生视野，在人格培养和能力训练上打下基础，培养能够适应未来30—50年社会需求的"博雅"人才，让"博雅"推动终身学习，以应对瞬息万变的未来。书院的学生将通过课程学习、反思讨论、生活训练、书院活动，调动求知欲望，拓宽认知视野，强化问题意识，增强以宏观的思维分析问题、以微观的思维解决问题的能力，打造"厚基础"的自学根基，提升"宽口径"的从业能力，养成"深识见"的思维自省，以期发掘自我，进而造福国家和社会。进入书院的学生须热衷思考、崇尚知识、塑造自我、关怀社会，珍视集体荣誉，乐于助人和奉献，积极投入行远书院的学习和活动，不断地追求进步。

博雅教育是通向"行远"的途径，也是书院学习和训练的要义。文理兼备的知识结构，宏大开阔的胸襟视野，认真严谨的做事态度，高雅的品味和人文情怀，不断自学和实践的能力，人生的永续发展，这些将成为行远书院学生的追求。

行远书院学生进行集中住宿，选拔录取后，由学生社区服务中心统一安排。书院学生在修读学籍所在专业公共基础类课程和专业类课程的同时，用两学年时间修完书院特设通识课程，这些课程可替代本科人才培养方案中通识教育层面的其他课程。书院学生的学籍管理隶属于原学院；除书院活动外，正常参加学籍所在学院开展的各项活动。书院学生修读书院培养计划要求的全部课程合格后将获得结业证书。未能修读合格全部课程的学生将不能获得书院结业证书，但已修读合格的学分可替代相应的通识教育层面的其他课程学分。书院开设的课程将按照学校规定的课程学分费缴纳学费。替代本科人才培养方案中要求的通识教育层面的学分不再重复计费。

在学生选拔上，行远书院采取笔试、面试相结合的方式，严格把关，控制数量，确保质量。人才要一个一个地培养，循序渐进，不可急功近利。入选行远书院的学生，实行集中住宿，双学院管理，两年内要完成书院开设的八门通识课的学习，合格后方可获得书院颁发的结业证书。这期间，学生专业课和其他课程学习正常进行，不受干扰。

行远书院依托学校优质师资和海内外名师，目前共开设七门通识课：大学之道、日常物理、世界文明史、全球化、数学天文与物理、大海洋、宇宙大历史：我们的故事、专题研究，共24学分。大学之道、日常物理这两门课由钱致榕先生亲自担任主讲老师。教学上，行远书院重视学生自学，一小时的课程至少要自学两小时；推行"小助教"制度，由高年级学生协助指导低年级学生的学习;注重培养学生慎思明辨的能力,定期展开讨论。除课程学习外,书院还设有参访实习、行远讲座等教学科目,并辅以生活训练和其他活动。

(二十一)青岛职业技术学院

青岛职业技术学院是一所省市共管、以市管为主的全日制普通高校。主要从事全日制高职教育和社会职业技能培训,兼顾成人学历教育,中外合作学历教育及中小学教师、校长培训等,具有接收外国留学生资质和聘请外国文教专家资格。学院现有西校区(青岛市黄岛区)、南校区(青岛市市南区)和中校区(青岛市市北区)3个校区,全日制高职在校生11174人。

青岛职业技术学院现有知行书院1所书院。

55.知行书院

青岛职业技术学院知行书院成立于2014年11月27日,由合作企业海晶化工集团向青岛职业技术学院捐赠10万元共建"知行书院"。目前有学生约800人。

知行书院是本科生住宿社区、养成教育实施机构,是进一步创新青岛职业技术学院学生教育管理模式,提高人才培养质量的一种有益尝试,是基于学生生活社区建设和自主发展的制度,是实现通识教育和专才教育相结合,力图达到均衡教育目标的一种学生教育管理制度。青岛职业技术学院结合实际,选择生物与化工学院在6号公寓楼试点书院制。生物与化工学院设有应用化工技术、海洋化工技术、商检技术、药品生产技术、环境监测与控制技术5个地方特色专业。

知行书院立足于"技高品端"人才的培养,着力于通识教育与专业教育的结合、生活社区建设与学生全面发展的结合,将深入贯彻教学管理与学生服务一体化的工作要求。书院发展突出内涵建设,要围绕课程化、项目化、生活化、社会化,创新课程体系、教师体系、考核评价体系和管理体系,突出人本发展、教育发展和企业市场发展规律,加强"双师型"教师引导作用。书院结合高职学生特点,充分体现"知行合一"理念,培养学生创新创业能力,同时,围绕八大职业核心能力构建学生课程体系,以及与各二级学院积极探索共同建立学生服务一体化平台。

知行书院设有院长,目前由生物与化工学院党总支书记担任。生物与化工学院设有行政办公室、教学办公室、从业工作办公室、学生工作办公室等管理机构。书院设有团总支、学生会、社联、楼管会四个学生组织,是书院学生开展自我管理、自我服务、自我教育的学生自治组织。

知行书院通过通识教育课程和提供非形式教育(非课程形式),配合完全学分制,拓展学术及文化活动,实现学生文理渗透、专业互补、个性拓展,鼓励不同背景的学生互相学习交流,满足学生的个性化发展需要,最终促进学生的全面发展。书院与学院协调,将逐步形成"专业学习在学院、通识教育和生活在书院"的良好氛围,并将逐步开展八大工程:党建创新工程、职业规划工程、书香阅读工程、双百融合工程、名家讲坛工程、主题教育工程、爱心结对工程、和谐书院工程,全面提高人才培养质量。

为提升知行书院学生的人文素养,引导学生养成阅读习惯,知行书院设立"知行讲堂",举办新型服饰用纤维的现状与发展、责任关怀、温室效应对环境和人类影响、绿色校园行之word环保局等报告。书院还举办"阅读工程之世界读书日""阅读工程之悦品读"系列活动,通过富有趣味性的形式,将知行书屋搬到同学身边,增加了图书借阅量,引导同学们阅读经典、了解经典,有利于加强书院的通识教育,营造书香校园。

四、华中地区

(华中地区:湖南省、湖北省、河南省、江西省)

本地区有 2 所高校建有 6 所书院,它们是:

郑州大学:知行住宿书院

新乡医学院三全学院:仁智书院、羲和书院、精诚书院、崇德书院、德馨书院

表 5 华中地区高校书院概况

序号	大学名称	书院名称	成立日期	学生人数	书院类型	命名方式
56	郑州大学	西亚斯知行住宿书院	2016 年 8 月	2200	非全员制模式	理念
57	新乡医学院三全学院	仁智书院	2011 年 7 月	3500	全员制模式	理念
58	新乡医学院三全学院	羲和书院	2012 年 8 月	3800	全员制模式	理念
59	新乡医学院三全学院	精诚书院	2013 年 8 月	3500	全员制模式	理念
60	新乡医学院三全学院	崇德书院	2016 年 8 月	2100	全员制模式	理念
61	新乡医学院三全学院	德馨书院	2010 年 7 月	2700	全员制模式	理念

(二十二)郑州大学

郑州大学是国家"211 工程"重点建设高校、国家"中西部高校提升综合实力计划"入选高校、河南省人民政府与教育部共建高校。

郑州大学西亚斯国际学院是由美国西亚斯集团公司投资,与郑州大学合作,美国堪萨斯州富特海斯州立大学协办的中外合作办学机构,是河南省首家被国务院学位委员会批准可以实施境外学士学位教育合作项目的全日制本科院校,也是首批被中国教育部中外合作办学评估合格的高校。学校位于河南郑州新郑市,现有在校生 27142 人。

郑州大学西亚斯国际学院现有知行住宿书院 1 所书院。

56.西亚斯知行住宿书院

郑州大学西亚斯国际学院知行住宿书院成立于 2016 年 8 月,现有大一及大三年级学生 2200 余人。书院在国际名校住宿学院制的先进理念基础上,承袭了中国古代书院的优良传统,以崭新的教育理念,实现学校国际化全人教育的目标,旨在培养具有知博、德高、志远、日新和综合素质高、社会适应性强的全面人才。

书院使命是秉承学院中西合璧办学理念,实施国际化全人教育,培养复合型实用人才,坚持英语精、知识新、能力强、交际广、行为雅的办学特色,提高学生的继续学习能力、沟通能力、创新能力、科学决策的领袖能力、感恩意识、大爱精神、未来眼光和国际化视野。

书院学生具有双重身份且以书院身份为主,受书院和专业学院双重教育管理,实施双院制管理模式。专业学院负责学生的专业教学和考试考核,书院负责学生除专业学习以外的其他

工作,包括奖助贷、评优评先、党团建设、心理健康等常规事务性工作以及通识课程、志愿活动、社会实践、第二课堂等特色性工作。

书院设育人导师和学业导师,育人导师由辅导员担任,学业导师由专业院系教师担任。育人导师重在对学生进行引导,鼓励和支持学生成立自己的社团组织,指导学生自主学习、交流、活动和管理;学业导师重在师生双向互动,在书院开设通识课程,实施翻转式教育模式,提高学生对于通识课程的积极性,开阔学生视野、丰富学生知识结构。

书院以学生宿舍为阵地,全面开展学生间的朋辈互学、师生间的导师导学、环境促学、社团活动践学、自我探索养学等人才培养工作。书院通过不同专业、不同年级、不同地域学生混住,实现同学朋辈间的互相融合,有利于共同成长;书院实施住院导师制,使学业导师、育人导师和朋辈导师随时和学生进行面对面的交流、沟通、解惑和切磋,促进师生教学相长;通过强化学生的自治能力,实现学生的自我管理、自我服务、自我探索和自我提升;通过建设现代化学生社区,配备咖啡厅(茶社)、多媒体讲堂、会议厅、书报阅览厅、自助洗衣房、文艺活动厅等活动设施,营造促学环境和创建温馨、愉快的社区生活;通过多种社团和兴趣活动,提高学生的动手能力和创新能力;通过翻转式教学,实施预习自学、课堂讨论、导师讲评的教学方法,培养学生终生继续学习的能力;通过博雅课堂,实施专业知识教育外的通识教育,提高学生对科技、社会快速变化的适应性;通过在知识传授过程中培养学生的高尚品格和处事修养,实现学生自我潜能的充分发挥;通过知、行一体的教育,实现学生不仅重于知,更要重于行。

(二十三)新乡医学院三全学院

新乡医学院三全学院是河南省唯一的医学类独立学院。学院秉承"全面适应社会需求,全面实施素质教育,全面培育医学英才"的办学指导思想,突出办学特色,逐步成为一所以医学为主体,文学、理学、工学、管理学等多学科协调发展,特色鲜明、优势突出的新型高等院校。学院位于河南省新乡市,现有专任教师882人,在校生16400余人。

学院施行"双院制"管理,现有仁智书院、羲和书院、精诚书院、崇德书院、德馨书院5个书院。

57.仁智书院

仁智书院于2014年8月成立,是本科生住宿社区、养成教育实施机构(实体)。书院实施一院两地管理,分别位于新乡医学院三全学院新乡校区二公寓和平原校区E型楼。书院学生约3500人,涉及临床医学、眼视光、英语、药学四个专业,包含大一至大五5个年级。

院名"仁智"出于《孟子公孙丑章句上》中"学不厌,智也;教不倦,仁也。仁且智,夫子既圣矣!"。院训"精勤不倦、诚爱仁朴",出自中国唐朝孙思邈所著之《备急千金要方》第一卷《大医精诚》一文,"故必须博极医源,精勤不倦,不得道听途说,而言医道已了,深自误哉"。

仁智书院现有党总支副书记兼常务副院长一人,主管平原校区工作,党总支副书记兼副院长一人,主管新乡校区工作,辅导员近20人,生活老师近10人。

仁智书院建有谈心室、阅览室、多功能厅、休闲吧、荣誉室、自习室、练功房等功能区,在专业课堂之外对学生提供全面教育和能力培养的平台,坚持德育为先,以"育"对"教"进行补充,在健全人格的基础上,仁智书院开展以青春梦想为主题的"课前三分钟普通话演讲秀"等特色活动,营造书院文化,促进学生在认知、道德、情感、社会性等方面的多维度成长。

仁智书院贯穿通识教育,融博学与精专于一体,传递科学与人文精神,培养学生健全完整人格,掌握学科交叉思维方式,提升独立思考创新能力,最终达到"自爱,为人爱,爱人"三种"仁"的境界,"自知,知人,使人知"三种"智"的境界。书院以"仁智五一工程"为载体,即"一口流利的普通话、一手漂亮的硬笔书法、一手扎实的专业知识、一本合格的英语四六级证、一手熟练的操作技能"。

58. 羲和书院

羲和书院于 2014 年 7 月成立,位于新乡医学院三全学院新乡校区和平原新区,是本科生住宿社区、养成教育实施机构(实体)。拥有本专科学生 3800 余人,涵盖临床医学、医学影像学、康复治疗学、生物工程、生物技术及医学影像技术 6 个本专科专业。

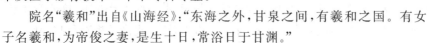

院名"羲和"出自《山海经》:"东海之外,甘泉之间,有羲和之国。有女子名羲和,为帝俊之妻,是生十日,常浴日于甘渊。"

羲和书院旨在培养具有奉献社会、坚守理想、开拓创新精神的医学人才,温暖社会,给世界带来更多的光明。书院坚持"全面适应社会需求,全面实施素质教育,全面培育医学英才"的办学理念。书院借鉴世界一流高校住宿书院管理体制的经验,为学生提供人格养成、自我教育、自我管理的重要平台。

羲和书院设院长、副院长、书记、副书记、院务主任,有专职辅导员 10 余人、生活老师及学业导师若干人,共同为学生的成长成才提供全方位的服务。

羲和书院以人文素养为底蕴,以创新能力和沟通能力培养为特色,指导每个学生制定自己的大学发展规划,形成核心竞争力。注重学生全面发展、行为养成和实践,本着"拓展内涵,丰富形式,挖掘功能,突出特色"的思路,通过通识教育课程以及"红帆领航""团旗耀大河""通向未来职业的路"等品牌活动,培养学生的综合素质。书院还举办"学霸宣讲团"活动,由大二和大三的优秀学生组成学霸宣讲团,为新生们指导生活以及学习上的困惑,使他们尽快适应大学生活;组织"思邈论方"讲座和"千人求职演讲"活动,全面培养学生素质。

59. 精诚书院

精诚书院成立于 2014 年 7 月,是本科生住宿社区、养成教育实施机构(实体)。精诚书院由新乡校区的第三学生公寓和平原校区的东 U 型楼构成,现有学生 3500 余名,涵盖了专升本临床医学、本科药学、本科药物制剂、本科制药工程、本科医学影像、专科助产、专科口腔医学技术、专科医疗美容技术 8 个专业。

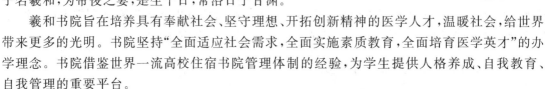

精诚书院的名词取自中国唐朝孙思邈所著《备急千金要方》之《大医精诚》一文。精诚书院秉承"博极医源,精勤不倦,勉力修身,诚信致远"的育人理念,以"授学生之济世之才,育学生之济世之德"为书院育人目标,注重培养学生的专业技能及承担社会责任的品德,努力将学生培养成为专业技术上至精至微、精勤不倦,品德方面诚信为本、诚信立身的社会医护工作者、服务者。

目前精诚书院有专职工作人员 10 余人，还有数十名学业导师、兼职班主任等。书院已初步形成一支职责明确、分工负责、团结协作的专兼职全员育人队伍。

精诚书院发挥育人的优势，不断深化书院文化内涵，努力促进学生知识、能力、品格的全面发展，创造学生思想交流和学科交融的环境，促进医学与不同学科思想的交流与碰撞，着力营造严肃活泼、求实认真的书院氛围，给学子们提供更广阔的知识天地和成长空间。

书院注重提升学生的综合能力，逐步构建起了"四大育人平台"，开展"四美教育"的通识育人活动体系，健全"常任导师、人生导师、学长导师、学业导师"的全面导师领航机制，推行"自我教育、自我管理、自我服务"的三自学生管理模式。精诚书院举办"我爱我家"宿舍文化活动，组建宿舍文明稽查小组；开展大学生素质拓展训练营，培养学生的实践能力和自我教育、自我管理、自我服务的"三自"精神。

60. 崇德书院

崇德书院成立于 2014 年 8 月，是本科生住宿社区、养成教育实施机构（实体）。现有学生 2100 余人，涵盖护理学、医学检验技术、公共事业管理、劳动与社会保障、电子科技与技术等专业。

崇德语出《论语·颜渊》子曰："主忠信，徙义，崇德也。"崇德书院秉承学校"全面适应社会需求，全面实施素质教育，全面培育医学英才"的办学指导思想，遵循学校向健康服务业应用技术型大学转型的基本原则，以"育人为本、德育为先、个性培养、全面发展"为理念，倡导"崇德笃学，止于至善"的院训。既注重学生知识的传授，又注重学生品德的培养；既注重科学素养的形成，又注重人文素质的提高；既强调求真务实、锲而不舍的学风，又强调开拓创新、追求卓越的精神，培养学生具有坚定的理想信念、深厚的人文底蕴、扎实的专业知识、创新的科学精神、强烈的社会责任和宽广的国际视野。

崇德书院致力于创建和谐、舒适、充满人文气息的学习和生活环境，下设院务委员会、导师工作委员会、学生会、学生事务听证委员会等组织，现有教职工近 20 人，与学业导师、通识教育导师一起组成书院的育人队伍。

崇德书院建有文化休闲区、电子阅览室、自助厨房、荣誉室、谈心室等基础设施，开展"学在崇德"学业辅导、"七彩崇德"学养拓展计划、"崇德大讲堂"等特色品牌活动，塑造别具魅力的"学在崇德、乐在崇德、成长在崇德"的书院式生活模式，使书院真正成为学生思想品德教育、文化素质教育、心理健康教育的学习、生活共同体。

61. 德馨书院

德馨书院成立于 2014 年 8 月，是本科生住宿社区、养成教育实施机构（实体）。书院包括护理、人力资源管理、公共事业管理、医学检验、医学技术、市场营销、生物医学工程等多个专业，现有学生 2700 余人。

"德馨"出自唐代刘禹锡代表作《陋室铭》："斯是陋室，惟吾德馨。"书院的宗旨是以"德"为主线，全面引领学生素质发展。德馨书院坚持"以德治院、以生为本、突出特色"的理念，注重学生"医德"的培育，全面落实素质教育，最终实现"以德育人"的教育宗旨。

德馨书院现有教职工近 20 人，专业背景涵盖思政、护理、教育、管理、心理等。书院还选聘有学业导师、通识教育导师等教学团队，形成了一支专业结构合理、学缘结构科学的师资队伍。书院搭建学生自我教育、自我管理的平台，让每一位学子以德立身，以德立业，以德立国，把优良的品德发扬光大,让生命的美好在德馨学子的指尖悄然绽放。

德馨书院内建有面向学生开放的党团活动室、荣誉室、图书阅览室、信息室、会议室、谈心室、学习讨论室等公共服务设施,书院鼓励不同背景的学生相互学习交流,满足学生们的个性化发展需要,促进学生全面成长。

五、华南地区

(华南地区:广东省、广西壮族自治区、海南省、福建省)

本地区共有 7 所高校建有 23 所书院,它们是:
厦门大学:博伊特勒书院
厦门工学院:友恭书院、友惠书院、友善书院、友仁书院、友敏书院、友容书院
暨南大学:四海书院
汕头大学:至诚书院
肇庆学院:力行书院、厚德书院、明智书院、博学书院
南方医科大学:博雅书院、尚进书院、知行书院、德风书院
南方科技大学:致仁书院、树仁书院、致诚书院、树德书院、致新书院、树礼书院

表6 华南地区高校书院概况

序号	大学名称	书院名称	成立日期	学生人数	书院类型	命名方式
62	厦门大学	博伊特勒书院	2008年7月	350	实验班模式	人名
63	厦门工学院	友惠书院	2009年9月	643	全员制模式	地名
64	厦门工学院	友恭书院	2010年11月	1552	全员制模式	理念
65	厦门工学院	友善书院	2010年11月	1600	全员制模式	地名
66	厦门工学院	友仁书院	2012年9月	3200	全员制模式	理念
67	厦门工学院	友敏书院	2016年9月	2800	全员制模式	理念
68	厦门工学院	友容书院	2016年9月	230	全员制模式	理念
69	暨南大学	四海书院	2016年9月	4000	特定群体模式	理念
70	汕头大学	至诚书院	2016年9月	900	特定群体模式	理念
71	肇庆学院	力行书院	2011年9月	4000	全员制模式	校训
72	肇庆学院	厚德书院	2013年9月	4000	全员制模式	校训
73	肇庆学院	明智书院	2015年8月	4000	全员制模式	校训
74	肇庆学院	博学书院	2015年初	4000	全员制模式	校训
75	南方医科大学	博雅书院	2016年7月	1179	非全员制模式	校训
76	南方医科大学	尚进书院	2016年8月	1599	非全员制模式	校训
77	南方医科大学	知行书院	2016年8月	1047	非全员制模式	校训
78	南方医科大学	德风书院	2016年1月	1805	非全员制模式	校训

续表 6

序号	大学名称	书院名称	成立日期	学生人数	书院类型	命名方式
79	南方科技大学	致仁书院	2016年9月	631	全员制模式	理念
80	南方科技大学	树仁书院	2007年7月	683	全员制模式	理念
81	南方科技大学	致诚书院	2007年7月	479	全员制模式	理念
82	南方科技大学	树德书院	2008年7月	480	全员制模式	理念
83	南方科技大学	致新书院	2008年	325	全员制模式	理念
84	南方科技大学	树礼书院	2008年4月	324	全员制模式	理念

(二十四)厦门大学

厦门大学由著名爱国华侨领袖陈嘉庚先生于1921年创办,是中国近代教育史上第一所华侨创办的大学,也是国家"211工程"和"985工程"重点建设的高水平大学。

厦门大学设有研究生院,6个学部以及28个学院(含76个系)和14个研究院,形成了包括人文科学、社会科学、自然科学、工程与技术科学、管理科学、艺术科学、医学科学等学科门类在内的完备学科体系。学校现有在校学生近40000余人(含外国学历留学生1196人)。

厦门大学现有博伊特勒书院1所书院。

62.博伊特勒书院

厦门大学博伊特勒书院成立于2015年1月17日,位于厦门大学翔安校区。首任院长由细胞信号网络协同创新中心主任、中国科学院院士韩家淮教授担任。

书院以2011年诺贝尔生理学(或医学)奖得主布鲁斯·博伊特勒(Bruce Beutler)教授名字命名,以"以开放之姿,探索自然"为院训,营造全英文的授课环境,汇集国内外生命科学领域顶级科学家,为有志于从事生命医学研究的优秀学生提供学习平台,力争将其培养成为生命医学领域国际大师级后备人才,促进生命科学的进步与创新,走出一条国际化科研人才培养的创新之路。

书院设置"拔尖计划"与"普适计划"人才培养模式。

"拔尖计划"面向细胞信号网络协同创新中心的三所成员高校以及与"中心"就博伊特勒书院有合作关系的海内外高校招收学生,每年选拔20—25名优秀的学生进入书院。书院为学生精心打造优质的专业核心课程和培养方案并进行集中培养。入选学生首先进行一个学期高强度的全英文专业课程修读,随后被选派至美国德州大学西南医学中心或细胞信号网络协同创新中心的协同单位进行6—12个月的科研实践训练,考核优秀的学生将依其志愿推荐至西南医学中心或细胞信号网络协同创新中心协同单位继续深造。

"普适计划"面向厦门大学医学与生命科学学部四所学院招生,每年从新生中招收150名学生进入书院并培养至本科毕业,学生进入书院之后拥有学院生和书院生双重身份。书院推行住宿书院制与全方位导师制,充分利用学生课余时间开展各类通识教育活动,旨在提升学生人文素养、培养学生健全人格。

书院采取集中住宿制,书院住宿园区建设创客空间及综合活动室,提供3D打印机、多功能机床、多功能缝纫机、打磨机、激光切割机、高档电脑等设施,为学生进行发明创造提供硬件条件和空间。同时,书院设立学生活动室、导师工作室,供开展学生活动,如英文电影鉴赏、图书阅览、教师答疑、生活辅导等,使书院成为师生共有、共建、共享的文化场所和公共空间。

书院强调全面发展,是各学院人才培养的有效补充和深入优化。书院的学生不仅要有扎实的专业基础和批判性思维,同时也要有深厚的文化素养,涉猎广泛,善于交流。书院积极开展通识教育,邀请人文社科领域知名专家学者以沙龙、讲座等形式,为学生讲授艺术、历史、法律、人文等课外领域知识,启迪心智,引导学生广泛涉猎人文社科典籍。

书院设院长、副院长、秘书,分别负责书院的全面工作、日常工作和行政事务,并从美国、法国、澳大利亚和英国聘任8位著名教授担任"拔尖计划"的客座教授。书院为"普适计划"学生配备"专业导师""思政导师""通识导师"与"朋辈导师",全方面解决书院学生在学习生活中遇到的各种问题或需求。书院推行学生"自主管理"模式,成立博伊特勒书院学生联合会,设立联合会主席团,由学生自主管理规划书院学生活动,发挥学生的主体作用。

对"拔尖计划"的学生,书院依托细胞信号网络协同创新中心的平台和资源,举办一系列学术性强、专业性高的名师授课活动,包括名师讲座和境外教师授课两种模式,通过学术界杰出人物分享科研经历和结果,使研究者学习到更多的科研经验,培养生命医学领域具有国际化视野的创新性人才;对"普适计划"的学生,书院依托生命科学学院,举办师生面对面交流的"导师沙龙"活动,在师生之间建立导学关系,加强师生联系,引导学生健康成长。

(二十五)厦门工学院

厦门工学院前身是原华侨大学厦门工学院(独立学院),2015年转制,设为独立的民办高校,位于福建省厦门市集美区。

学校目前设置有9个二级学院,共设28个本科专业,是一所以工科专业为主体,同时文、理、工兼容的学校,现有全日制在校生10000余人。

厦门工学院奉行"立德树人、以文化人"的教育理念,全面实施博雅教育,按系成立了6个书院(一个书院一般有多个系),每个书院学生人数因系的大小而不同,最大的书院学生人数有3100余人,最小的书院只有200余人,每个书院对应一个二级学院进行学生管理和教育。

厦门工学院赋予书院六大核心职能:同辈互动、导师领航、社区文化、课外活动、自我管理和辅导成长。

厦门工学院现有友惠书院、友恭书院、友善书院、友仁书院、友敏书院、友容书院6所书院。

63. 友恭书院

厦门工学院友恭书院成立于2010年9月,"友恭"寓意为"兄应友爱,弟应恭敬,兄有弟恭"。书院主要涵盖机械工程、机械电子工程、测控技术与仪器、材料科学与工程、新能源材料与器件五大专业,现有学生1522人。

书院院训为"恭敬、慎独、逊志、躬行"。貌思恭,事思敬,友恭书院希望书院学子能尊师重道,严于律己,不卑不亢,身体力行。

友恭书院以"全员育人"为理念,所谓全员育人,简单地讲就是教书育人、管理育人、服务育人、环境育人,它是指书院全体教职工为了实现育人目标,在从事本职工作的过程中,以一定的形式,对学生进行直接或间接的教育过程,其核心是以"生"为本。

书院秉承学校"立德树人、以文化人"的育人理念,以博雅教育模式为依托,塑造学生人格魅力,培养全面发展的人才,通过实施道德教育、技能培训、学业辅导、特色活动等培养体系潜移默化的影响友恭学子。

书院提供丰富的课外活动,为学生发展个性、充实生活、增加生活体验、融汇课堂内外的学习提供丰富的机会和多样的选择,并以此引导学生通过广泛参与有益身心健康的活动,积极思考大学与社会、理论与实践、知识与生活、艺术与科学、个人与群体等的复杂关系,在活动与实践中获得教育和启发。

书院希望进一步完善书院育人环境建设和品牌项目,通过一个个品牌活动更好地塑造学生的健全人格;书院将以建设舒适的社区环境为契机,进一步提升书院文化实力,让广大友恭学子能够在书院社区中取得进步、收获成长。

目前友恭书院的特色活动包括:建设"学习园地",强化教育教学信息进书院和"亲情账·两地书"主题教育活动。

64. 友惠书院

厦门工学院友惠书院成立于2010年9月,是学院首批设立的两个书院之一,以学生生活社区所在的"友惠苑"中"友惠"二字命名。"友惠",友于待人,惠及学生。

书院现对接文化与传播学院和理学院,涵盖公共传播系、音乐系、艺术系和数学系,下设公共传播学专业、广告学专业、动画专业、音乐表演专业与信息与计算科学专业,共四个系五个专业近800名学生。

友惠书院在校领导的领导下,学工处的指导下,下设院务主任一名,主任助理一名,思政辅导员二名,社区辅导员三名。秉承"立德树人、积学成才、德才兼备、全面发展"的院训,以"以生为本,全人教育"为主旨精神,力图将友惠学子培养成诚实勇敢、富于责任感和使命感的新一代力量。

友惠书院结合学院以儒家思想治校的理念,提出"立德树人,积学成才,德才兼备,全面发展"十六字书院院训,立德树人是教育的根本任务;积学成才是学生的理想与追求;德为才之统帅,才为德之制成,德才兼备是社会用人标准;帮助学生最终实现全面、自由的发展,是大学存在的本源价值,是贯彻落实科学发展观的题中之义和内在追求,也是友惠书院成立之宗旨和工作之核心。

为全方位丰富学生的第二课堂,友惠书院下设团总支、学生会等学生组织。通过书院的党组织、团组织、学生会组织、自律会组织和学生助理团(书院院长学生助理团、书院办学生行政助理、辅导员助理)等党、群、学生组织,为学生广泛参与书院管理、拓展综合素质、实现自我管理提供良好的阵地和平台。书院鼓励学生积极参与书院的建设、发展,引导学生自我管理、互相帮助,为发展群体和社区做贡献。

书院希望继续发挥人文优势,进一步丰富文化教育特色,创新艺术教学模式,重视塑造全方位人才。坚持遵循"以生为本、全人教育"的教育理念。把学生培养好,把书院建设好,开创友惠书院向更高水平发展的新局面。

友惠书院目前设有"走进后溪,传递爱心""感恩"主题演讲比赛和书院游园会等特色活动。

65. 友善书院

友善书院成立于2011年7月,以土木工程系、建筑与城市规划系学生为主,涵盖了土木工程、工程管理、工程造价、建筑学、风景园林5个专业,现作为建筑与土木工程学院的对接书院。目前共有学生1600余人。

书院主体由一栋六层的"友善苑"学生公寓组成。友善苑为书院男生宿舍区,书院女生则统一居住在友仁苑的4楼至8楼。书院内建有面向全体同学开放的文化展厅、荣誉长廊、自助图书馆、会议室、谈心室、咖啡屋、自习室、沙龙创作室等公共服务场地。

书院秉承"慎思勤勉、友谦至善"的院训,扎实做好学生的培育工作。书院现有专职教职员工12名,并选聘由学院优秀专业教师、行政人员组成的学业导师队伍,与专职辅导员一起构成友善书院的全员育人队伍。

友善书院以大学生优秀品格养成计划作为书院学年工作的根本任务和主要内容,紧抓培育大学生"君子品格"作为工作主线,培养学生勤勉自强、知礼乐学、克己宽人、仁爱奉献、自省慎思的良好品格,进一步促进学生良好生活习惯、学习习惯、文明行为习惯、个人礼仪、个人修养的养成,以有利于指导学生健康成长为目的,创造性地开展工作,狠抓落实,注重实效,形成特色,开创书院德育工作的新局面。

书院的养成教育立足弘扬中国传统文化,倡导儒家文化的优秀精髓用于培养大学生的优秀品格,达到大学生自我"修身"的目的。养成计划活动作为学年系列活动,贯穿两个学期,分别就习惯养成、品格塑造、思想引领三个阶段展开层层递进式的教育,围绕勤勉自强、知礼乐学、克己宽人、仁爱奉献、自省慎思五大主题展开,力求对全体学生进行全方位的品格塑造,并推动学生形成自律的意识,主动地长期从五个方面严格要求自己,从而对学生的人生发展产生深远的积极的影响。

友善书院的"养成教育系列活动"包括:"珍惜时间,珍惜现在""送给自己最好的礼物""感恩的心,与爱同行""我的习惯我做主""习惯铸就人生""养成教育,一生同行"。

66. 友仁书院

厦门工学院友仁书院成立于2012年8月。"友仁"语出《论语·卫灵公》:"事其大夫之贤者,友其士之仁者",寓意与仁者交朋友,友之以仁,待之以仁。书院现主要涵盖电子信息工程、通信工程、光电子技术科学、电气工程、软件工程、信息管理与信息系统、物联网等多个专业,现有80余个班级,近3200余名学生。

书院院训为:"明德、笃学、崇仁、尚友",大学之道,在明明德,友仁书院希望友仁学子能明德向善,知学明礼,追崇于仁爱,待人于友爱。

书院现设有书院主任、主任助理、秘书、思政辅导员、社区辅导员,共计22人。书院院务主任主持书院全面工作,分管学生教育、学生事务、学生评价和党团工作;主任助理协助主任做好书院工作,分管书院学生管理、学生资助工作;书院秘书负责书院日常行政办公事务,协助主任做好学生教育、学生评价、学生资助工作。

友仁书院"以学生为本,教育与管理并重"的理念始终贯穿整个建设过程,着力培养学生对生活的理解和独立生活能力,营造充满爱心和相互关心的氛围,打造学生思想交流和学科交融的环境。

书院秉承学校"儒学立校,艺术治人"的校园育人文化,以塑造学生人格魅力为目标,培养全面发展的人才,通过实施道德教育、技能培训、学业辅导、特色活动等培养体系潜移默化的影响友仁学子。

友仁书院希望进一步完善书院通识教育和品牌活动,塑造学生人格魅力,创新书院育人模式。通过"德耀友仁""智慧友仁""活力友仁"建设极具特色的书院文化体系,到2020年,将厦门工学院友仁书院建设成为具有独特魅力及领先优势的高水平书院。

67.友敏书院

厦门工学院友敏书院成立于2013年8月,是厦门工学院坚持"儒学立校、艺术治人"的校园育人文化传统的延续,也是学校努力实现通识教育和专才教育相结合的书院制的进一步发扬。友敏书院涵盖管理系、经济系两个系,市场营销、国际经济与贸易、投资学和财务管理四大专业,现有学生2800余人。

友敏书院院名源自孔子论"仁"的五项基本原则之一——"敏则有功":勤敏方有工作实效,书院院训为"敏学尚行 德修商道"。

书院主体位于学校四号门附近,由一栋16层的"友敏楼"组成,友敏楼为书院男生宿舍区,书院女生居住在友爱楼和友仁楼。书院内配有面向全体同学开放的景观长廊、党团活动室、自习室、谈心室、咖啡室、会议室等公共服务设施。同时,学校根据专业设置和学生特点,在书院内配有专门的导师团队和辅导员队伍,坚持跟学生"同吃、同住、同生活",打造全员育人平台。

作为一种学生社区生活管理的模式,书院引导不同专业、不同学科的学生共同学习、生活和交往,促使不同文化背景和不同学科的学生在思想、文化、知识、情感、信息等方面进行交融、影响和提高,从而开拓视野和胸襟,学会交流和沟通,懂得理解和包容。

书院依托学院的专业设置和特色,打造书院精品项目和创新学生培养模式。同时,书院十分注重营造良好的社区文化氛围,实行导师、班主任和书院教师队伍等相结合、全覆盖的全员育人模式,通过搭建各种平台实现集体式的生活,家庭式的服务,全方位的交流和通才式的教育,用心培养学生的专业知识和人文素养。

友敏书院配备专职教职员20名,其中院务主任1名,主任助理1名,秘书1名,思政辅导员11名,社区辅导员6名。下设团总支、学生分会、学生自律会、新闻中心、心理委员会等多个学生组织,全方位丰富学生第二课堂,实现学生的"三自管理",打造"全人"育人平台。

书院的特色活动包括女生节心理健康讲座、"心节奏、新起航"迎新晚会、学风建设月、自律会等。

68.友容书院

友容书院成立于2016年8月,由整个继续教育学院组成,涵盖广告学、计算机软件、国际经济贸易、市场营销、企业财务管理五大专业,书院目前有学生230名。

友容书院以"严以律己,宽以待人;宽则得众,容则大成"作为书院院训,寓意为:(学子应)严格要求自己,宽厚待人处事,海纳百川,有容乃大。

友容书院的院徽外形依循着学院整体圆满的蕴意。其中整体设计以红色为主,白色为辅,代表着友容书院以新的力量,充满朝气与拼搏力。半圆的设计象征着初升的太阳,寓意着新生力量蒸蒸日上,其中两个正方形组成的八角形象征着稳定和谐,八个外角加八个祖国五星组成16,纪念着友容书院于2016年成立。院徽中心处的图案则如一只翱翔于空中的火红凤凰,蕴意着涅槃重生,浴火而生的新生代力量,引领着友容书院不断拼搏,奋力搏击。

书院社区配有景观长廊、党团活动室、自习室、阅览室、咖啡吧等公共生活设施,通过在现代大学生活中提供一个师生密切交往、同学融合互动的紧密社区和生活环境,培养师生共同目标、集体荣誉感及深厚友谊,形成特有的社区文化。

书院配备主任1名,主任助理1名,思政辅导员2名,社区辅导员3名,同时配备书院导师11名,下设团总支、学生分会、学生自律会、新闻中心、心理委员会等多个学生组织,实现学生自我管理和自我成长。

友容书院注重第二课堂的教学和实践,以丰富多彩的"社区非形式小型教育活动"为载体,引导学生"敬业修德,砥砺意志,锐意进取,勤勉求学",倾力将学生培养成为"忠诚于党、热爱人民、报效国家、献身使命、崇尚荣誉"和"诚实守信、知行合一、精神丰富、道德高尚、有责任感"的友容学子。

(二十六)暨南大学

暨南大学是中国第一所由政府创办的华侨学府,是国务院侨办、教育部、广东省共建的"211工程"重点综合性大学,直属国务院侨办领导,素有"华侨最高学府"之称。学校学科齐全,文理工医兼备,设有37个学院和研究生院,在校各类学生51865人,其中全日制本科生25010人,研究生9865人。

暨南大学现有四海书院1所书院。

69.四海书院

为实施暨南大学人才培养模式改革,培养新生的归属感和荣誉感,学校于2010年7月成立"四海书院",负责暨南大学外招本科生通识教育阶段的教学管理和学生管理工作,至今已培养港澳台侨华人及外籍学生近4000名。

书院院名源自《尚书·禹贡》篇:"东渐于海,西被于流沙,朔南暨,声教讫于四海。"意指将中华文化远播到五洲四海。同时寓意"书的海洋""知识的海洋",体现学校厚重的知识底蕴和丰富的文化氛围,注重以中华民族优秀的传统道德文化和与时俱进的现代科学技术培养造就"四海"人才。

四海书院贯彻"质量是生命、创新是灵魂"的办学理念、"面向海外,面向港澳台"的办学方针和"侨校+名校"的发展战略,以"弘教泽而系侨情"为历史赋予学校的教育使命,以培养港澳台侨学生为国家赋予的政治责任。

书院设置"一室四中心"的组织架构,即学院办公室、教学研究与改革中心、学生学习与发展中心、学生拓展与发展中心、学生文化与创作中心。教学研究与改革中心负责书院教学和导师的管理,学生学习与发展中心负责指导学生有效学习,学生拓展与发展中心负责创业与创新教育,学生文化与创作中心负责指导学生开展文化与创作活动。

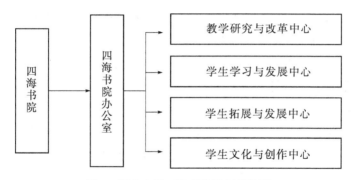

图 4　暨南大学四海书院组织架构图

书院教学工作以导师制为主,选聘教学经验丰富的老师作为学业导师,指导学生规划、学习、科研。书院制定多项规章制度,严格导师选聘、工作职责界定、导师考核与管理等工作,切实发挥导师的"导向""导学"及"导心"作用,将"导师制"落到实处。

四海书院的成立是以教学改革为核心的,辅之于学生管理。书院积极探索"传统教育思想与国际社会发展趋势相结合,通识教育与专业教育相结合,培养应用型人才与造就创新型人才相结合"的培养模式,以教学质量与教学改革推动人才培养和学生思想建设。

书院建设"四海之家"学生交流中心,包括"四海书库""四海共进""四海印象""四海工坊"等四个模块,涵盖书籍和音像制品学习、交流讨论、自主手工体验和中国传统文化体验等学习交流平台,通过兴趣小组、班级活动等形式,构建"乐于学、爱文化、重基础、求创新"的外招生培养基地,引导学生了解和掌握各国、各地特色文化,弘扬中国传统文化,突出"四海"之包容特色,营造体验式学习环境。

(二十七)汕头大学

汕头大学位于广东省汕头市,是 1981 年经国务院批准成立的广东省"211 工程"重点建设综合性大学,教育部"卓越医生教育培养计划"试点高校,是教育部、广东省、李嘉诚基金会三方共建的省部共建大学,也是全球唯一一所由私人基金会——李嘉诚基金会持续资助的公立大学,现有全日制在校生 10294 人。

汕头大学现有至诚书院 1 所书院。

70. 至诚书院

2008 年 7 月,汕头大学成立本科四年全程住宿学院——至诚书院,采用不同专业、不同年级学生"混住"的生活模式,书院现有学生 900 余人。

书院以拉丁文的 Veritas 作为英文名称,中文名字则源自《中庸》"唯天下至诚,为能尽其性",以继承和弘扬中国优秀传统文化作为育人理念,并借此树立宿生对书院文化和精神的认同感,建设温馨的人文社区。

书院以"诚敬谦和"为院训,围绕汕头大学改革的总体目标,落实 4C(Culture、Civility、

Character、Care)所蕴含的文化、文明、品格和关爱的育人理念,为学生在校健康成长提供更好的服务、更有力的支持;推动大学从偏重"专业培养"向具备社会适应能力的"全人教育"转变;将整合思维能力的培养植入书院的通识课程、拓展项目和学生组织建设中,营造一体化的学校育人环境,培养"有志、有识、有恒、有为"的高素质人才。

书院设院长、副院长兼党总支书记、院务主任及院务秘书,按纵向建筑剖面设置学生党支部和教职工党支部,并设有共青团汕头大学至诚书院委员会及书院学生会,成立"常青藤"服务学习协会、级社、院刊编委、灵溪心社、国学读书会等学生社团。

书院还设有导师委员会和导生委员会。导师委员会借鉴普林斯顿大学模式,成员由本校教师和社会知名人士组成,给学生提供学业支持和人生规划指导;导生制借鉴美国普林斯顿大学住宿学院模式,由品学兼优的高年级学生或研究生担任导生组成导生委员会,负责带领20—30位宿生(7—8间宿舍组成一个小区)。

书院通过党团、学生会和学生兴趣社团组织等社区活动搭建平台,开展书院团队、学科、体能、心理和职业五类拓展课程,培养学生自信心、独立性和社会责任感,增强学生综合素质,把"如何做人"的教育具体落实到大学生生活社区,将学生的生活、学习、成长融于一体,促进身、心、灵全面健康发展。

书院不仅聘请导师给予学生专业指导,还通过举办"至诚讲坛""至诚沙龙""TEDx Shantou University"开拓学生视野,促进思想交流。书院设拓展辅导中心,为宿生提供有别于专业学院所提供的特色拓展课程,注重学科交叉、通识教育、素质提升、潜能发掘,由书院导师、职员、特邀专家、社会人士、校友等参与开设,以不计学分的课外学习为主,形式包括讲座、论坛、工作坊、训练营、讨论会、交换计划、实习计划等(见图5)。

学生自治是书院生活的灵魂。在至诚书院,没有传统意义的纯粹"管理",书院老师更多是起到"引导、支持和帮助"的作用。书院的理念是学生通过组织各种团队来实现自我管理。书院根据宿舍楼的外形及内部构造作了各种团队的划分,各个大、中、小型团队及各种兴趣社团互相交错,相互独立又彼此关联,不定期进行交流、联谊等,通过这种小型团队、中型团队和大型团队的协调和运作来实现学生能力与素质的全面发展。

至诚书院注重将"服务学习"的理念与住宿学院育人模式相结合,培养宿生公民意识、公益意识、奉献及合作精神。书院以"公益教育与服务学习"理念为指导,以"常青藤"服务学习协会为平台,开展的主要项目包括:训练营义工项目、为中学生开展义教和心灵关怀的"关爱中学生"项目、关注弱势家庭儿童的心理和生理健康成长的"儿童关怀"项目等。通过"服务学习"活动,至诚书院广泛发动青年学生积极投身社会实践,在服务社会、回馈社会的同时,提升自我,增强社会责任感。

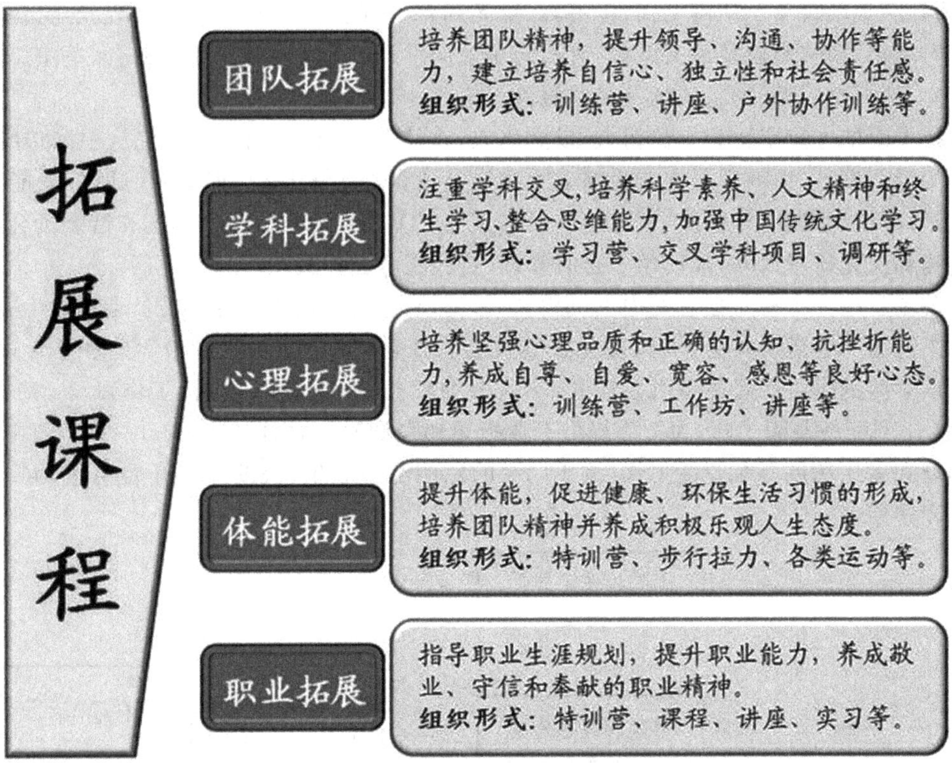
拓展课程
团队拓展
培养团队精神，提升领导、沟通、协作等能力，建立培养自信心、独立性和社会责任感。
组织形式：训练营、讲座、户外协作训练等。
学科拓展
注重学科交叉，培养科学素养、人文精神和终生学习、整合思维能力，加强中国传统文化学习。
组织形式：学习营、交叉学科项目、调研等。
心理拓展
培养坚强心理品质和正确的认知、抗挫折能力，养成自尊、自爱、宽容、感恩等良好心态。
组织形式：训练营、工作坊、讲座等。
体能拓展
提升体能，促进健康、环保生活习惯的形成，培养团队精神并养成积极乐观人生态度。
组织形式：特训营、步行拉力、各类运动等。
职业拓展
指导职业生涯规划，提升职业能力，养成敬业、守信和奉献的职业精神。
组织形式：特训营、课程、讲座、实习等。

图 5　汕头大学至诚书院素质拓展课程

(二十八)肇庆学院

肇庆学院创办于 1970 年，为公办全日制综合性本科大学，位于珠三角核心区广东省肇庆市端州区。学校设有 10 大学科门类，59 个本科专业，现有全日制在校生 22729 人。

肇庆学院成立了四所书院，共有入住学生 15600 余名，占全校学生总数的 66.8%。学生入住时按照入学顺序将学生随机分入四大书院中。目前，每个书院分配 4000 名左右本科生，涵盖了文、理、艺术等不同的十四个学院。

书院是学校工作的一个相对独立的系统，实行委员会领导体制。学校成立校级书院管理委员会，设立书院管理办公室作为指导机构，指导书院工作并协调书院与职能部门以及专业学院的关系。

肇庆学院现有力行书院、厚德书院、明智书院、博学书院等 4 所书院。

71. 力行书院

力行书院成立于 2009 年 9 月，院训为“重道力行，止于至善”。重道，敬重师道，强调力行书院人要坚持做人做事的正确方向和基本道德；力行，强调人在求学与成才过程中实践的重要性。

力行书院位于学校内东北角，由原学生公寓 G1 与 G2 组建而成。书院内建有“一街一廊一舞,两站两报两讲堂",即淘书街、读书廊、星光舞台、书院网站、书院微博网站、学院刊物《力行学子》、墙报、博文堂以及郁文堂等,有面向全院同学开放的心理咨询室、图书阅览室、导生机构工作室、地书练习场、羽毛球场等公共服务设施。

力行书院的办院宗旨为立德树人,以文化人,主体共治,和谐相生。书院从中国传统和时代变革中汲取智慧,引导学子在人生路上秉持崇高道德和远大理想,倡导"我试试,我能,我改变"的力行精神,激发主体能量,锻炼主体品格;设立"主体共治委员会""公正和谐委员会"等大学生机构和文化研习活动,推动学子自我管理、自我服务、自我教育、自我发展。

书院是学校一个相对独立的内设机构,实行院长负责制,成立由导师委员会和导生委员会组成的书院事务管理委员会,书院院长任委员会主任,书院内设院务室和学生事务管理办公室。肇庆学院的书院一般配备书院院长(名誉式兼任)1人,副院长(主持工作)1人,并按1∶500师生比例配备兼职导师,为学生提供专业指导和咨询服务,书院辅导员1—2名,主要开展心理辅导和素质拓展等专业性工作,按1∶80的比例配备导生,协助导师开展工作,组织学生社团的专题活动。

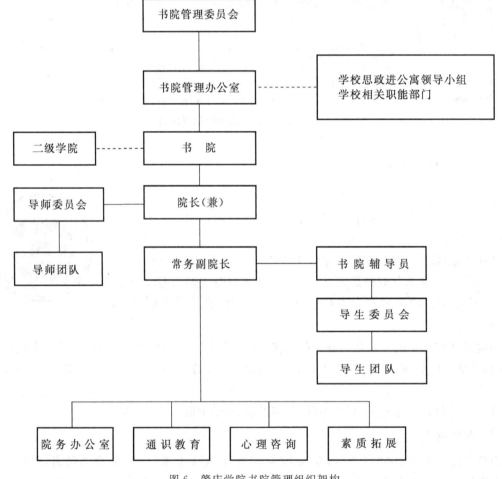

图6 肇庆学院书院管理组织架构

力行书院现有书院院长、常务副院长各1名,2名辅导员和聘任导师16名。学生组织包括主体共治委员会、公正和谐委员会、卫生健康委员会、素质拓展策划中心、志愿者服务中心、力行书院季刊通讯社等。

力行书院成立以来,始终围绕着将力行学子培养成为能够担当起"传道授业解惑"的合格大学生的教育使命,注重书院内涵建设,提升书院学生综合发展与提高。

总的来说,力行书院以"一个载体、两支队伍、三个平台、四种活动、六个学分"来强化力行学子的综合素质。一个载体是学生社团或者学生兴趣小组;两支队伍指导师队伍与导生队伍;三个平台即为信息平台、人际互动平台、公共文化服务平台;四种活动是专题读书沙龙、素质拓展活动、个性化的讲座和辅导活动、社会公益活动;六个学分是力行书院2012年秋学期重点实施的一项计划,书院根据学校人才培养方案,设立书院通识教育模块共6个学分,以提升广大学子的知识面和知识结构。

力行书院的通识教育注重内外兼修,开阔视野。力行书院通识课设三个系列:《道法自然》系列课程,旨在拓展学子对天地人、自然与社会法则的认识,培育道德情感和对自然法则的尊敬;《放眼看世界》系列课程,打开学子视野与胸怀,培育大国公民开放包容的气度与风范;《核心价值观》系列课程,构筑学子实践中华民族伟大复兴中国梦的精神支柱,培育修身报国,自觉奉献的责任感和使命感。"力行课程"由院长主持,聘导师讲座,演讲式、对话式等形式不拘,师生互动,教学相长,采用讲授法、案例教学法和讨论法相结合。

72. 厚德书院

厚德书院成立于 2010 年 11 月,是以肇庆学院院训"厚德、明智、博学、力行"中的"厚德"命名。

厚德书院坐落于肇庆学院主校区,现有近四千名本科生,分别来自音乐学院、计算机软件学院、政法学院、数学与统计学院、化学化工学院、文学院、教育科学学院等 14 个学院。

厚德书院落实"以生为本,以质立校,学术并举,崇术为上"的办学理念,基于教师教育特色,提出"厚德载物,自强不息"的院训,通过建设学生生活文化社区,营造校园文化氛围,为大学生自主发展提供文化教育平台,为培养高素质的未来教师不断进行尝试和努力。

厚德书院成立以来,注重规划院区的文体功能布局,强化文化熏陶功能和休闲健身功能;抓好导师导生两支队伍建设,落实师长关怀、学业引导和朋辈教育;构建拓展训练营、文化研习营、对话空间三大平台,践行传道授业解惑的教育使命;开展丰富多彩、贴合书院学子生命律动的文化活动,凝聚厚德书院人,提升厚德书院人的精、气、神,打造厚德书院人的精神家园。

书院的工作人员包括书院的名誉院长、院长、常务副院长和 2 名辅导员。厚德书院导生委员会是由导师的助理——导生自愿成立的书院学生自治组织,自主开展书院的日常工作,为宿舍文化的建设而努力,是书院和同学之间的桥梁。

厚德书院作为一个以"教师教育"为特色的学生生活社区书院,在通识课的方向上更多倾向于让更多的师范生感受到独特的师范教育,为师范类学生提供优质的示范技能培训与锻炼平台。

厚德书院通识教育注重学生的成长教育,通过"职业人生"专题讲座、"厚德标杆"评选活动、"团队活动"和"素质拓展"四大模块,开展丰富多彩、贴合书院学子生命律动的通识教育活动。

书院围绕教师职业生涯进行规划,设置"教师魅力""教师才艺""教师职业"等三个专题开设讲座;采取灵活多样的方式举办主题活动,提高师范生个人素质,促进精神成长;组织学生自由加入"厚德兴趣团队",以朋辈教育的方式,激发学子的学习兴趣。

厚德书院在通识课发展建设中,四大板块朝着总体目标齐头并进,为学子们提供多样化的选择,在多样化的教育模式里突出书院教育特色,为社会培育优秀师范人才。

73. 明智书院

肇庆学院明智书院成立于2010年11月,以肇庆学院的校训——"明智"来命名。书院由F1、F2栋相互连接组成。目前书院已建有院长室、辅导员室、导师室、导生室、会议室、素质拓展室、心理室、羽毛球场、篮球场等公共服务设施。

明智书院的院训是"明智做人,明智做事,自知者明,知人者智"。书院以非师范理工类学生为主,在注重传统文化熏陶和综合素质培养的同时,着眼应用型人才的培养,以注重人文素质,提高理工学生的艺术修养为特色,通过寓教于乐的活动,实现学生文理渗透、专业互补、个性拓展,鼓励不同背景的学生互相学习交流,满足学生的个性化发展需要,让理工类学生在艺术的殿堂成长。

明智书院通识教育以综合素质养成为核心,注重引导学生探索人生意义,培养积极向上的人生态度和良好的沟通能力,增强自主发展的能力。通过"幸福学"通识课程、"专家课程"系列讲座和"素质拓展"三大模块的文化活动,促进明智学子综合素质的培养。

74. 博学书院

博学书院成立于2012年9月,取义《礼记·中庸》:"博学之,审问之,慎思之,明辨之,笃行之",意为学识渊博,学问丰富。

博学书院以"博学、慎思、明辨、致用"为院训,推动学生从"专"到"博"、从"学"到"用"转变,把对学生的"做人教育"融入书院文化建设和文化传播活动中,使学生通晓做人之理,善博学以致用。

博学书院内设置有博学堂、致用堂,用于开展培训、讲座、文娱活动,目的是鼓励学生融入文化之中,让学子可以进行思想上的碰撞交流,互相切磋,共同进步。宿舍区中还设有羽毛球场,配有各种休闲设施,让学生可以放松身心,抒发情感。书院中悬挂的各类标识渗透了浓重的文化气息,这些硬件符号与软件熏陶对学子们产生了潜移默化的精神影响,书院"做人教育"的理念得以贯彻和彰显。

博学书院本着博大宽容、兼容并包的态度,以培养应用型人才为目标,秉承"博通百家,学以济世"的理念,锻造学生的综合素质尤其是心理品质,使学生做好人、会生活、善学习、甘拼搏、勇进取、纳自我、宽待人,从我做起,从小事做起,以积极心态铸就幸福人生。

书院忠实围绕学校"以培养知识面宽、基础扎实、具有较强适应性和实践能力的应用型高级专门人才"的培养目标,注重学生综合素质的培养。在学校"学科专业学院制,生活社区书院制"育人体系的框架内,注重书院文化内涵建设;规划书院文体功能区,强化书院文化熏陶作用;构建人际互动平台,推动师生、生生之间的交往;落实书院通识教育,践行传道授业解惑使命;加强导生队伍和书院社团建设,丰富学生课余生活。

博学书院的通识教育秉持"以生为本"的育人理念,以"积极开放"为主题旋律,通过开展多样化的课程,培养学生在接触不同知识信息、地域文化以及面对曲折烦扰的个人成长、人际交往时都保持一种宽容、乐观的态度,从而更为正确地看待身边的人和事,更加积极地享受大学时光。

(二十九)南方医科大学

南方医科大学前身为中国人民解放军第一军医大学,创建于1951年,1979年被确定为全国重点大学,2004年8月整体移交广东省,更名为南方医科大学。学校是全国首批、广东省唯一一所"部委省"共建高校,也是广东省高水平大学"重点建设高校"。

南方医科大学现有博雅书院、尚进书院、知行书院、德风书院4所书院,覆盖顺德校区全部专业、全部年级的本科生,学生入住以学科相对集中、大类专业交叉的原则进行。

75. 博雅书院

博雅书院成立于2016年9月,得名自学校校训"博学济世,尚德笃行"中的"博"字,现有来自第二临床医学院、卫生管理学院、国际教育学院的学生1179人。书院建设目的是,通过书院制教育模式改革,努力解决医学生人文素质教育形式单一、师生关系疏离、朋辈教育不足等问题,为学生构建一个全方位、全时段的成长环境。

书院的管理机构为包括学生委员在内的院务委员会,配备特聘导师、学业导师及专职导师等教师队伍。特聘导师由著名教授、学者担任,负责开设书院讲座、学术沙龙等工作;学业导师按1∶50的师生比配备,由经验丰富的在职、退休教师担任,负责指导学生开展研究性学习,每月至少与学生进行交流2次;专职导师按1∶150配备,包涵专职辅导员、就业导师、心理咨询师等,由书院直接管理(见图7)。书院还建有博雅书院团学组织联合会。

书院依据"博""雅"的基本文化内涵,依靠专职导师、学业导师组成的队伍,通过优化学生成长环境、拓展学生活动空间、营造良好书院文化氛围、指导学生社团建设等工作,开展第二课堂教育,与专业学院的第一课堂育人工作形成互补,促进学生全面发展,打造符合人才成长规律、富有时代特征、具有特色的学生工作品牌。

书院积极开展学业导师交流活动,邀请学业导师与学生面对面交流,丰富学生学术文化生活,促进师生交流沟通,提高学生社科研究能力。

博雅书院注重专业与通识有机结合、科学与人文有机结合、师生互动与朋辈交流有机结合,举办"大学,我们该怎么读"讲座、十八岁成人礼暨"温情两封信"活动、"庆中秋·话家乡""博雅讲堂"系列活动等丰富多彩的第二课堂活动,并得到《羊城晚报》《新快报》《广东科技报》、金羊网等媒体多次报道,取得良好的活动效果。

书院还面向学生征集功能房名称,选出一批具有文化底蕴和特色的名字。如接待室命名为"朋来阁",取"有朋自远方来,不亦说乎"之意;学习讨论室命名为"学思阁",取"学而不思则罔,思而不学则殆"之意。定制功能房牌匾、宿舍门牌,在书院庭院和楼内设置藤桌椅,打造整齐划一、富有文化内涵的书院环境,方便学生的学习和生活,为学生平时的交流讨论、休息放松提供极大便利。

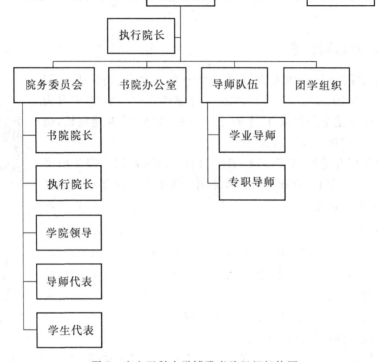

图 7　南方医科大学博雅书院组织架构图

76. 尚进书院

尚进书院成立于 2016 年 9 月，根据学校校训"博学济世，尚德笃行"中的"尚"字命名。书院的人才培养目标为，在南医精神指引下，培养思想道德好、专业水平高、人文基础宽、创新能力强的高素质复合型人才。书院现有来自中医药学院、护理学院、法医学院、药学院的学生 1599 人。

书院从理清工作思路，建立同心协力的合力育人机制，组建高效的工作团队入手，树立"德行兼修、通专并重、身心同育、师生相长"的育人目标和工作理念，明确以建设文化育人的住宿社区、师生共享的交流空间、引导为主的学生自我发展平台和强化通识教育的第二课堂为主要工作内容；建立以尚德计划（Ethical）、尚学计划（Erudite）、尚行计划（Experienced）、尚体计划（Energetic）、尚进文化（Entetprising）为工作抓手的"五个 E 计划"育人体系；形成了以院务委员会为核心、执行院长全面负责、书院办公室总体协调、工作团队抓好落实的运行机制，建立了院务委员会会议制度、书院工作周例会、学生组织联席会议制度等"三会"制度。

书院文化秉承中国儒家思想精髓，注重道德完善，打造积极进取的文化内涵和精神追求。通过书院文化长廊、文化标识系统、特色文化产品形成环境育人的良好氛围，增强师生对书院文化的认同感和集体凝聚力；建立"青年之声"书院宣传团队，加强书院宣传阵地建设，围绕爱国主义、个人修养等主题开设教育专栏，举办主题演说活动，引导学生自主思考，勇于发声。

书院依托各学院的优势资源，建立导师育人长效机制，聚焦学生个性化需求，强调学科交叉、师生互动,通过项目引导、团队交流等形式开展"导师面对面"系列活动,加强师生的深度交流,鼓励导师积极参与书院社团、文体活动和社会实践团队,担任指导教师,在学识上指导学生、生活上熏陶学生、人格上引领学生,并设立沙龙活动室、导师咨询室、导师驿站等,建立师生互动共享的学习和生活空间。导师在学生的专业学习、思想发展、人格形成、行为养成、人文素质和兴趣爱好的培养等方面进行指导,从单纯导"学"走向全面导"育",真正做到教书与育人相统一。

书院积极组织第二课堂教育活动,举办以提升人文素养为主题的"尚进讲堂"、以探究学术科技为主题的"进学说"和以朋辈互勉为主题的"尚 Tall"系列讲座和人物访谈活动,打造"中国传统文化月"和"经典品读"等特色文化品牌活动,建立茶文化和舞龙舞狮等学生社团,形成书院通识教育的品牌活动。

书院完善学生发展平台,以宿舍为中心,以构成多元化为原则,以学生自治为目标,构建学习与生活社区,营造小而全的成长环境。按学院、专业、年级交叉原则安排宿舍与划分社区,加强不同背景、专业、世界观和兴趣爱好学生之间的交流与互动,提高跨文化理解力,促进新思想的萌发,实现多元社区的概念;围绕"友爱社区""宿舍文明"等主题开展"新生校区导游活动""节日慰问""社区文化标识设计""社区活动室设计大赛"等活动,强化宿舍、社区之间的交流与融合,提升社区归属感;成立团学联合会、学生宿舍生活委员会、社区委员会等学生自治组织,使学生参与到书院和社区的建设决策中,更好地履行自我管理、自我服务、自我教育的职能。

77. 知行书院

知行书院成立于2016年9月9日,院名取自《尚书》"知之匪艰,行之惟艰",希望学生能够知行合一,止于至善,将专业培养与素质教育紧密结合起来,促进自身"身、心、灵"的完整发展。书院现有来自基础医学院、生物医学工程学院、检验与生物技术学院的学生1047人。

书院设院务委员会,负责书院的日常管理与运作,由执行院长、专业学院领导、导师代表、学生代表组成。书院设常驻专职导师和学业导师两支队伍,成立社区管理委员会、团学联组织,完善社团组织,以1∶4的比率为新生配备朋辈导生,让学生管理学生,强化朋辈教育。

书院为学生提供最大可能快速成长和全面发展的人文环境,突出以育人为核心的多元文化交流,培养知行合一的优秀人才,努力实现科学与人文有机结合、专业与通识有机结合、师生互动与朋辈交流有机结合,建设科学与人文有机结合、符合人才成长规律、富有时代特征、具有南医大特点的书院制管理模式,打造人文知行、阳光知行。

书院推行"知行合一、学以致用"的工作理念,以构建新型和谐师生关系为目标,以学生全面发展为宗旨,坚持"以解决问题为导向,以服务学生为根本"的原则,大力开展通识教育,施行"丰富学生第二课堂,服务学生健康成长"系列活动;拓展学术及文化活动,实现学生专业互补、个性拓展,鼓励不同背景的学生互相学习交流,丰富社区文化资源和交流互动载体,优化校园环境促进学生成长成才,建设量大面广、有书院特色的精品社团,塑造良好的学习氛围,满足学生的个性化发展需要,促进学生的全面发展;以知行合一为出发点,探索"管理、实践、培养"联动机制,着力培养学生的实践能力及与社会交流的能力;成立社区管理委员会,着力探索和构建学生自我管理、自我约束、自我服务管理模式,促进学生自治、自律、自理、自立能力的培养,促进学生学会认知、学会生存、学会做事、学会发展。

78. 德风书院

德风书院成立于2016年9月，根据学校校训"博学济世，尚德笃行"，摘取校训中的"德"字起名，以培育德学兼备、谦和有礼、专业知识扎实的具有人文情怀的大学生为目标。书院现有来自公共卫生学院、外国语学院、第一临床医学院的学生1802人。

书院坚持把立德树人作为根本，形成以培养"思想道德好、专业水平高、人文基础宽、创新能力强"的高素质复合型人才为主线的育人理念。

书院遵循"工作开展服务人才培养"的原则，下设院务委员会、院行政办公室、团学联合会等工作部门，以通识教育为核心，以学风建设为重点，以能力塑造为基础，以队伍建设为保障开展工作，形成了以院务委员会为核心、执行院长全面负责、书院办公室总体协调、工作团队抓好落实的运行机制。

德风书院以理想信念教育为核心，以学风建设为基础，以队伍建设为保障，借助学院优势资源，盯准课堂教学主渠道，利用导师面对面、经典品读、科创计划三大平台，汇聚"师、友、社会、社区"四方力量，建立"青蓝计划、立德计划、家缘计划、A&I爱计划、德行计划"五位一体的育人体系。

书院结合社会时政，开展时事大讲堂等主题教育，强化形势政策教育和爱国主义教育；建设网络宣传阵地，完善书院QQ、微博、网站等新媒体，拓宽思想政治教育平台；开展新生军训日记、主题班会、骨干训练营等活动，提升学生个人综合素质；加强学生人文关怀，开展"谈心谈话工程"，关心指导学生。

书院完善导生队伍、导师队伍、通识教育、团队、宣传工作及团学组织等六大板块建设，规范过程管理；开展"德风讲坛"、导师面对面、"学、研、行"结对子活动、经典品读、科创计划等"学风院风建设月"系列活动，定期检查督导，建设良好学风院风；开展书院午餐会、书院标识文化大赛、社区文化展示大赛、家缘文化节等活动，推进"家园文化"建设，完善书院社区建设。

书院搭建温馨的人文社区，完善学生发展平台，建设学术报告厅、谈心室、文体活动室及生活体验区等共享空间，并在公共活动区域设休闲区，打造专属文化滋养空间。开展党团组织进社区、学业导师和辅导员进社区、心理咨询和职业指导进社区、文化活动进社区、安全保卫进社区、学生自治组织进社区等"六进社区"活动营造社区化、多样化的学习成长空间，加强社会化和人格塑造。

（三十）南方科技大学

南方科技大学是由中国广东省领导和管理、深圳市举全市之力创建的一所公办创新型大学，位于深圳市南山区。

书院制是南科大全面教育的核心组成部分，致力于促进学生在认知、情感、社会性等方面的多维度成长，在课堂之外为学生提供全方位的学习和丰富的兴趣活动。

南方科技大学的书院以学生公寓为核心，若干栋公寓楼及相关的配套设施组成一个书院，各书院有自己的名字、文化、传统、活动和非形式教育课程、辅导咨询、兴趣社团。新入学的学生可根据各书院的特点，自主选择加入南科大的任何一个书院。

南方科技大学现有致仁书院、树仁书院、致诚书院、树德书院、致新书院、树礼书院6所书院。

79. 致仁书院

致仁书院成立于2011年9月9日,现有学生630余人。"致仁"源自明代思想家王阳明引申儒家经典《大学》名句"格物致知"而得出的经典治人治学理念:"格物致知,格心致仁",寓意"不断探索真理,到达清明通透的境界。"

书院通过提供非形式教育,配合课堂教育,推展学术及文化活动,探索实施适应性分类教育模式,实现学生文理渗透、专业互补、个性拓展,鼓励不同背景的学生互相学习交流,满足学生的个性化发展需要,最终促进学生的全面发展。

致仁书院承担着在院系专业知识教育之外对学生的培育的功能,通过在专业课堂之外对学生提供培养教育和关顾辅导,坚持德育为先,以"育"对"教"进行补充,在健全人格的基础上,促进学生在认知、道德、情感、社会性等方面的多维度成长。

书院为不同年级、不同专业的学生及导师营造一个关系密切、互动交流的平台,为学生缔造亲切融和、活跃多彩和挑战自我的生活、学习环境,锻炼学生人际交往、沟通表达和团队领导的能力,促进个体生命的潜能得到自由、充分、全面、和谐、持续的发展,培养学生成为全面发展以及对他人关爱、对社会关怀、对国家和人类有积极影响的"有道德、有能力、有国际视野、有社会关怀"的"四有"拔尖人才。

书院以"有力量的爱"和"可实现的责任"为核心价值,传承和倡导"仁者爱人"的文化传统,着力于提高全体成员"爱的意识"、涵养"爱的能力",把审美和艺术引进教育,塑造"温良致仁"的书院气质;强化自主性、创造性、参与性,通过高品质的丰富活动和精心组织,提升责任意识和担当精神。

致仁书院管理团队由院长、学术副院长、行政副院长、院长助理、专职辅导员、学习就业辅导员和生活事务辅导员构成,下设书院办公室。学生组织有学生自我管理委员会及民乐队、天文社、早睡联盟、科幻协会、戏剧社等学生社团。

致仁书院实行导师制,导师队伍包括生活导师、社会导师、大学长等。生活导师由南科大的讲座教授、教授、副教授和助理教授担任,每位导师负责指导约12名学生,重点指导学生适应大学生活、选择课程和专业;社会导师由书院聘请社会各界杰出人士担任,指导学生人生规划和职业规划;大学长由高年级优秀学生担任,促进朋辈之间互相交流,实现朋辈辅导和自我管理、自我教育、自我成长、自我提升。

书院以外语、音乐和体育为兴趣特色,组织科技制作社等书院社团,设立学术讲座、兴趣讲座、分享会、艺术节、运动会、师生集体生日会及丰富的课外活动,开创致仁讲堂、致仁沙龙、导师分享会等品牌活动,提高学生沟通交流、组织与领导能力。

80. 树仁书院

树仁书院成立于2013年9月9日,现有学生近700人,涵盖全校各(系)院的所有本科专业。

书院院训"居高怀仁,止于至善"出自《礼记·大学》:"大学之道,在明明德,在亲民,在止于至善。"

书院在荔林山庄和湖畔公寓均设有学生生活社区,建有学生组织办公室、党团活动室、24

小时自习室、多功能活动室、健身房、艺术排练室、乐器陈列室、树仁水吧、树仁书吧、树仁课室、户外休闲区等公共服务设施。

树仁书院发扬学校"敢闯敢试、求真务实、改革创新、追求卓越"的创校精神,秉承"居高怀仁、止于至善"的院训,致力于将通识教育与专才教育相融合,重视文理兼修与人文艺术素养的培育,引领学生树立坚定的理想信念与社会责任感;着力培养学生会学习、会做事、会做人,打造不同年级、不同专业学生思想交流与学科交融的学习生活社区,将树仁学子培养成为具备国际视野、专业优秀、品格卓越的社会精英。

书院实施书院"导师—学生"活动计划,发挥导师制核心作用;创新思想政治教育工作,加强学生党团组织建设;打造六大品牌活动,形成书院活动体系;举办各类通识教育课堂,补充专业教育教学课堂;重视创新创业教育,培养学生企业家精神;开展各类校外实践活动,建立多个校外实践基地;健全学生自我管理体系,发挥学生组织作用;突出为学生服务的理念,规范学生日常事务管理,在发挥导师作用、党团组织建设、特色文化建设、通识教育教学、学生社会实践、学生事务管理等方面为学校探索创新人才培养模式做出了积极贡献。

书院注重传承弘扬中国传统文化,尤其是儒家人道精神及推广仁爱之教育理念。书院的目标是培养学生高瞻远瞩、仁慈仁爱之心,教育引导学生胸怀宽广,注重培育学生的诚信及责任担当,秉承嘉言美行,发挥自助助人精神,打下基础以回馈社会,为国储材及丰盛学生人生。

书院的行政工作人员由院长、学术副院长、执行副院长、导师、辅导员、学生事务助理、导师事务助理以及兼职辅导员组成,设有树仁党支部、树仁团总支、树仁宿管会及树仁学生会四大学生组织和学生自我管理委员会。

书院聘请各院系知名教师40余名担任书院导师,以系为单位组成6个导师组。书院推行"导师—学生"活动计划,开展成长引领、学科导航、学问之道、师生互动、困难帮扶等五大主题系列活动,开展树仁系列课堂、树仁讲坛、树仁分享会、树仁院校联盟、树仁创新创业沙龙等书院品牌活动。

81. 致诚书院

致诚书院成立于2015年8月,现有学生近500人,以"诚信为本"为立院精神,寄望致诚学子"诚心诚意地对待每一个人或事,达到至诚的境界"。

"致诚"两字来自于《荀子·不苟》中的"君子养心莫善于诚。致诚则无它事矣,唯仁之为守,唯义之为行"。

德育是致诚书院的核心价值。南方科技大学既要培养具有广博知识和创新能力的科技精英,又要赋予他们高尚的人格、坚定的原则立场和丰富的处世智慧。

致诚书院建有以美国、英国、法国、德国、日本为主题的自习室,旨在给同学们在视觉上营造一个国际化的学习、生活环境,充分展示所在国的文化特质,引导同学们开阔视野,追求未知领域。

致诚书院致力于通识教育浓郁氛围,这里能感受到大学文化气息和生活的魅力。建有致诚书院图书馆和书院活动室,学生广泛接受通识教育、社团活动、课外辅导、学术沙龙、新闻课堂、文化艺术娱乐活动等非专业教育活动的影响和熏陶,不断拓宽视野,培养综合思考能力,逐步健康成长。

致诚书院管理团队由院长、学术副院长、行政副院长、两名辅导员和一名心理辅导社工组成,聘任校领导及各院系教授共计39人担任书院导师,通过导师分享会、师生聚餐、指导科研、社会实践、一对一谈话等方式指导学生。书院还建有团总支、学生会、学习中心、新闻中心等学生组织,创办"致诚开讲了""学长带你飞""致诚青春科技行""致诚新闻课堂""大学生公益参与能力建设活动"等品牌活动。

82. 树德书院

树德书院成立于2015年初,"树"指大学生的成长过程,也比喻有出息的书院学子,取"芝兰玉树"之意。"德"乃"三不朽"之首。树德书院希望书院学子成为立德弘毅之人,即具有高尚的德行、宽广的胸怀和坚韧的品格。

书院愿景是成为凝聚青春与智慧、培育德行与情操的精神家园,使命是:用科技滋养生命,促进学生自然属性、社会属性和精神属性的有机融合。

树德书院管理团队由院长、学术副院长、行政副院长、辅导员和心理辅导社工组成。

树德书院的品牌活动包括:

理财项目,通过专业理财讲座、工作坊、"晒晒我的月消费单"等活动,使学生分享和学习理财知识、培养良好的理财习惯。

宜居项目,学生通过创意设计、手工制作、主题装饰、住宿自管会、宿舍文化节等方式打造健康安全、温馨舒适、轻松活泼的住宿环境和生活空间。

阅读项目,各类阅读分享会、图书漂流活动、阅读伙伴、好书推荐等,让阅读不单单是一个爱好、一种习惯,也可以是一个流动的分享、一场思想的盛宴。

雅趣项目,使学生在琴、棋、书、画、垂钓、茶道等体验中得到心灵的浸润,情操的陶冶。

农场项目,春耕秋收,天道酬勤,是亘古不变的农夫精神。书院给有兴趣的同学提供场地,让学生有机会学习种植蔬菜水果,体验原始的、纯粹的快乐。

83. 致新书院

致新书院成立于2016年7月11日,现有学生300余人。院名"致新"来源于《大学》:"苟日新,日日新,又日新",寓意学子们日有所学,日有更新。

致新书院的主题色为橙色,橙色是欢快活泼的光辉色彩,象征着书院学子朝气蓬勃的精神面貌。

致新书院院徽以深圳市市花勒杜鹃为创意灵感,寓意立足深圳,面向世界。绽放的花瓣犹如翻开的书页,正在积蓄新生力量。院徽又宛如大海里一艘扬帆起航的船只,承载的是改革的重任,畅行的是知识的海洋。

书院管理团队由院长、副院长、行政副院长和3名辅导员组成,聘任15名校内教授担任书院导师。

书院团总支成立于2016年10月,团总支目前有宣传部、组织部、致新公益部、素质拓展部、创新创业部、体育部共计六个部门。

致新书院以组织和培养南科大志愿者服务、应急救援队的培养及国际留学生的接收为书院主要职责,以一个平台(致新讲坛)、两个主题活动(发现深圳、非遗工作坊)、三个课堂(致新礼仪课堂、南科大安全课堂、南科大公益课堂)为重点开展项目。主要包括:

致新讲坛,是书院学术讲座开展的平台,旨在通过开展各类型的主题讲座,开阔学生眼界,激发学生思考。

发现深圳,旨在通过带领青年学子走进深圳的企业、社区、学校、人文场所,从而了解深圳的历史文化,体会深圳的城市精神,从而了解并热爱深圳。

非遗工作坊,通过邀请非遗传承人通过讲解和沙龙的形式,让当代中国青年学生了解和热爱中国的传统文化,并做好传播推广工作。

致新礼仪课堂,通过直观形象的展示和讲解,向学生传授相关的着装常识和礼仪规范,并教给学生展现个性风格的小技巧。

公益课堂,主要面向南科公益等校内公益组织进行公益知识培训,让学生"义工"接受相关知识技能的培养,能真正合理而高效地帮助他人,服务他人。

安全课堂,结合校园环境及实际气候影响,对同学们普及安全知识、生活常识和应急处理知识,帮助同学们了解身边的环境,遇到特殊情况时能临危不惧,在保证自身安全的情况下冷静处理。

84. 树礼书院

树礼书院成立于2016年8月,现有学生300余人。书院秉承"敢闯敢试、求真务实、改革创新、追求卓越"创校精神,坚持学校"创知、创新、创业"的办学特色,以"修身、博识、慎思、致远"为院训,通过一系列精心设计的文化、学术和社会实践活动,塑造严谨厚重的学风,鼓励学生博览古今名著、融汇中西文化,致力于培养具有爱国精神、家国情怀、真才实学的国际化精英人才。

树礼书院的院徽是一本打开的书,中间镶嵌了一顶学位帽。书院学子要求学、求问、求索才能学业精进、学有所成。"打开的书"象征着书院开放、包容、批判、争鸣的文化氛围。同时也体现书院将致力于培养博览群书、学贯古今、融汇中外的精英人才。"学位帽"则寓意大学生活学无止境、学海无涯,也显示出书院浓郁的学风。

树礼书院管理团队由院长、副院长、行政副院长、2名辅导员和1名团总支书记组成,聘任15名校内教授担任书院导师。

树礼书院通过提供非形式教育,配合课堂教育,推展学术及文化活动,探索实施适应性分类教育模式,实现学生文理渗透、专业互补、个性拓展,鼓励不同背景的学生互相学习交流,满足学生的个性化发展需要,最终促进学生的全面发展。

六、西南地区

(西南地区:四川省、贵州省、云南省、西藏自治区、重庆)

本地区有1所高校建有2所书院,它们是:

西南交通大学:唐臣书院、竺可桢书院

表7 华南地区高校书院概况

序号	大学名称	书院名称	成立日期	学生人数	书院类型	命名方式
85	西南交通大学	竺可桢学院	2008年7月	960	全员制模式	人物
86	西南交通大学	唐臣书院	2008年7月	1000	实验班模式	人物

(三十一)西南交通大学

西南交通大学创建于1896年,是教育部直属全国重点大学,国家首批"211工程"建设并设有研究生院的研究型大学,坐落于成都。在121年的办学历程中,学校始终坚守大学使命、服务国家社会,逐渐形成了"竢实扬华、自强不息"的交大精神,"严谨治学、严格要求"的"双严"传统和"精勤求学、敦笃励志、果毅力行、忠恕任事"的校训。

学校构建起了"价值塑造、人格养成、能力培养、知识探究"四维一体拔尖创新人才培养体系,有全日制本科生28836人。学校现有九里、犀浦、峨眉三个校区,占地5000余亩,犀浦校区为主校区。

学校建有唐臣书院、竺可桢书院两所书院。

85.唐臣书院

唐臣书院于2016年1月12日成立。2010年,学校在"茅以升班"的基础上学校组建茅以升学院,2016年为了完善了荣誉学院、专业学院、书院合作共融的长效机制,在此基础上成立唐臣书院,唐臣书院以茅以升的字"唐臣"命名。

唐臣书院遵循茅以升老校长"求实创新"的教育思想,贯彻"以学生的成长与发展为中心"的办学理念,搭建跨学科的人才培养平台,实施通识教育与专业教育相融合的个性化培养,是西南交通大学的人才培养模式改革的"特区",教育教学改革的试验基地和书院制教育的试验基地。

唐臣书院的培养目标是有社会担当和健全人格、有职业操守和专业才能、有人文情怀和科学素养、有历史眼光和全球视野、有创新精神和批判思维的"五有交大人"为目标导向,培养人格健全、基础宽厚、知识丰富、能力突出、视野宽广、善于创造、通专结合的具有学术大师、管理精英、产业翘楚潜质的工科类拔尖创新型和跨学科交叉复合型人才。

唐臣书院设有院长、党总支书记、常务副院长、党总支副书记、辅导员、常任导师,综合事务办公室、教学管理办公室、分团委等人员和机构。

唐臣书院专业分为工科类研究型拔尖创新班、跨学科交叉复合型精英班两类。工科类研究型拔尖创新班包括:土木拔尖班、机械拔尖班、电气拔尖班、运输拔尖班、力学拔尖班、材料拔尖班。跨学科交叉复合型精英班包括:信息科学实验班、地球空间信息班、金融平台班、数学基地班、中文基地班。

唐臣书院通过三种途径进行选拔,第一是通过自主招生的模式进行选拔;第二就是普通高考填报志愿的模式进行选报;第三个是进校以后,由学生通过集中的报考选拔。

唐臣书院形成了"精英化、贯通化、养成化、个性化"的人才培养特点。"精英化"是指学院致力于培养具有学术大师、管理精英、产业翘楚潜质的国际化拔尖创新人才。"贯通化"是指为学生开通本研、本博衔接培养通道,制定贯通式人才培养方案。"养成化"是指学生集中住宿,按照书院制管理模式培养,倡导书院养成教育,开展晨读、晨跑、文艺、体育等常态化综合素质训练。"个性化"是指实施学生分类培养,实行严格的选拔、培养、审核机制和开放包容的流动循环机制,为不同学生定制五课堂的个性化的人才培养方案。"跨学科"是指为学生提供跨学科的教育平台,包括跨学科的专业、跨学科的课程、跨学科的教学团队、跨学科的教学构成以及跨学科的教育教学理念。

唐臣书院以"卓尔乐群"为核心理念，打造了"一个社区""两套体系""三个平台""四个领域""五个课堂群"和"跨学科的教育导师群"。"一个社区"指师生共处交流的校园社区；"两套体系"指学生学习生活的服务体系、师生相辅相融的辅导体系；"三个平台"指学生自治管理的锻炼平台、学生个性化辅导咨询的服务平台、学生综合素质提升的培育平台；"四个领域"指涵盖工科、理科、文科、管理四个领域的拔尖人才和交叉复合人才培养；"五个课堂群"指课程学习、第二课堂、实习实训、联合培养、云学习；"跨学科的教育导师群"指顾问团、学术导师团、第二课堂导师团、实训导师团、海外导师团、云学习导师团、校友院友导师团、书院常任导师团、家长委员会等。

唐臣书院在荣誉学院的统筹下，有效将专业学院的学科专业、师资课程等资源整合优化，通过环境改造将书院打造为多学科、多年级学生与老师共处交流的校园社区，打造跨学科的教育导师群，通过五个课程的学习，使师生之间、生生之间的沟通交流、砥砺攻错畅通无阻，将追求学问、培养品德的过程融入学生的成长点滴之中，使学生在一个充满温暖、期望和归属感的关爱和睦气氛里成长。

86. 竺可桢书院

西南交通大学竺可桢书院于2016年8月27日成立，以知名校友竺可桢命名。在峨眉校区就读的960名新生成为书院第一批学生。

书院秉承老学长的"求是"精神，将通识课程教育和非形式教育（即非课程教育）相结合，鼓励不同专业背景的学生互相学习交流，满足学生个性化发展需要。竺可桢书院以"全人培养、和谐教育"为理念，配合完全学分制，致力于打造以书院导师为引领的人文素养培育体系、以专业教师为主体的学业提升辅导体系、以辅导员为主导的文化生活服务体系、以学生为本的综合能力拓展体系，最终促进学生的全面成长成才。

书院设有综合管理办公室和辅导员办公室，综合管理办公室负责书院行政事务，辅导员办公室负责学生思想政治教育和事务管理与服务。

竺可桢书院的发展秉持"一二三四五"。"一"就是一切为了学生，为了一切学生，为了学生的一切。"二"就是两手都要抓，两手也都要硬，即精神成人和专业成才。只有具备了这两点，一个人才可以被称作是人才。"三"则是要将学生培养成为学术大师、管理精英、行业翘楚这三类人才，拓宽学生未来的发展。"四"指的是四位一体，注重学生的价值塑造、人格养成、能力培养、知识探究这四方面。"五"就是学校的"五有交大人"，即有社会担当和健全人格，有职业操守和专业才能，有人文情怀和科学素养，有历史眼光和全球视野，有创新精神和批判思维。

竺可桢书院以"全面发展、精神成人"为培养目标，为同学们提供丰富多彩的文化活动，以一种涵养式的教育，潜移默化地对同学产生影响，书院打造系列经典品牌活动，促进同学们全面发展，丰富学校各年级学生的文化生活。"魅力晨读"为学生搭建读英语、读经典的平台，朗朗的书声为清晨宁静的校园平添了一股清流；"魅力晨练"号召同学们练习中华武术基本功，在挺胸塌腰、气贯丹田的过程中，既能传承武学经典，又能增强同学体质；"乐学晚自习"要求同学们集中自习，通过营造良好的学习氛围，帮助学生消化白天所学的功课。

书院以学业为基础，以活动为载体，以文化建设为抓手。在人文素养培育中，书院为学生聘请校内导师，创办"竺可桢"大讲堂、"明德"传习所、"游艺"美学苑等品牌活动；在学业提升辅导方面,书院配备专业教师、外聘教师、学生朋辈辅导老师,实行"博学"辅导站,为学生答疑解惑;在文化生活服务领域,书院为各班配备班主任,服务学生事务管理,配备学术导师服务学业指导;在综合能力拓展方面,书院成立包括大学生学习与发展中心、读书会、吟诵社、心灵剧社、中华武术会等学生组织,并配置专业指导老师引导学生自主开展活动。

七、西北地区

(西北地区:新疆、青海、甘肃、宁夏、陕西)

本地区共有6所高校建有28所书院,它们是:

西安交通大学:彭康书院、文治书院、宗濂书院、南洋书院、崇实书院、仲英书院、励志书院、启德书院、钱学森书院

西安建筑科技大学:南山书院、紫阁书院

西北农林科技大学:右任书院

西安外事学院:七方书院、天使书院、开元书院、鱼化龙书院、龙腾书院、博雅书院

西京学院:万钧书院、行健书院、南洋书院、至诚书院、创业书院、博雅书院、允能书院

甘肃民族师范学院:莲峰书院、香巴拉书院、亭林书院

表8 西北地区高校书院概况

序号	大学名称	书院名称	成立日期	学生人数	书院类型	命名方式
87	西安交通大学	彭康书院	2006年9月	3400	全员制模式	人物
88	西安交通大学	文治书院	2007年7月	2519	全员制模式	人物
89	西安交通大学	宗濂书院	2007年7月	1700	全员制模式	人物
90	西安交通大学	南洋书院	2008年7月	2600	全员制模式	理念
91	西安交通大学	崇实书院	2008年	1750	全员制模式	理念
92	西安交通大学	仲英书院	2008年4月	3120	全员制模式	人物
93	西安交通大学	励志书院	2008年7月	400	特定群体模式	理念
94	西安交通大学	启德书院	2008年7月	1800	全员制模式	理念
95	西安交通大学	钱学森书院	2016年12月	1720	实验班模式	人物
96	西安建筑科技大学	南山书院	2014年10月	4000	特定群体模式	地名
97	西安建筑科技大学	紫阁书院	2014年7月	4700	非全员制模式	理念
98	西北农林科技大学	右任书院	2015年6月	600	实验班模式、特定群体模式	人物
99	西安外事学院	七方书院	2013年9月	1000	实验班模式	理念
100	西安外事学院	天使书院	2014年10月	4200	特定群体模式	理念
101	西安外事学院	开元书院	2014年10月	4500	全员制模式	理念

续表 8

序号	大学名称	书院名称	成立日期	学生人数	书院类型	命名方式
102	西安外事学院	鱼化龙书院	2014年9月	11000	全员制模式	理念
103	西安外事学院	龙腾书院	2014年9月	2600	全员制模式	理念
104	西安外事学院	博雅书院	2014年10月	2000	全员制模式	理念
105	西京学院	万钧书院	2014年7月	4043	全员制模式	人物
106	西京学院	行健书院	2015年6月	1300	实验班模式	理念
107	西京学院	南洋书院	2015年9月	4100	全日制模式	理念
108	西京学院	至诚书院	2015年11月	4000	全日制模式	理念
109	西京学院	创业书院	2016年6月	770	特定群体模式	理念
110	西京学院	博雅书院	2016年12月	2846	全日制模式	理念
111	西京学院	允能书院	2016年12月	4144	全日制模式	理念
112	甘肃民族师范学院	莲峰书院	2013年9月	2500	全员制模式	理念
113	甘肃民族师范学院	香巴拉书院	2014年10月	2184	全员制模式	理念
114	甘肃民族师范学院	亭林书院	2014年10月	2504	全员制模式	理念

(三十二)西安交通大学

西安交通大学是国家教育部直属重点大学,为我国最早兴办的高等学府之一,是"七五""八五"首批重点建设项目学校,是首批进入国家"211"和"985"工程建设,被国家确定为以建设世界知名高水平大学为目标的学校,是一所具有理工特色,涵盖理、工、医、经济、管理、文、法、哲、教育和艺术10个学科门类的综合性研究型大学。现有全日制在校生33604人,其中本科生17099人。

西安交通大学现有彭康书院、文治书院、宗濂书院、南洋书院、崇实书院、仲英书院、励志书院、启德书院、钱学森书院9所书院。

87. 彭康书院

彭康书院成立于2006年9月,以西安交通大学彭康老校长的名字命名。作为西安交通大学创建的第一个书院,它揭开了交大育人模式改革的新篇章。

2008年8月,交大全面推行书院制改革,彭康书院随即完成了育人主体的转变,形成了涵盖能源与动力工程学院、电子与信息工程学院、理学院、数学与统计学院、外国语学院的19个专业,共计3000余名本科生的基本规模,是交大9个书院中成立最早、规模最大、人数最多的一所书院。融合了理、工、文、医等学科,不同学科思想的交流与碰撞,给彭康学子提供了开阔的学术视野和多元的成长空间。

书院致力于为学生提供高质量的通识教育和个性化的辅导咨询服务,通过实施领导力培养、学生成长计划、学业辅导等培养体系潜移默化地影响彭康学子。书院秉承文化育人理念,

通过开展丰富多彩的社区文化活动,为学生提供自我教育、自我管理、自我服务的平台。

彭康书院自成立伊始,即确立了文化建设理念:培养诚信笃行、具有社会责任感、具有民主意识、大局意识和创造能力的大学生,使书院成为本科生思想品德教育、文化素质教育、心理健康教育及人格养成的基地,成为"思想活跃、学习活跃、生活活跃"的学生生活社区。

彭康书院设院长1人,由国内知名教育专家原西安交通大学大学副校长担任。院务主任、副主任各1人,院务主任助理1人,现有专职辅导员10余人。

彭康书院学生工作由专职辅导员、学业导师、研究生兼职辅导员三支队伍组成。辅导员是专职从事学生工作的人员,书院从研究生中聘任兼职辅导员配合专职辅导员开展学生工作,从相关学院聘任学业导师开展学业辅导。

书院建有报告厅、会议室、档案室、阅览室、信息室、多功能活动室、健身房、排练厅、中心花园等公共设施,为广大学生提供社团活动、图书阅览、健身锻炼、娱乐休闲等服务功能。

书院始终倡导"思想活跃、学习活跃、生活活跃"的院训,大力弘扬和践行"爱国主义、集体主义、英雄主义、乐观主义"的精神,倡导和做强具有时代特征和交大特色的奉献报国的使命文化、严谨精致的卓越文化、开拓进取的创新文化、团结互助的团队文化,书院学子在国内外科技作品竞赛中屡获佳绩。

彭康书院向来重视大学生综合素质的培养,各项工作的开展也一直围绕着大学生全面发展的总目标。尤其是学校提出大学生综合能力提升计划之后,彭康书院更加重视大学生的综合能力锻炼与积累,各项工作的开展更加注重具体化、规范化以及专业化。彭康书院总计开设综能计划课程8门(含社会实践),参与规模达2260人次,覆盖了书院来自5个学院的全部19个专业领域。

彭康书院坚持举办名家系列学术讲座等经典文艺活动,文化活动新颖纷呈,文体赛事硕果累累,彰显彭康书院"三活跃"院训的特色;书院设立团学系统顾问团,指导建设20个学生社团。各社团拥有一大批品牌活动。书院以科技类社团为载体,以科创竞赛为平台,以学术学科讲座为引导,组织书院学子积极参加科技活动,激发学生科技创新的动力,培养科技创新能力。书院积极组织学生参加社会实践,十年间先后派出近200支社会实践团队,实践专题涉及历史文化、社会民生、基础教育、生态保护等各方面,获全国大学生微公益大赛优秀团队奖等荣誉;书院建立官方微博、微信平台,团工委、新闻社和辅导员个人均有校园BBS、人人网、微博、微信等新媒体平台,推出了多个精品栏目和线上活动,成为引领书院文化、激发正能量的学生思想政治教育工作新平台;书院注重加强传统媒体的宣传,新闻社、网络社等文化媒体社团定期出版院刊院报等。

书院始终秉承学校兴学强国的办学宗旨,坚持扎根西部、服务国家、世界一流的办学定位,继承艰苦创业、崇德尚实、严谨治学、追求卓越的优良传统,坚持"起点高、基础厚、要求严、重实践"的办学特色,不断开拓创新,精勤育人。成立11年来,书院为国家输送了5600名各类人才,毕业生在社会各界享有良好声誉。

88. 文治书院

文治书院成立于2007年7月,秉承唐文治老校长"欲成为第一等学问、事业、人才,必先砥砺第一等品行"的育人理念,推行品行养成、知识传授、能力培养、思维创新的育人模式,紧紧围绕学校教书育人的目标,致力于服务学生的全面发展,弘扬知识的责任、道德的勇气、人格的正义,培

第一等品行之人才。

书院院长为中国科学院院士、美国科学院院士安芷生教授,院务委员会主席为中国工程院院士、全国人大常委蒋庄德教授。书院现有本科生2519人,涵盖机械、电信、航天航空、法学等十余个专业。专职教师14人,其中常任导师10人,院务主任、副主任、组织员、主任助理各1人。和聘请的97位学业导师(班主任)、36位通识教育导师一起,构成了书院的育人队伍。

十年来,书院形成了智慧闪耀、活力担当、友善互助的文治核心价值观,以知心工程为基础,重点开展精勤学业提升计划和综合能力提升实践训练,构建以学生议事会为主体的自主管理平台,以文治学长团为核心的友善互助体系,探索文治STYLE的人才培养模式,在同生活、齐进步、共祝福的"师生共同体"基础上,发挥书院育人优势,深化书院文化内涵,努力促进学生知识、能力、品格的全面发展,塑造别具魅力的"学在文治、乐在文治、成长在文治"的书院式生活方式。

书院全面实施西安交通大学"阅读百本经典,聆听百场报告,认识百名老师,参加百场活动"的"四个一百"育人行动,建平台、扩覆盖、强引导、立制度、树典型、提声誉,培养具有"自信气质"的创新人才。

书院推出手机全平台的app软件,整合书院的各项信息,将AR技术应用在书院场景中,与虚拟立体3D版"文小帅"互动,同时生成带有校徽与文治院徽的照片,方便在朋友圈和微信群中分享,增强了校友与书院、书院吉祥物的联系,增加了趣味性和讨论热点。

2014年,文治书院联合北京航空航天大学知行书院、复旦大学任重书院、华东师范大学孟宪承书院、台湾清华大学厚德书院、台湾政治大学政大书院、香港中文大学联合书院、澳门大学郑裕彤书院共同发起高校书院联盟。2015年,文治书院与澳门大学曹光彪书院结成姐妹书院,并进行互访。书院先后邀请了美国西点军校、加州大学圣地亚哥分校、林肯内布拉斯大学等高校师生来访交流。

书院积极倡导"践行责任、乐于担当"的勇气和责任。书院通过走向社会的见习实践、志愿者服务等活动,培养学生的社会责任感;打造"文心茶室",指导和鼓励学生自主创业团队;通过构建以学生议事会为主体的自主管理平台,鼓励自治类社团的建立和发展,致力于培养书院学生的主人翁意识;通过党员"三一行动",发挥基层党组织战斗堡垒作用,鼓励学生自我管理,营造书院和谐、民主的温馨氛围;书院师生共同评选"文治榜样"人物,使更多的人看到"榜样"的魅力。

书院全面推行"精勤学业提升计划",通过"管理、激励、互助"3个方面的10余项措施,努力打造"文以载道、治可安邦、书贵精勤、院荣诚信"的文治学风考风,倡导"同生活、同进步、同祝福"的文治大家庭氛围。

书院以课外8学分为抓手,构建了具有三个层次、八项能力培养模块的"大学生综合能力提升计划"培养体系,为学生提供与高质量第一课堂相衔接、相匹配、相补充、相融合的,能够拓展视野、积累经验的实践学习平台,促进学生的全面发展。课程通过实践游学、特色训练、科技创新等活动载体,致力于完善学生的表达沟通能力、批判性思维、体育精神、公民意识、职业规划能力、兴趣养成、多元文化素养和全球化视野8个领域的能力。

为了提升文化育人效果,书院进一步延伸了对文化活动的挖掘和理念的实现:从书本到电影,从吉他到藏书票,从戏剧到吟诵,从对话大家到读书分享。涵盖"知书达理赛书会"大型图书系列活动,"听梧讲坛"思维沙龙文化讲座,"师生麦穗堂"日常读书心得分享活动,"以书传情"文学创作大赛、"藏书票之爱"书籍文化传承、樊登读书会书友驿站等,更多元化,更具趣味性,也更富专业性。坚持多年的文治下午茶和冷餐会,为师生提供了一个亲近沟通的平台,营造了轻松愉悦的交流氛围,拓宽了师生交流途径,进一步密切了书院学院的育人合作。

89. 宗濂书院

宗濂书院成立于2007年7月,以我国著名医学生理学家、医学教育家侯宗濂先生的名字命名。现有学生1700余人,分属医学部临床医学、药学、制药工程、口腔医学和经济与金融学院的金融学、财政学、经济学、电子商务、贸易经济、统计学等十多个专业,有藏族、维吾尔族、回族、哈萨克族、土家族等16个少数民族的学生,少数民族学生占书院学生数的11.29%。2011年,在西安交通大学第二附属医院和口腔学院成立了宗濂书院分院。

宗濂书院秉持"团结、拼搏、温馨"的育人理念,围绕学校人才培养目标和任务,通过精细管理、温馨服务、人性化培育,致力于学生人格塑造、品格历练、学业精勤和能力培养,延伸第一课堂构建师生同生活、共发展、充满温馨的"宗濂家园",培养富有社会责任感和优秀品格的公民,培育具有引领社会卓越领袖才能杰出的经济和医学人才。

书院人才培养理念的浓缩,体现在书院"院训"中,"明德立信,笃学济世",对医学和经济类人才的培养,注重品格,诚实守信,刻苦学习,奉献社会,希冀学子"悬壶济世,诚信善行"。

书院实行院务委员会领导下的院长负责制,院务委员会是书院的最高决策机构,成员由学校、社会知名人士、教授、管理专家、书院院长、学院副院长、书院院务主任、副主任、辅导员代表、教师代表、学生代表等组成。书院院务主任兼任书院党总支书记的工作,主持书院的日常管理和党建工作,对学校和大学生党委负责。书院设学业委员会、学生综合能力提升指导委员会等相应组织,对书院专项工作进行指导、研究和决策。

书院是学校人才培育、管理、教育、服务和学生社区管理的基层组织,书院各年级学生由学校有关部门按专业以一定比例划归宗濂书院,临床医学、口腔医学专业的学生,到大三第二学期,部分进入宗濂分院学习实习。

书院和学院在人才培养中担任着不同的角色,共同构成学校人才培养目标的两翼,二者缺一不可。学院主要完成人才专业培养,是人才培养的重要方面,是高等教育的核心要求和核心内容,是培养优秀专业人才的平台和基地。书院更注重的是人才非专业要求的素质、品格、能力、责任、担当的软实力,培养学生公民意识和价值判断力,指导学生人格、心智健全和发展,为学生的发展、生活提供贴心服务和环境,为学生自我管理、自我教育、自我锻炼提供平台和条件。构建学生学习、生活、成长的"温馨家园"。

书院在人才培养方面进行了有益的实践和探索,先后实施了"学生综合能力提升计划"等人才培养计划和工作措施。

"学生综合能力提升计划"包含二十五个项目,构成书院学生综合能力的"5A模式"的核心。新生适应训练计划是大学生综合能力提升计划的重要内容,是对一年级新生的特定培育计划,目的是解决进入大学后心理、人际关系、环境变化、生活习惯等对新生造成的心理影响,使其尽快适应大学生活,减少对今后大学学习、生活、成长的负面影响。同时,通过交大传统教育、大学精神传承、学校规章制度学习、法制教育、安全教育、学业规划、职业规划等内容,丰富学生的思想和知识内容,树立正确的学习、生活观念和理念,促进学生健康成长和全面发展。

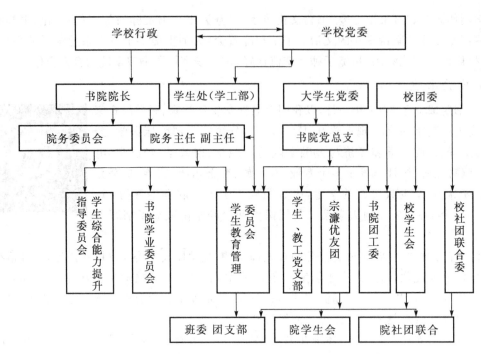

图 8　西安交通大学宗濂书院组织架构图

"社会实践与政府实习计划"利用假期安排学生走出学校,深入社会,认识社会、服务社会,走进政府,见习成长,开阔视野,使学生了解国情、民情,培养学生的社会责任与担当。

人才的培养仅有专业教育是远远不够的,必须有相应的育人的文化熏陶和育人环境,为达到此类目标,书院实施"特色文化熏陶与环境育人计划",设立"宗濂大讲堂",为学生文化研究活动提供平台,举办"宗濂叨叨""沙龙分享""暖冬音乐节"等系列文化活动,使学生文化生活更加丰富,培养学生的生活情趣。"上下一心,永不言弃,无私奉献,团结拼搏"的宗濂体育精神,是书院重要文化传承,激励学生努力勤奋,奋勇当先。

书院搭建学生创新、创业平台,培养学生的创新意识。书院通过学生课外八学分、奖助学金评定制度、《宗濂书院学生表彰奖励办法》、书院年度人物评定等方面对学生创新提出制度要求,鼓励学生创新和从事研究活动。

书院开展"知心工程",通过普遍谈话、系统调研、问卷分析、技术分析等工作,掌握影响学生学业、心理、思想等问题的原因,评估问题现状、发展趋势,以及应采取的措施和步骤,对重点学生谈话、谈心、心理救治实施常态化。

书院构建学生学业帮扶体系,成立书院学业委员会,专题定期研究学生学业、学籍、学风问题,研究导师的配备;成立由高年级学生组成的"宗濂学府",通过定期开设辅导课程,向一年级班级派遣学长辅导员等方式,加强对学生学业、心理、思想、网瘾等问题的关爱。

书院构建学风监督教育体系,形成教育—谈话—警示—监督的管理体系,组织各班级层层动员,召开"诚实做人、诚信做事、拒绝作弊"主题班会,实施听课查课制度,开展诚信教育,营造优良学风。

书院建立心理干预与经济资助体系,在心理干预方面,形成书院领导—专业心理导师—辅导员—班级心理委员—宿舍心理员—楼管阿姨的心理干预与预警体系,通过特殊学生重点监控、重点帮扶、重点干预,将不安全因素处置在萌芽状态;经济资助方面,建立公平公正的学生经济困难评估体系,通过贷款、助学金、勤工助学安排、临时困难补助、特殊困难补助等方式,解决学生就学的后顾之忧。

90. 南洋书院

南洋书院成立于2008年7月,取交通大学前身"南洋公学"的"南洋"二字为名,秉承"兴学强国,传承薪火"的南洋精神。

书院现有电气工程学院、电子与信息工程学院、公共政策与管理学院三个学院的电气工程与自动化、测控技术与仪器(电类)、计算机科学与技术、物联网工程、公共管理五个本科专业及13级、14级、15级少年班学生,约2600人。

书院院长由香港理工大学的荣休校长潘宗光教授担任,书院设院务主任、院务副主任、主任助理及辅导员,电气学院、公管学院的党委副书记兼任书院的院务副主任,同时书院还聘有学业导师(班主任),兼职辅导员(研究生),朋辈辅导员(本科高年级学生),共同开展育人工作。

书院的管理机构为院务委员会,由联系书院的校领导、院务主任和副主任、学生代表、相关学院的教学副院长和教师代表组成,负责研究和决定书院的重大事项。

书院党总支书记由院务主任兼任,副书记由学生党员担任,总支委员中学生人数不少于2/3。书院设有团工委、学生会、宿舍生活委员会以及8个学生社团,各学生组织之间团结协作,秉承"自我教育、自我管理、自我服务、自我监督"的宗旨,构建"家、人、爱"的书院文化。

南洋书院紧密结合西安交通大学人才培养目标,以"立德树人"为根本任务,以社会主义核心价值观为引领,培养具有坚定的理想信念、强烈的社会责任感、宽广的国际视野、卓越的领导才能和高尚的人格风范的全面发展的社会主义合格建设者和可靠接班人。

书院建立旗帜鲜明的思想教育引领体系,从主题教育、榜样教育、党员教育和学生骨干教育四个方面开展思想政治教育。通过主题班会和专家报告等方式开展主题教育,培养学生的家国情怀;通过"南洋之星"评选活动开展榜样教育,培养学生自我教育和提升的能力;通过入党积极分子"三个一"工程、预备党员"四个一"工程和党员论坛开展党员教育,激励党员学业争先,行为争范;通过"知行团校"和南洋好班委论坛开展学生骨干教育,培养学生迅速成长。

书院搭建全面发展的学生综合能力培养体系,以课外8学分为抓手实施大学生综合能力提升计划,目前开设由辅导员主持的10门综合能力提升课程。

书院构建专业教师主导的学业发展辅导体系,与专业学院建立"三个联系、两个对接"的双院制育人体系,在学生学业发展、科研竞赛、职业规划、就业指导等各方面开展指导。书院成立学业辅导工作室和网络辅导平台,建立了集体辅导、一对一辅导、答疑自习等多层次、多平台的学业辅导体系。书院制定辅导员听课及联系任课教师制度,每学年分专业撰写学业分析报告,研讨重点学生案例,促进学生学业发展。

书院构筑便捷温馨的学习生活服务体系,紧扣大学关键点,做好新生养成教育和毕业生主题教育。书院制定心理健康教育四项制度,实施科学化、标准化、规范化的"知心谈话工程",促进学生心理成长;开展资助育人工作,确保资助政策宣传全覆盖,通过感恩、诚信以及自立自强教育引导学生担当社会责任。

书院形成以学生为主体的民主管理体系,充分发挥学生总支副书记和总支委员的作用,做好学生党建工作。宿舍生活委员会以楼宇为单位设立学生自主议事机构;高年级优秀学生组成精英朋辈辅导团,发挥优秀学长的榜样力量,给予低年级学生指导和帮助。

书院实施特色鲜明的"6S"思想教育实践体系,以"传承大学精神"(Spirit)为导向,践行学习(Study)、科研(Science)、服务(Service)、运动(Sport)四大规划,提升专业技能,重视人格养成,使得学生全面成长,满载收获(Surprise)。

"Spirit",强化理想信念,传承大学精神。通过精勤求学、科研创新、实践服务和阳光体育四大计划引领学生树立正确价值观,提升综合素质,成为全面发展的栋梁之才。

"Study",激发求学精神,提升学业成绩。实施精勤求学计划,激发学生学习兴趣。优秀学风班创建活动营造了积极、主动、踏实、认真的学习氛围,学业辅导工作室从不同层面提升了学生的学业成绩,综合能力提升课程培养了学生的人文素养及表达能力。

"Science",发扬科学精神,培养创新能力。实施科研创新计划,积极搭建科研平台,培养学生探索求真的科学精神。"My first paper"我的第一份科研报告项目培养了学生的科研素养、创新意识和实践能力,科技文化节营造了学生积极参与科学研究的氛围,书院学生在各类科技竞赛中参与率高、获奖率高。

"Service",培养志愿精神,服务祖国发展。实施实践服务计划,搭建社会实践和志愿服务平台。建立志愿服务基地,打造品牌项目,培养学生服务他人、服务社会的品质;有规划地开展社会实践和政府见习活动,锻炼和提高学生走进社会、服务国家、增长才干的能力。

"Sport",塑造体育精神,共建阳光校园。实施阳光体育计划,积极开展体育运动,组建九个体育俱乐部,为学生搭建平台;各年级成立运动兴趣小组,举办南洋健身日等活动,培养学生团队坚持和拼搏的精神。

"Surprise",引领核心价值,助力全面成长。让每个学生在进入书院后能够拥有实现自身全面发展的平台,拥有对南洋精神、大学精神的坚持与传承,拥有浓郁的学习氛围、广阔的科研平台、高尚的服务理念和过硬的身体素质,从而实现综合能力的提升。

91. 崇实书院

崇实书院成立于2008年,共有学生1750余名,分别来自人文学院、人居学院、材料学院、食品装备学院和金禾研究中心的近20个专业方向和大类。院长由著名华人青年科学家、西安交通大学原副校长卢天健教授担任。

书院注重学业辅导机制的建设,定期开展通识教育培训,有来自五所学院和中心的一百多位学业导师开展学业辅导工作。书院拥有团工委、学生会、无止桥、青芒爱心社、书画协会等17个学生社团。书院内设健身房、排练厅、谈心室、阅览室、生活自助室、洗衣房等设施,方便学生的学习和生活。公共活动空间装饰有体现书院全方位育人活动的照片墙、历届毕业生合影墙、学生作品展示区、奖杯奖牌陈列区等。

崇实书院由院务主任、副主任、辅导员、研究生兼职辅导员、校外兼职导师组成。根据学校双院制特点,书院院务主任、副主任兼任对口学院副书记,对口学院副书记兼任书院副主任,定期参加党政联席会,参与重大事项决策。书院成立了由书院领导、专家教授和学生代表为组成的院务委员会,建立科学规范的服务机制,努力实现"双院制"的人才培养目标和温馨书院的理念。

书院制实施后,崇实书院率先试行学业导师制度,依托各对口学院与校外的支持,聘任学业导师。学业导师通过师生见面会、学习讨论会、学生参加导师课题科研小组等途径,开展学业辅导工作。各学院"千人"和"长江学者"均参与到育人工作当中。

书院实施"综合能力提升计划",构建第二课堂育人体系。目前已开设 6 个学期的课程,基本覆盖书院全体学生。每年组织学生参加暑期"三下乡"社会实践活动,实践主题包含红色革命基地探访、精准扶贫调研、政府见习等。

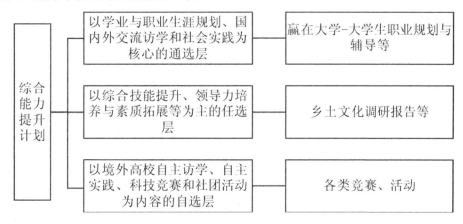

图 9　西安交通大学崇实书院综合能力提升计划结构

书院坚持将"知心工程谈话"作为辅导员的常态化、日常化和制度化工作,要求辅导员按照学生的学业问题、身心状况、情感问题及重大变故等类别细化排查,对每类学生采取不同的谈话方式和应对措施,及时掌握学生动态,深入了解学生变化,督促问题学生,鼓励优秀学生,守护学子心灵家园。每学年辅导员人均开展知心谈话超过 200 人次,覆盖全体书院学生。

图 10　西安交通大学崇实书院知心工程内容

书院全面开展"抓两头,全覆盖"的家访工作,合理规划,实现家访工作常态化,其宗旨是助力优秀学生,做学生成长和发展的助推手;陪伴普通学生,做学生进步和困惑的同行者;关注问题学生,做学生学习和生活的修剪工。

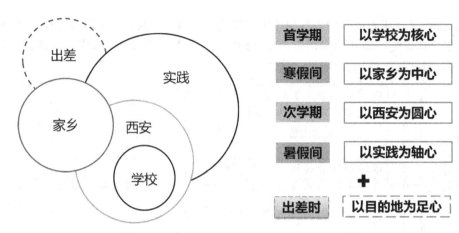

图 11　西安交通大学崇实书院家访工作模式

书院成立大学生党员工作站,对学生党员的培养紧扣学党章党规,打理论基础;学系列讲话,明自我认知;做合格党员,促实践教育。这既是培养学生党员的探索和实践的三个重要环节,也是检验学生党员工作站成果的三个重要指标。

书院坚持制作具有交大品质、具有特色的影、视、音、文产品,如原创院歌、毕业纪念短片、党员社区服务短片等,以实现学生的自主管理,拉近学生与学校、书院的距离,使学生具有更开阔的视野和更宏大的格局,提升综合素质。

书院成立"崇实书院 3S2 青创空间",下设青创沙龙、青创咖啡、青创伙伴项目,致力开展青创学堂和青创孵化,成立青创基金推动大学生创新创业。青创空间由就创中心、崇实书院监督管理。

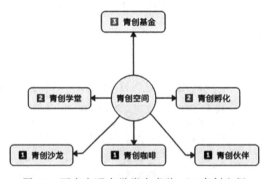

图 12　西安交通大学崇实书院 3S2 青创空间

书院定期开展师生思想交流会,了解学生思想动态,同时让学生了解书院发展的情况,广泛听取学生对书院建设和发展的意见与建议,师生不断共同努力,创造书院发展新局面,为"崇实之光"。

92. 仲英书院

仲英书院成立于 2008 年 4 月,由国际著名慈善家、唐氏工业集团董事长唐仲英先生及唐仲英基金会大力支持并以唐先生名字命名。书院内建有开放的阅览室、信息室、谈心室、排练室、健身房等公共服务设施。

仲英书院现有学生 3120 人,涵盖自动化、核技术与核工程、化学工程与工艺、过程装备与控制工程、环境工程、生物医学工程、生物工程、生命科学与技术国家基地班、软件工程、管理学院"2+4+X"班、ACCA、钱学森实验班、新能源、飞行器设计、力学等 18 个专业。书院共有专职教师 15 名,并选聘由讲席教授、专业导师、通识导师组成的学业导师队伍,与高年级学生组成的学长团一起构成仲英书院完善的全员育人队伍。

书院以"服务社会、奉献爱心、推己及人、薪火相传"为主旨精神,围绕培养"富有责任感的谦谦君子"的育人目标,制定了四项育人计划:感恩关怀计划——"皆感恩戴义,怀欲报之心";博学近思计划——"集众思则成大器";学友相携计划——"书院似家,朋辈互勉";自理自砺计划——"修身齐家治国平天下"、全面培养学生的综合素质。在学校"双院制"育人体系框架内,仲英书院致力于学生非形式教育的组织与开展,着力培养学生对生活的理解和独立生活能力,营造充满爱心和相互关心的氛围,打造学生思想交流和学科交融的学习生活环境。

书院设置书院院长一名,由唐仲英基金会执行总裁徐小春女士担任,宏观指导书院工作。设院务主任、院务副主任、院务主任助理各一名。书院成立院务委员会,由相关学院教学院长、书院院务主任和副主任、学生代表组成,定期召开会议研讨学生教育管理问题。建立专家指导委员会,为每个班级聘请学业导师,指导书院通识教育和学业辅导,形成了学院与书院双院互动,学业导师深入指导,师生共同学习的共同体。

建院以来,书院与相关八个学院紧密联系,通过院务委员会、双院联席会、互相参加特色活动、茶餐会等形式,为双院领导、辅导员、教务员、班主任及学业导师搭建了多层次的交流平台。

书院重视学风建设,建立由学业教师、辅导员、班主任、学生志愿者、班级学风三人小组共同组成的教师和学生两个层面的学业辅导体系。具体的做法有:聘任校内优秀专业教师担任学业导师,进入书院给学生在学业规划和学业方向上提供指导;辅导员、班主任通过查课、听课、知心谈话、成绩分析,提升学生的学习动力和学习兴趣;成立学业辅导中心,由学习成绩优异的学生担任志愿者,大力发展朋辈辅导,依靠同学,服务同学。

在通识教育方面,书院聘请人文学院、附属医院、人居学院、外语学院、体育中心等校内外优秀教师担任通识导师,开设讲座,参与通识课程,开设"菁英培训营""不一样的口才""时间管理的技巧""学生社会工作与实践方法"等 13 门通识课程,提升学生综合素质。

书院还开设"唐仲英教育名家大讲堂"及"蒲公英讲堂",打造"英仔·众思"文化品牌;推进"我的大学生活"通识训练项目和"春诵夏行"社会实践活动,强化"英仔·知行"文化理念,与香港中文大学伍宜孙书院和澳门大学何鸿燊东亚书院共同举办"陕西历史文化之旅"和"华夏文明探索之旅"暑期夏令营活动,拓展"英仔·国际"文化视野。

仲英书院大力支持学生组织及学生社团的发展,成立团工委、学生会、学生代表大会、学长团、宿舍管理委员会、学生党总支及专项工作委员会,鼓励不同专业学生间的交叉融合和相互交流,积极推进学生自我管理和自我教育。

仲英书院将唐仲英基金会"服务社会、奉献爱心、推己及人、薪火相传"的理念普及,引导书院学生学会奉献爱心、珍惜生活、感恩社会。书院倡导学生每学年参加志愿服务活动,并作为学年综合测评考核依据;举办"感知父母恩,回报社会情,搭建沟通桥"主题活动,鼓励学生和家长沟通亲情;获得助学金资助的学生担任书院内公共设施的义务管理服务工作;以唐仲英基金会在陕的支教基地为平台,积极推广爱心接力活动;依托"英仔爱心社"等志愿服务类社团,积极开展志愿服务活动,建立志愿服务基地,形成仲英书院的鲜明特色。

书院成立仲英书院学长团,实现学生的自主管理和朋辈帮扶,也实践了"奉献爱心、推己及人"的院训。仲英书院学长团先后入选团中央分类引导案例和"教育部高校辅导员工作精品项目"。

书院聘请校友中的企业精英、学术新秀作为校外导师,为学生提供"社会大学"的学习平台,通过辅导员、学业导师、通识导师队伍与校外导师队伍通力合作,搭建全方位与社会接轨的全员育人模式。

93. 励志书院

励志书院成立于2008年7月,院长由原解放军总装备部副部长李元正中将担任。书院学生主体为国防生,涵盖理学、数学、机械、电气、能动、电信、材料、航天和生命9个学院,19个专业,168个自然班,现有学生(含第四军医大学学博军)400余名。

书院建有阅览室、网络信息室、健身房、会议室、谈心室、自习室、荣誉室、学生活动室、多功能室、洗衣房等公共服务设施,为学生创建了和谐、舒适、充满人文气息的学习和生活环境,增强学生对书院的责任感、荣誉感和归属感。

书院秉承西安交大优良的办学传统,坚持以"学习为主,全面发展"的育人理念,以"励精明志"为院训,致力于培养志向高远、意志坚定、博学睿智、体魄强健的创新型国防人才。

书院设专职教师4人、兼职教师、学业导师、通识导师、体育指导教师以及由在校研究生担任的兼职辅导员,形成了一支职责明确、分工负责、团结协作的专兼职全员育人队伍。

书院设党总支,下设党支部、团工委学生会及承志社、学生生活委员会等各类学生社团,为国防生提供自我教育、自我管理、自我服务和充分展现自我的平台。

书院实行"双院制"育人模式,在积极配合服务学生第一课堂的同时,充分发挥第二课堂在人才培养中的育人作用,在理想信念、校园文化、学风建设、军人气质和社会实践等丰富多彩的活动中,已形成了独具特色和内涵的"忠魂铸志""文思育志""体能强志""学艺冶志""实践扬志"五部全书。

图13 西安交通大学励志书院"五部全书"

忠魂铸志，引导学生志存高远。书院以当代革命军人核心价值观为引领，将忠诚融入国防生的日常学习和生活中，开展以"爱国主义、集体主义、英雄主义和乐观主义"为主题的党团活动，强化国防生的责任意识、大局意识、创新意识、志愿服务意识和奉献精神；举办"励志讲堂"，邀请校内外专家学者与国防生面对面交流，丰富知识，开阔视野，引导学生刻苦学习，勇于担当；国防生入党采取答辩制，引导学生学业争先，行为争范；划定"党员责任区"，让学生党员在学习生活中"做表率、比作风"。

文思育志，创建立体育人网络。通过名师精讲、朋辈互助及学习经验交流会，培养学生学习兴趣和自主学习能力；辅导员定期与重点关怀学生一对一面谈，制定帮扶措施，汇编《励志密卷》，免费提供新生复习参考；举办优秀国防生作业展评，营造良好学习氛围；鼓励学生参加各类科技竞赛活动，引导学生文思活跃、勇于创新；成立数学建模队、航模队和机器人队，开展科技类项目学习交流。

体能强志，培养当代军人气质。书院利用小学期推行大学生综合能力提升计划——"强体魄，铸军魂，军人气质养成"，开设军人体验课程；开展健身健美、野营拉练等各种活动，活跃学生生活，培育团队意识，使体育精神回归人才培养；通过真人 CS 大赛、国防知识竞赛、内务评比和军事文化月等特色活动，营造纪律严明、张弛有度、团结协作、生动活泼的书院文化氛围。

学艺冶志，营造书院良好氛围。举办中秋迎新晚会、"励志 power 秀"等活动，展示国防生的艺术才华、放松自我、增进友谊；优美雄壮的军中好声音，激发了国防生对军营生活的向往和归属感；国防生社团军乐队在学校每次重大活动中均有上乘的表现；励志学子自编自导自演的微电影和杂志，体现了国防生的专业水平和美感。

实践扬志，服务社会报效国家。组织学生赴军事院校和军事单位进行军事训练和实践锻炼，熟悉部队生活和环境，树立职业目标和方向；组织学生赴可可西里藏羚羊保护区、三江源自然保护区及青海湖进行志愿服务，建立实践基地；倡导"奉献、友爱、互助、进步"的志愿者精神，开展系列志愿者活动，增强学生服务意识、责任担当和综合能力提升。

94. 启德书院

启德书院坐落于雁塔校区，成立于 2008 年 7 月，院名"启德"寓意"启迪智慧，德行天下"，意在培养德才兼备的新型人才。

书院现有学生 1800 余人，分别来自经济与金融学院和医学院 2 个学院，涉及临床医学、预防医学、护理学、法医学、金融学、经济学类等 18 个专业。书院把不同年级和不同学科背景的学生们融合在一起，增强交流，开拓同学们的视野，坚持入学是人才的摇篮，培养全面发展的人才是大学的主要任务。

书院作为校园文化传承和学生全面发展的载体，旨在构建全方位，全时段的成长环境，为学生的发展提供最大的空间。通过"传承文明、传授知识、培养能力、陶冶情操、开创未来"的系列活动安排，让学生之间和师生之间可以广泛地、自由平等地交流，实现学生的自我服务、自我教育、自我管理、共同成长。

书院设置咖啡屋、信息室、阅览室、自习室、会议室、自助厨房、楼层活动室等活动场地，为学生提供良好的硬件设施。书院还在文化建设上深入开展系列建设项目，全方面提升学生的综合能力，致力于培养高素质人才。

书院以"启迪智慧，德行天下"为院训，将"以学生为本"的理念始终贯穿整个培养过程，强调学生发展要德才兼备,通识教育与专才教育并重,重视学生自我认识和价值观念的建立,学问领域的均衡融通,独立思考和处事应变能力的提高。特别强调学生要走出自己专业的局限,学会欣赏和了解其他学科的观点,开阔视野,重视让学生在学习参与及各类活动过程中体悟人生,培养良好的个性品格,最终成长为德才兼备的真正的"人"。

书院现有院务主任兼总支书记1人,兼职院务副主任2人,院务主任助理1人,常任导师7人。书院还聘有学业导师、体育导师、学长辅导员,优秀的师资队伍全面帮助学生成长。

书院致力于培养德才兼备、具有良好生活习惯和气质修养、富有创新精神和社会责任感的高素质人才,把启德书院建设成为生活温馨、学风优良、特色鲜明、管理民主、富有活力的高水平书院。

书院注重学生的全面发展,党总支副书记由学生担任,设团工委、学生会、宿生会,下辖红十字协会、学生经济协会等14个学生社团。团学组织本着"学生受益"的原则开展了一系列深受学生喜爱的品牌项目,如有春、夏、秋、冬季节特色的系列活动组成的"启德四季",注重个人思维和团队合作意识相结合的发表见解、锻炼逻辑思维能力的开放性平台"启德论坛"等。

书院始终坚持关注学生学业发展,成立学业辅导中心,由专业教师、院务主任担任负责人,常任导师、学业导师为中心成员,聘请学业导师56人。同时,书院设有学长辅导团,聘请国家奖学金获得者、"单科状元"等优秀同学担任学业辅导中心成员,积极开展团体辅导、一对一辅导、资料分享、经验交流等学业辅导。

借鉴港澳以及国外知名学府的社区管理模式,书院学生自发组建学生自治组织"宿舍学生委员会",秉承以"家文化"为核心的组织理念,致力于改善启德全体师生生活品质,提高宿生幸福指数,通过努力,将启德书院建设成宜居、温馨、和谐社区,真正实现"启德一家亲"的目标。

书院积极开展大学生综合能力提升计划项目,目前开设项目有城市生存训练等10项,深受学生欢迎,城市生存训练已开展14期,获中央人民广播电台、光明日报等百余家媒体报道。

书院加强对党员的思想、组织、作风教育,充分发挥学生党员的榜样示范作用,提高党员在同学中的影响力。实行"党员联系寝室制""党员挂牌制度""危机学生跟踪制""学生党员承诺制"等,党员一帮一,党员文明督导,充分发挥学生党员和干部骨干的作用。

此外,书院坚持家校沟通与合作,让家长充分参与学校管理,密切学校与家庭的联系,完善学校、家庭、社会三位一体的教育体系,设立家长委员会。书院全体学生家长只要申请都可成为家长委员会委员,并设常务委员会,由主任、副主任委员、秘书长组成。家长委员会委员原则上任期两年,可随时增加。目前,家长委员会聘任了2名主任委员,20名副主任委员,65名委员。

95. 钱学森书院

钱学森书院成立于2016年12月24日,可以称作是最为年轻的一所书院,但是,该书院的前期建设走过了漫长且积极的探索历程。作为首批入选国家"基础学科拔尖学生培养试验计划"的高校,西安交通大学于2012年成立拔尖人才培养办公室,全面负责学校各类教学试验班学生的培养与管理,包括理科试验班(数学、物理、化学生物、计算机与人工智能),工科试验班(钱学森班)、医科实验班(侯宗濂班)和少年班,每年招生、选拔共计430人左右,约占全校招生人数的1/10(见图14)。

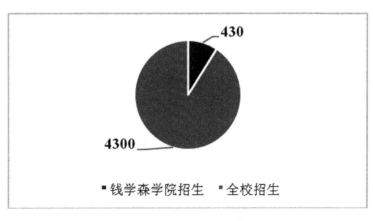

图 14　西安交通大学钱学森书院与学校每年招生人数比例图

出于对拔尖创新人才培养功能的更高追求,西安交通大学在原拔尖人才培养办公室管理机构的基础上,成立以交通大学杰出校友钱学森学长名字命名的钱学森学院和书院,秉承钱学森大成智慧学中"量智与性智结合、科学与艺术结合、逻辑思维与形象思维结合、微观认识与宏观认识结合"的思想精髓,面向各类优秀大学生实施荣誉教育,破格选拔,因材施教,发掘潜能,注重创新,培养和造就基础知识宽厚,科学创新能力与综合人文素养俱佳的拔尖创新人,并进一步探索和实践拔尖创新人才培养新模式,发挥教学改革引领示范作用。

钱学森书院的未来建设也极具特色,它是国内鲜有的将"书院和学院"合署办公,统一管理的模式,将西安交通大学教学学院的教书育人职能和书院制的第二课堂育人有机结合,开辟拔尖创新人才培养试验区。书院设荣誉院长 1 名,常务副院长 1 名,主持钱学森学院具体工作;主管教改研究,副院长 1 名,负责教学运行工作;院务主任兼党总支书记 1 名,主管学生工作。

钱学森书院的特殊性不仅体现着前期建设经验的"特殊人才培养"属性,而且在新的时代环境和背景下,由于自身兼具了书院和学院的合署办公的客观性,会促成人才培养模式向更高的方向发展。首先,它建立了多元化学生选拔方式,创新提高试验班选拔方式和水平,实行双向选择,建立学生评估指标,保证各类试验班开展的活力。理科试验班(数学、物理、化学生物、计算机与人工智能)和工科试验班(钱学森班)每年分别招收 40—120 名学生,其中,通过高考招生 50%,再分别从少年班、钱学森班及各专业优秀学生中选拔 50%。

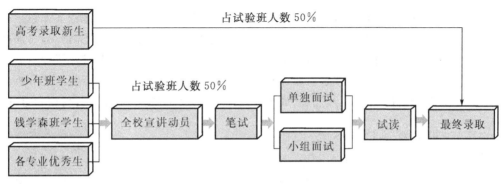

图 15　西安交通大学钱学森学院新生选拔流程

为了避免单一的以考试选拔人才的弊端,保证选拔的有效性和公正性,吸引优秀生源,西安交通大学提出了"兴趣使然、学业优秀、心理健康、体能达标"的德智体综合评价体系,采取高考录取和新生校内选拔相结合的招生模式。校内新生选拔通过笔试和面试多层选拔,重点考核学生的兴趣、学习态度以及在相关领域的天赋,确保招生质量。试验班实行优胜劣汰的动态进出机制,大学四年间按规定分流部分学生,并在大一末从普通班中再次选拔个别优秀学生加入试验班。

其次、优化培养模式。根据各类试验班培养目标,制定培养方案和特色学生管理办法并不断修改完善。制定特色课程,拓宽学生在人文、艺术、创新思维等方面的知识面。试行科研训练制,实施导师制,组织学生参加国家和省部级重点实验室开放项目。

最后,建设高水平师资队伍。钱学森书院的学生由最为一流的教师授课,配备专门的辅导教师,同时,加强教学过程中讨论课的内容,并安排学生参与到科研活动中,在学习知识的基础上更加强调学生对知识的理解和应用。

在书院和学院共建机制下,钱学森学院和书院拥有教学管理的特区。这种"教学特区"的管理方式,按试验班学生的实际情况,实施灵活管理政策,突破常规模式,体现因材施教。聘请具有丰富教学经验和国际视野的教授担任项目主任,聘任有能力、有责任的青年教师担任班主任。学生管理实行导师制与班级管理相结合,一对二配备指导教师,其中一个为学业导师、一个为科研导师,分别侧重学生专业学习兴趣的养成和科研训练的辅导,共同教育培养学生"心态平和、兴趣浓厚、志向远大"。

书院借助国际优质资源,聘请国际知名学者授课、讲座、交流座谈,培养学生和教师的国际交流能力,鼓励和创造机会让学生出国学习和访问。学校已与美国麻省理工学院、加州大学伯克利分校、佐治亚理工学院、法国巴黎高师等20余所国际著名大学签订联合人才培养协议,已有250名学生在本科阶段赴国外高校学习深造。

最后,在科研训练方面,进行本硕博贯通培养。试验班学生培养的主要环节之一就是培养学生的思考研究意识和理论研究能力,科研训练是创新人才成长的重要环节。学校积极创造条件,为试验班学生建设开放、自由、软硬件设施到位的学习环境;划拨专项经费,利用校内各级实验室,建设科研训练实验平台;积极开拓课外科技创新活动等,通过这些科技活动,提高学生科研兴趣,锻炼学生科研能力。

同时,建立多元化学生评价体系,将创新思维、科研训练、研讨参与度等合理地融入学生考核指标中。建立学生培养档案库,建立拔尖人才选拔—培养—毕业档案库,该档案库包括中学期间获奖情况,参加单独招生的笔试、面试情况,入学成绩,在校期间成绩,获奖情况,参加社会活动和社团情况,毕业去向(工作、国内读研、出国读研)等,并长期动态追踪校友毕业后的职业发展,形成一个完善的信息反馈体系。通过若干年的持续建设,运用数据库资料对比分析各类学生、学生实施教育的不同阶段,其发展、成长变化的情况,并对选拔、培养进行反馈和指导。

(三十三)西安建筑科技大学

西安建筑科技大学坐落于古都西安,是中国"建筑老八校"之一,原冶金工业部直属重点大学,住房和城乡建设部与陕西省人民政府共建重点大学。学校现有雁塔校区、草堂校区和产业园区等校区;有在校学生40000余人,其中全日制本科生18900余人,研究生7600余人,留学生70

人;职业技术学院、继续教育学院等其他类在册学生14400余人。

西安建筑科技大学现有南山书院和紫阁书院等2所书院。

96.南山书院

西安建筑科技大学于2012年4月试行书院制,以西安市户县草堂寺的草堂校区为书院所在地,并以地理位置命名为南山书院。南山书院目前有学生4000人左右。

西安建筑科技大学南山书院的成立基于全人发展的理念,传承中国传统教育的精粹,汲取了现代大学先进的办学理念。同时,南山书院侧重于对学生思想政治教育、人文素养和科学精神培育、创新创业教育、社会责任感培养等综合素质教育,主要承担书院文化建设、学业导师队伍建设、学生社团活动、论坛讲座、社会实践、生活服务、日常管理以及学生稳定安全及应急突发事件处理等工作,以此明确和划分书院——学院的工作内容和职责。

南山书院成立草堂校区管理委员会,代表学校组织协调草堂校区相关工作。管委会下设学生工作办公室、教学管理办公室、资产管理办公室等机构。管委会主要成员由学校任命或由学校相应职能部门派遣。书院接受草堂校区管委会的协调管理,相对独立地开展工作,同时负责指导和协调进驻书院学生所在院(系)和相关部门开展学生教育管理工作。

书院的人员安排,主要包括书院设院长1名、常务副院长(执行副院长)1名,副院长若干名。书院设学生工作组、学业导师工作组、综合工作组等,其工作人员从学生工作部(处)团委和思想政治理论教学研究院、院(系)学生工作系统以及相关院(系)和部门选派。书院成立院务委员会,院务委员会由书院院长、副院长等书院层级的管理干部、学业导师代表、学生辅导员代表和学生代表等组成。院务委员会定期召开会议,研究书院的重要事务。

书院人才培养目标与学院的专业教育目标相辅相成,互为补充。其中,素质教育培养目标——即"培养合格的人"由书院组织实施;专业教育培养目标——即"培养有本事的人"由学院组织实施。

为实现人才培养总体目标,书院—学院(学科)制下培养方案的实现途径很多,在书院、学院的配合协调下,通过以下6个途径加以实施完成:

一是建设书院文化氛围及相关组织行为要求。学生在书院中成长受到内在和外在的双重影响,学生行为习惯的养成依靠组织纪律作保证,学生工作部(处)、与书院相关的各院(系)严格学生管理,加强学生教育是内在文化形成的实施途径;书院建筑风格、布局,全员育人的环境依靠工程建设指挥部、总务、后勤、宿舍管理等单位共同营造。对书院的文化氛围、标志标识等由艺术学院进行统一设计。

二是推行国学经典诵读及学习实践。国学经典的诵读与实践是书院人才培养的重要途径,包括"朗诵、讲经、辩经和践行"四个层次的要求。其中"朗诵和讲经"两个环节由思想政治理论教学研究院结合思想政治理论课教学组织实施,"辩经和践行"两个环节由书院组织实施。

三是设置科技、文化、艺术、创业、成才类通识课程。书院通识课程的建设依托学校现有通识课程平台,对现有通识课程资源进行整合,在教务处的协调下,由书院对相关院系的教学单位、艺术教育中心、心理健康中心等开设的通识课进行统一规划。

四是发展社团建设及社团活动。在校团委的协调下,由书院现有社团进行优化,保持社团建设的延续性。

五是严格导师选聘及导师日常工作。按照不超过1∶15的规模选聘书院人才培养导师,书院建设若干个导师工作室,为导师和学生的交流提供便利条件。

六是搭起书院—学院人才培养沟通机制。书院和学院建立定期的人才培养沟通机制,共同实现人才培养目标。

此外,南山书院特别注重对学生在中国传统文化、文学修养以及志愿服务等方面的培养,开展了诸多精彩且具有学习意义的主题活动。比如:"风雅相承,惊鸿南山"传统文化展演,"书香作伴,阅读随行"读书分享大赛,以及各式各样的志愿服务活动。

97. 紫阁书院

2012年10月,西安建筑科技大学在草堂校区成立子午书院,后更名为紫阁书院。书院下有环境与市政工程学院、信息与控制工程学院、机电工程学院、冶金工程学院、艺术学院、体育系等6个学院一、二年级本科生,共计4700余人。

书院始终坚持"以生为本、立德为先、发展个性、注重养成"的思想,不断强化育人意识,持续改善育人环境,全力营造"全员化、全过程、全方位"的育人氛围。书院围绕学校确立的"集品德、能力、专长为一体,德智体美劳全面发展"的本科人才培养目标,不断完善两院制人才培养模式。

紫阁书院下设综合事务管理办公室、素质培养办公室、教学管理办公室,现有教职工20余人。同时有紫阁书院大学生社团联合会,主要负责规划书院社团发展与建设,监督社团行为,促进社团交流,协助书院对社团进行管理。

在人才培养方面,书院侧重于学生思想政治教育、人文素养和科学精神培育、创新创业培育、社会责任感培育等综合素质教育。主要内容包括:基本素质和行为养成教育、先进文化与现代文明教育、创新创业及实践能力教育3个模块。

紫阁书院分别有紫阁有曰、紫阁有悦、紫阁有约、紫阁有阅4种书院特色活动。

紫阁有曰:围绕国学经典诵读、传统文化传承,书院积极开展弘扬传统文化的经典活动。邀请知名专家学者开展高水平素质教育报告和学术讲座,开阔学生视野,启迪学生奋发成才,提升书院文化对学生的教育影响。

紫阁有悦:营造"书院有品牌,学院有特色,月月有主题,周周有两点"文化氛围,在书院范围内开展各类文艺体育活动,极大地丰富同学们的课外文化生活,提高书院大学生的身体素质和艺术修养。在活动中,让不同学院、不同专业的学生相互交流,分享成长。

紫阁有约:邀请知名校友、校内党政领导或高年级优秀学生作为嘉宾,与书院学生开展面对面交流。解决学生成长过程中各方面的困难,通过冷餐会、午餐会、下午茶等形式,营造轻松愉悦的氛围,组织学生与嘉宾进行交流互动。

紫阁有阅:鼓励大学生多读书、读好书,开展"书香作伴、阅读随行"读书分享会等活动。结合书院下各学院专业特色以及各类社团,开展日常志愿服务和社会实践活动,拓展学生自我发展空间。

(三十四)西北农林科技大学

西北农林科技大学坐落于农科城杨凌,是教育部直属全国重点大学、32所副部级建制的重点大学之一,国家"985工程"和"211工程"重点建设高校。由教育部与中国科学院、农业部、水利部、国家林业局等16个部委和陕西省共建。学校有中国科学院院士1人,中国工程院院士1人,双聘院士11人;有全日制本科生21868人,各类研究生8923人。

西北农林科技大学现有右任书院1所书院。

98. 右任书院

西北农林科技大学右任书院于2014年9月12日成立。现有学生600余人,由高考提前批招收的"国家生命科学与技术培养基地班"和校内公开选拔的"创新实验班"组成。

右任书院立足当前我国高等教育改革与发展要求和学校的目标定位,着眼于拔尖创新人才的培养和学校持久竞争力的提升。书院以思想政治教育为主线,以学生全面发展为目标,围绕立德树人根本任务,探索思想政治工作新方法新技术新途径,坚持以文化人、以文育人的养成教育理念,从思想引领、人格养成、创新意识培育、优良学风建设等多维度着力,提高思政工作的针对性、实效性。

书院旨在培养知识基础宽厚、素质能力协调发展、具有较强的实践和科研能力的本科毕业生,为研究生教育输送高素质、创新型、能够胜任交叉学科研究的优质生源,为培养造就具有国际视野和持久竞争力的拔尖创新型人才奠定基础。

右任书院设院长1人,党总支书记1人,副院长1人,党总支副书记1人。其他机构包括党政综合办公室、教学管理办公室、学生工作办公室、教授委员会等。

右任书院的运行机制,是在创新实验学院的规章制度及人员配置的基础上建立的,基本依靠学院的运行机制进行。

书院以通识教育课程及多样化文化实践活动为载体,突出通识教育、思想政治教育、学生素养与科研创新教育,使书院成为创新人才培养的第二课堂,促进学生创新能力和综合素质全面发展。

书院积极培养科研兴趣,重视科研思维启迪,积极营造浓厚的学术氛围。每年度举办学术海报设计大赛,主题"咖啡沙龙"等活动;以兴趣类社团为依托,提升学生专业兴趣,促进学生自主学习能力提升。

以优良学风建设为重点,促进学生良好学习习惯的养成。书院基于他律理念,以"线上线下结合""虚拟与现实结合""自我管理与他人约束相结合"的模式,实行了"微动力联盟"互联网+养成教育学生思想政治教育工作创新体系,帮助学生形成阅读习惯、晨读习惯及上课远离手机的习惯;启动卓越英文计划,通过卓越英语俱乐部E-Club,开展主题讨论会、英语角等主题活动,通过"晨起饥饿单词"和英语话剧大赛,培养学生学习英语的兴趣。

成立至今,右任书院在人才培养工作方面已经形成了六大特色:

一是以文化人,打造宜居环境,发挥环境育人功能。书院以于右任先生"肩负社会使命,心系天下苍生"的精神为内核,打造书院特色文化气息。

二是传承经典,弘扬传统文化,培养学生人文情怀。为加深学生对中国传统文化的认识和理解,培养人文情怀,书院以国学讲堂为依托,开设传统文化系列讲座,邀请专家开展分享与交流。

三是洋为中用,异域文化交流,开拓学生国际视野。书院在着重培养学生传统文化积淀的同时,着力开拓学生的国际视野。为激发学生英语学习热情,鼓励学生走出国门去见识世界,学院依托文化素质导师,开展"外籍专家面对面"系列活动。

四是形体礼仪,提升气质形象,培养知性优雅女性。书院依托形体礼仪训练坊,开设形体交谊舞、瑜伽、街舞、尊巴舞、健美操、民族舞等多项课程。

五是以院为家,互帮互助为荣,积极营造"家文化"。为了增强学生的归属感、荣誉感、团队意识、责任意识,书院致力于打造温馨和谐积极向上的家文化,鼓励学生在集体中形成"互帮互助互爱、自信自立自强"的氛围。将"家文化"教育作为新生入学教育的重要组成部分,在迎新过程中灌输"家文化"理念,提供最温馨贴心的服务。

六是社会实践,深入农村农业,历练"学农爱农助农"情怀。为实现立德树人的教育目标,书院将德育融入实践体系,以社会实践方式培育学生的"知农爱农"情怀,依托校团委村主任助理、田园使者、暑期三下乡及书院的社会主义核心价值观践行专题,鼓励广大学生深入农村、进入农业生产园地,开展农业科学研究、参加农业生产实践,让学生在广阔的农村天地接受"三农"教育,培育"三农"情怀。

(三十五)西安外事学院

西安外事学院创建于1992年,以本科教育为主体,并同海内外知名大学联办研究生教育。学校位于西安市高新技术产业开发区鱼化寨,分南、北、西三个教学区。学校开设本科专业37个、高职专业29个,涵盖经济学、管理学、文学、医学、工学、艺术学、农学7个学科门类,设有商学院、文学院、医学院、工学院、影视艺术学院、国际合作学院、创业学院、七方书院和继续教育学院9个二级学院。学校拥有在校学生22000余名,教职工近2000人。

西安外事学院现有七方书院、天使书院、开元书院、鱼化龙书院、龙腾书院和博雅书院6所书院。

99. 七方书院

七方书院于2015年3月成立,书院采取以学生活动为载体,选拔其他各书院优秀学生的方式组建书院,共有学生1000余人。

七方书院秉持"知行合一,传承文明;积极作为,日新其业"的理念,以"外事特色"大学生德育教育、考研升学学生教育、博雅教育三大教育为主责,以指导、协调各书院建设为己任,加快培育并着力彰显书院特色。

根据"少而精"原则,书院人员由两部分构成:一部分是偏管理职能的,包括正副院长、学术顾问和一名秘书;另一部分由选聘教师组成,条件是综合素质较高,有较突出的才艺特长,能胜任指导学生开展各项活动者。

七方书院的育人目标是:加快培育并着力彰显具有外事特色的"思政文化"体系,为促使学校跨越式发展提供正能量。其核心职能是指导和协调各书院建设,组织选拔各书院优秀学生开展传统文化教育等一系列活动,加快培育并着力彰显具有外事特色的"思政文化"体系,为促使学校跨越式发展提供正能量。

七方书院在学生管理和学生第二课堂、德育等方面取得了较好效果。

学生管理成效显著。创新性的学生公寓管理模式,为同学们营造了"一家亲"的氛围,提供个性化的生活服务,使学生对校园和宿舍有归属感。实行书院制管理以来,学生们把宿舍当成了自己的家,能够自觉地爱护公共设施,维护公众卫生。有学生坦言,到异地求学,离开父母和自己熟悉的城市,难免心里会有落差,会想家,但是在学校,在书院,到处都有如家长般的老师们的关心和照顾,慢慢就适应了大学的生活。

发展个性、注重养成,书院成为大学生教育的"第二课堂"。七方书院倡导的是一种文化,力在打造学生的人文精神、求索精神、创新精神和实践能力,积极探索一种融学生的素质、人文和兴趣教育为一体的人才培养新模式。新的教育模式逐步实现了学生的文化养成、专业互补、个性拓展,鼓励不同背景的学生互相学习交流,满足学生的个性化发展需要,最终促进学生的全面发展。将书院转为大学生教育的第二课堂,从学习、兴趣、生活等多方面对学生进行兴趣培养、德育教育、心理辅导、人际交往能力提升等多方面的养成教育。

100.天使书院

2014年6月10日,以医学生为主体的书院"天使书院"在医学院正式成立,目前有学生4200余人。

天使书院以人格培养和学生的全面发展为目标,配合专业教育,以通识教育、个性养成、专业渗透、文化推展、交流融合、思想教育、素质拓展、生活服务为抓手,不断强化细化育人职能,组织学生完成通识教育课程;开展党团、社团、校园文化、就业指导等多种活动,进一步地推动学生自我管理。医学院负责培养学生的理论和专业知识教育,书院负责培养学生的人文素质、兴趣教育,学院与书院的结合,是将第一课堂与第二课堂相结合、学业导师与人生导师相结合。

天使书院的理念为"实现学生全面发展的目标,营造文化育人的氛围,提供师生共享的空间和学生自我管理的平台"。

天使书院的组织架构包括导师团队、书院团建中心、社团发展中心和书院服务中心四大板块。

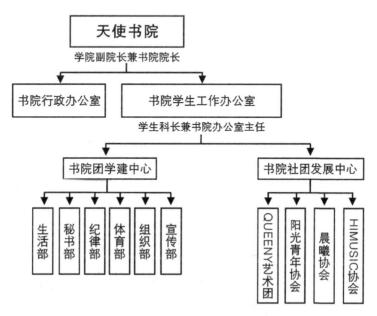

图16 西安外事学院天使书院组织架构图

同时，天使书院开展有"5·12国际护士节""青马工程"讲座、文舞争斗赛、寝室文化节、"奔跑吧，青春"主题素质拓展活动等特色活动。

101. 开元书院

2014年9月23日，以外国语学院、国际合作学院学生为主体成立开元书院，目前有学生4500余人。开元书院旨在将学生的教育管理工作向书院延展，强化和细化育人职能，积极创造各种条件将书院打造成学生通识教育、专业渗透、文化推展、交流融合、个性张扬、思想教育、素质拓展和生活服务的重要阵地。

开元书院根据学校办学使命"化鱼成龙"和校训"多元集纳、自强创新"，结合专业特点制定书院理念使命。开元书院的理念是"'学院＋书院'的新型教育管理模式将把'第一课堂'和'第二课堂'完美结合，以切中时代脉搏，符合学生成长需求的新形式促进人才的全面发展"。

开元书院的组织架构、运行机制等与七方书院、天使书院相似，在此不再赘述。同时，书院学生工作办公室下设团总支和学生会。

开元书院的特色活动有：法国口语大赛、"十佳之星"颁奖典礼暨迎新春联欢会、日语话剧大赛等。

102. 鱼化龙书院

2014年9月29日，以国际贸易学院学生为主体成立鱼化龙书院，"畅想青春，化鱼成龙"就是鱼化龙书院的来由及理念。鱼化龙书院目前有学生11000余人。

鱼化龙书院把我国悠久的历史孕育的文人贤士"明志笃行、约之以礼"的文化底蕴和外事学院倡导的青年学子"爱岗敬业，感恩奉献"的学养精神融为一体；把重视学生人文知识教育和专业知识教育相结合；把关注学生心智塑造和因材施教相结合，形成鱼化龙书院的育人文化，并使其成为学校文化育人的重要源泉。思想影响行为，行为形成习惯，习惯成为技能。让良好的思想、行为、习惯和技能，成为鱼化龙书院的文化，让我们每个人都从自己做起。

鱼化龙书院有书院院长，书院办公室主任各一人，负责书院的日常工作，下设导师发展中心、党建中心、团建中心、学生服务中心、科创与社团中心、文化交流中心、学习与阅览中心和心理疏导室。鱼化龙书院的组织构架如图17所示：

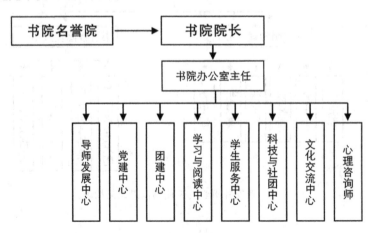

图17　西安外事学院鱼化龙书院组织架构图

鱼化龙书院的特色活动有:"导师书院行"系列活动、"聚锋行动"系列活、"我的公开课""我的演绎场"等系列活动。

103. 龙腾书院

"龙腾书院"成立于2014年9月30日。"龙腾书院"包含的"龙腾"是学校"鱼化龙"精神的一部分。在'学院+书院'新型教育模式的培养下,书院的成立进一步实现学生全面发展的目标,促进学院的发展和学生的成长,营造文化育人的氛围,提供师生共享的空间和学生自我管理的平台。龙腾书院目前有学生2600余人。

"龙腾书院"以人格培养和学生的全面发展为目标,以打破专业界限,充分照顾学生的个人生活喜好,创建学生对宿舍和校园的归属感,营造"一家亲"的氛围为宗旨,为学生提供一个可以学习和实践的机会,让学生有一个可以更好展示自我、相互交流和学习的平台,有助于培养高素质、现代化人才。

西安外事学院各书院根据学校办学使命"化鱼成龙"和校训"多元集纳、自强创新",结合专业特点制定书院理念使命。龙腾书院的理念是"学生有一个可以更好展示自我、相互交流和学习的平台"。

书院的中心架构包括辅导员办公室、党建中心和团建中心。

其中辅导员办公室包括心理咨询中心、导员协调中心和就业指导中心。党建中心宗旨是加强和改进党组织的建设,组织和带领党员群众完成好党给予的各项工作,充分发挥党员的先锋模范作用。团建中心宗旨是牵头吸纳具有领导、管理及其他工作能力的人才进入书院学生组织,充分发挥学生"自我教育、自我管理、自我服务"职能,以促进书院学生组织更好地担当起作为书院与学生之间桥梁和纽带的职责,更好地开展健康向上、丰富多彩的校园文化和社会服务活动。"创意设计大赛"、党员服务站义务劳动活、DIY装机大赛、汽车职业技能大赛等系列活动是龙腾书院的品牌学生活动。

104. 博雅书院

2014年10月10日,以继续教育学院学生为主体在西校区成立博雅书院,现有学生2600余人。

博雅书院的育人目标是:通过书院制学生管理模式的改革,坚持弘扬以"鱼化龙"精神为核心的外事特色大学文化,强化育人意识,持续改善育人环境,努力提升学生教育管理水平,从而不断提高人才培养质量。博雅书院的理念是"博通上下,雅集古今"。

博雅书院作为通识教育的重要平台,与学院互为补充,实现学院与书院的科学定位,合理分工,全面推进人格教育。书院的教育目的是博通上下,雅集古今。不是给学生一种单一的、传统的职业训练或专业训练,而是通过几种基本知识和技能,培养一种身心全面发展、兴趣广泛、有理想的人格。重在"道"而不在"术",重在"打通"而不在"隔断",这即是博雅教育的精髓,也是"多元集纳,自强创新"校训精神的实质。

博雅书院的组织架构与天使书院、鱼化龙书院等类似,在此不再赘述。

博雅书院采取创新性的学生公寓管理模式,书院内设立的党团室、心理辅导室、图书馆等设施,方便学生的学习和生活。并着力为同学们营造"一家亲"的氛围,充分照顾了学生的个人生活喜好,使学生对校园和宿舍有归属感。学生们把宿舍当成了自己的家一样来爱护,能够自

(三十六)西京学院

西京学院是一所具有研究生教育资格的普通高校,坐落于西安西部大学城内。现设有15个院系,开设5个硕士专业,33个本科专业,23个高职专业。学院现有全日制在校学生2.2万余人,教师1500余人。

西京学院现有万钧书院、行健书院、南洋书院、至诚书院、创业书院、博雅书院、允能书院7所书院。

105. 万钧书院

万钧书院成立于2014年7月,以西京学院举办者董事长任万钧教授名字命名。现有学生4400余人,分别来自机械工程学院、控制工程学院、会计学院、经济管理系4个院系的11个专业。

万钧书院以培养具有深厚人文底蕴、创新科学精神、扎实专业知识、宽广国际视野的高素质应用型人才为目标,汇聚不同学科专业背景的学生和导师,共建一个师生亲密互动的学习、生活共同体。相较于以往的学生教育模式,万钧书院具有鲜明的特点:

一是学生教育管理载体的改变。万钧书院把社区建设推到了突出位置,社区从单一的生活、休息场所变为辅导员工作、导师导学和学生生活、学习交流活动的场所,宿舍生活的内涵和外延得到极大扩展。

二是学生综合素质培育功能的提升。万钧书院完善了学生教育管理机制,使教学组织形式和学生管理形态有效衔接,协调发展相互支撑,达到教学与学生管理相一致的教育教学效果,能有效促使学生专业技能、科学思维、品德养成、修养提升等方面齐头并进。

三是学生评价体系的变革。书院制改革以"学生为主体、尊重个体差异、注重个性发展"为指导,以促进学生全面发展和个性发展相统一为原则,努力构建引导和促进学生个性发展的新的学生评价体制。

万钧书院的管理机构为院务委员会,由院长、院务主任、学生代表、入住学生所属学院的教学副院长和教授代表等人员组成,负责研究和决定书院的重大事项。院长兼任书院分党委书记,向下管理书院的团工委、学生发展科和学生事务科。

106. 行健书院

行健书院是在西京学院院长任芳博士的倡导下于2015年6月创立的第一家精英型书院,目前有学生1300余人,是西京学院专门从事学生考研教育和出国培训的精英型书院。为有志考研考学、出国深造的学生量身打造学业规划,提供全方位一对一指导。

行健书院引入竞争机制以择优补缺的方式层层筛选考研人才,打造精英型书院。书院邀请著名学者、社会精英来院讲学,打造内外兼修的书院文化。常任导师是省级优秀辅导员,学业导师是专精考研的教授,提供全天候、全方位的个性化指导和服务。

行健书院建立卓越的国际化人才培养体系,与很多国际型大学保持长期交流合作,书院学生优先参与海外交流项目,拓展国际视野,培养国际化人才。

书院院训为:弘志励学、经世致用;并以其为使命,致力于培养一批全能型的考研及出国人才。书院院风为:务真维新;学风为:自强不息,厚德载物。

书院设有常任导师中心和学业导师中心,负责管理学生的日常事宜。常任导师中心下设大学生成果实践中心、大学生成长规划中心及大学生心理研究中心;学业导师中心下设英语研究中心、数学研究中心及政治研究中心。

书院为学生发展而实行了"精英制""导师制""共膳制"等特色举措。

精英教育培养的精英是既要博学,又要专攻。学校在课程设置上,把握知识的广度和深度。具体来说,学校要求学生选定一个专业,以确保对某一个学科知识领域的深度和系统性,同时又要求学生对各个学科领域都要有所涉猎,以体现知识的广度,形成较为完善的知识体系结构。通过严格且灵活的学分制可以实现课程目标。学分制管理的通识教育课程模式,是实施精英教育的关键所在。

而精英教育的模式便是导师制。行健书院现有常任导师5人,研究生学历3人,省级优秀辅导员1人,具有心理咨询师资质老师3人,职业指导师资质2人。书院教育打破了传统教育中渐行渐远的师生关系,在高层次上重构了亲密互动、教学相长、和谐相容的新型师生关系。

共膳制,是行健书院特色活动之一,定期举行共膳活动,旨在让学生和老师在宽松的氛围中交流以增进相互了解。大学教授、企业翘楚、来访学者等会被邀请到书院与学生一起进餐。其中,师生来自不同学院,他们坐在一起谈天说地,在轻松环境下分享成功秘诀、做人道理等,相处非常和谐。来自不同专业的学生,更能获得互动和交流的机会,从而开阔视野。学生通过参加书院活动,探索自己的兴趣和能力,开阔眼界和扩大社交圈。

107. 南洋书院

南洋书院成立于2015年9月,现有学生4100余名。专业涵盖经济、管理、商贸三大类,八个专业方向。南洋书院扎实推进国际化教育进程,在国际交流方面取得了显著成效。依托电子商务"山阳模式",秉承"实践出真知"的育人思路,发挥专业优势,积极探索"互联网+电子商务"实践育人途径。在学生教育管理中,坚持以提升学生的职业素养为宗旨,以培养学生全面成人成才为目标,以学生的身心健康发展为己任、全面服务于学生的日常学习生活。

南洋书院始终秉承"诚、健、博、能"的校训,以"有使命,有远见,有智慧"为己任。坚持以"培养人格健全,基础知识扎实,专业实践能力强,勇于创新创业,能从事实际工作的行业应用技术型人才"为目标;以市场为导向,建立产教融合、校企合作的发展模式;突出实践能力与职业素养的培养。

书院始终坚持"思想政治教育"为长线,紧紧围绕"综合素质教育"的主线,以"学生的安全稳定"为底线,充分发挥书院和专业学院的协同育人作用,大力推行住宿书院制管理模式,力求为青年学子的健康成长营造活泼向上、丰富高雅的校园文化氛围,塑造学生的健全人格、高尚品德、创新精神和实践能力。

南洋书院设院长(兼分党委书记)1名,分管学生事务的科长1名,分管学生发展的科长1名。南洋书院现有专职辅导员21人,成立辅导员工作团队1个,辅导员工作室3间。

书院自成立以来,注重从多维度来实现育人方式的实施与创新,一是践行四自教育,实现学生自我成长；二是一二课堂衔接，两院育人同步发展；三是拓宽学习平台，校内校外互相补充；四是国际交流频繁，培养高职生国际视野；五是创业就业并重并举；六是因材施教，引导学生多元化发展。

108. 至诚书院

至诚书院成立于2015年11月，对应信息工程学院、土木工程学院、会计学院、理学院、经济管理系五个本科教学院系及13个本科专业，涉及管理学、工学、经济学、理学等学科共计学生4000余人。

书院把中国优秀传统文化作为书院育人特色，借鉴《中庸》中"至诚无息"之精神理念，结合西京学院办学和发展过程中所积累的文化精神内涵，将"至诚不息，博厚悠远"作为院训，以此来影响和教育学生。

书院以学生为本，坚持全人格教育和"科学＋艺术"的指导思想，通过完善通识教育（训练），有效衔接一、二课堂，充分发挥中国优秀传统文化的教育功能，着力从"大气、感恩、文明、严谨、合作"五个方面进行教育引导，把学生培养成为有着宽广胸怀、知恩感恩、明礼诚信、求真务实、团队协作等优秀特质的行业应用型人才。

书院设院长（兼任分党委书记）1名、副院长兼学生发展科科长1名、学生事务科科长1名，学生事务科配备2名科员，学生发展科配备1名科员，设立四个年级组各设组长1名，四个年级同时设置四个学生党支部，年级组长兼任党支部书记。辅导员人数按照师生比1∶180配置。同时，按照辅导员工作职能划分，还设有学生综合素质教育评价、学生活动、学生事务等10个辅导员工作职能中心。

书院全力配合相关专业教学院系，建设具有典型传统文化氛围的书院特色，努力搭建师生全面发展的良好平台，共同建立书院与专业院系协同育人新模式。

书院将中华传统节日文化的现实价值从全方位的角度进行挖掘和开发，把中国传统节日按照自然年度先后排序，不同节日不同内容配合相关的思想政治教育主题，开设成为不同形式、丰富多彩的通识教育项目或精品第二课堂活动，充分发挥新媒体技术手段，让学生在充分参与的同时，深度融入活动，深刻了解中国传统节日的内涵，深入挖掘典型节日对自身成人成才的引导意义，不断丰富自己的知识内涵、文化品位和文化精神，树立正确的人生观和价值观，不断增强学生文化自信。

书院通过开展传统节日文化教育系列活动，促进学生人际交往和情感表达方式的改变，加深学生对中华传统节日文化影响和价值取向的理解和体会，开辟书院对青年大学生进行思想政治教育的新途径，不断树立学生文化自信，促进学生更好地成人成才。

109. 创业书院

创业书院成立于2016年6月，现有学生770人，包括面向全校各专业遴选的有创新创业意向学生488人和经济管理系2016级新生282人。

书院坚持培养人格健全、基础知识扎实、专业实践能力强、勇于创新、能从事本专业实际工作的一线工程师或行业应用型人才。紧紧围绕人才培养目标和规格定位，立德树人，积极开展以促进学生人格健全与个性发展、以增强学生的创新创业意识与精神、提高学生的创新创业能力、提升学生的创业成功率为主要内容的第二课堂活动。

按照学校统一部署,书院实施了"1+4+N"综合素质教育工程,确立以促进学生全面发展为先导,以理想信念教育为核心,重点突出科学文化素质和创新能力素质提升,鼓励学生参加各类创新创业讲座、沙龙、竞赛等活动,同时引导学生积极申报专利、发表论文,进行创业调查和社会实践。

书院与相关院系建立双院协同育人机制,定期召开双院联席会议外,并建立相应科室联系机制、建立辅导员(常任导师)与学业导师沟通机制,全面促进协同育人。

书院紧紧围绕人才培养目标和规格定位,开展以增强学生的创新创业意识与精神、提高学生的创新创业能力、提升学生的创业成功率为核心的第二课堂活动,打造"一院一品"精品活动,培养学生创业精神,形成了以下的特色活动:

组织学生参加"SYB"创业培训。每年举办"SYB"创业培训班,满足有创业意愿学生的参训需求。培训合格的学生,凭证书可优先申请创业贷款、政策扶持、项目孵化等。

建立创新创业特色课程体系,开展创业讲座、沙龙。书院举行创新创业特色课程讲座。邀请高校学者、企业家、校友来校举办创新创业讲座13场,讲座内容涵盖创新创业思维、创新创业认知、创业操作、创业实战四个模块。定期在校内举办创业讲座、沙龙,邀请创业大咖与学生面对面交流,分享大咖创业历程、创业经验,感受大咖创业精神。同时不定期组织学生参加各级政府、各类创业联盟、孵化器举办的创业高峰论坛、高端访谈等活动。

提供"一对一""点对点"创业指导和帮扶。书院从校内外遴选不同领域、行业的创业导师组建创业导师团,实行创业教育和服务"三导师制"。导师团队全方位为学生创业提供"一对一""点对点"指导和帮扶,确保每个创业项目(创业团队)都有3名不同类型的创业导师全程指导、精准帮扶。

使用创新创业实践平台(实验室)资源。学校目前已启动创新创业实践平台(实验室)建设,为学生提供校内外创新创业实践机会。

参加创业实训。书院从真实公司中遴选具有代表性的"母版"公司,组建不同类型的创业实训"模拟公司",引企驻校。

提供项目孵化平台。书院扶持优质项目入驻校内外孵化基地,利用孵化基地优势资源,依托创业导师团对其进行商业模式设计、人力资源管理、财务管理、市场管理等全方位孵化。

注重创新创业竞赛和项目实践育人。书院协同学校相关等部门,根据竞赛项目,组建最优参赛团队,针对性地遴选最优指导教师,精准培育、全程指导,瞄准获取省级、国家级等各类奖项。同时,吸纳社会资源聘,聘请创业导师,与多家众创空间和孵化器合作,开阔学生创新创业思维,在创新创业实践中增长知识提升能力。

发明专利申报指导。书院鼓励并支持学生进行科学创新、技术创新,并安排专人进行专利辅导,帮助学生进行专利申报。

提供创业项目(成果)推介平台。书院为学生创业项目提供推介机会和平台。不定期遴选优质创业项目组织或推荐其参加各类创业项目推介会,实现其创业项目市场化。同时与各商会、行业协会、银行等单位合作,为书院学生提供科技成果转化平台。

110. 博雅书院

博雅书院成立于2016年12月,艺术、外语、新闻类相关专业学生入住书院,现有学生2846人。从专业结构上看,艺术类学生占比较大。在育人过程中,以学生全人格培养为主线,构建"艺术+实践"的育人模式,发挥书院管理育人和服务育人的作用,提升学生自我教育、自我管理、自我服务、自我监督的能力,突出学生艺术素养,体现实践育人功能,实现学生全面发展的目标。

书院在分党委的领导下,开展大学生思想政治教育及日常管理工作。设学生发展科和学生事务科两个科室,配备院长、副院长(兼发展科科长)、事务科科长。学生发展科的职能主要是促进学生全人格教育与培养;学生事务科的职能主要是学生日常管理、教育与服务。形成了书院主要领导、各科室、全体辅导员互相配合,齐抓共管的工作格局。

书院成立学生自主管理委员会,下设8个学生自主管理中心,配备专业指导教师,以"自我教育、自我管理、自我服务、自我监督"为宗旨,以"引导同学,服务同学,树立形象,共同进步"为目标,探索书院育人新模式。建立书院良好的学习生活秩序、构建良好的书院文化和育人环境。

书院坚守大学生思想政治教育的主阵地,坚持党建统领全局工作的思路,以大学生思想政治教育为主线,认真开展各类主题教育活动。通过新生入学教育、主题班会、党课学习、志愿服务、社会实践等形式不断丰富大学生思想政治教育的内容与形式,保证书院正确的育人方向。

书院紧密围绕学校应用型人才培养目标,着力培养学生讲道德、崇知识、懂感恩、有担当、善创新、重实践"六位一体"的健全人格,不断提升书院育人效果。

书院认真落实学校"1+4+N"综合素质教育工程,围绕学生全人格培养主线,开展N项教育实践活动,提升思想道德素质、科学文化素质、身心健康素质和创新能力素质4方面教育效果。

书院与院系初步建立了"目标一致、分工协作、定期沟通、无缝对接"的联动工作机制。院系负责专业教育和第一课堂的人才培养工作;书院负责课外实践活动和第二课堂巩固专业教育成果的育人工作。在学风建设、课堂管理、实践教学、就业、学业导师配备等事项中建立两院工作相衔接、相匹配、相补充、相融合的协同育人体系,实现协同育人目标。

书院从学生需求出发,建立四支导师队伍。由辅导员担任的"常任导师",通过对口协议教育,建立学生档案及台账,构建学校、家长、学生多维网络体系,随时掌握学生最新情况,把脉学生身心健康,筑梦成长;由企业家和优秀校友担任的"人生导师",畅谈人生成功经验,激励学子克服困难勇于挑战;由优秀学长担任的"学长导师",分享自身在生活、学习、社团活动、社会实践、学科竞赛中的点点滴滴,以身示范用人生成就人生;由知名教授担任的"学业导师",讲授学业生涯规划,用科学学术之智慧启迪学生刻苦钻研之动力。将学生的成人成才和全面发展这一根本目标通过导师对学生的教育引导作用贯穿到学生大学生涯的全过程,强化全员育人机制。

书院坚持以"项目管理"为导向,不断打造书院育人品牌,努力扩大书院育人成果。近年来,围绕顶层文化设计,书院先后通过"艺缕阳光""博雅讲堂""党员示范岗建设""一院一品""晨之系列"学风建设、"悦读书"、学生工作室等品牌活动,积极凝练书院文化特色,不断加强书院内涵建设,努力提升书院育人效果。

111. 允能书院

允能书院成立于 2016 年 12 月,由高职生组成,学生分布在医学护理系、管理技术系、机电技术系的护理、建设工程管理、计算机应用技术、计算机网络技术、移动通讯技术、数控技术、材料成型与控制技术、汽车检测与维修技术、汽车运用技术、机电一体化技术 10 个专业,共有学生 4144 人。

"允能"出自于《诗经·鲁颂·泮水》中"允文允武,昭假烈祖"。"允能"突出了西京学院校训"诚健博能"的"能","能"包括智能、体能、技能、才能。允能书院就是以培养勤奋学习、务实创新、无私奉献的高素质技能型专业人才为目标。

书院致力于学生"全人格"教育,全面推行学生综合素质教育评价,创建无手机课堂,加强学风建设优化育人环境,通过开展义工实践特色文化建设,弘扬社会主义核心价值观。坚持"学生为本,德育为先,引导为主,服务为基"的指导思想,协同院系促成专业教学与素质教育有机结合。

书院设置院长(兼分党委书记)1 名,科长 2 名,辅导员 24 人,分管学生事务科和学生发展科。在与相关院系充分沟通的基础上,根据学校实际按照 1:50 的比例组建学业导师队伍。

为了实现一、二课堂紧密衔接,专业教育与通识教育(训练)深度融合,书院与院系形成科学定位、合理分工,双向互动的协同育人局面。书院采取书院院长与院系主任人才培养联席会议,书院发展科、辅导员与院系教务科、专任教师建立信息沟通的机制和渠道,书院与院系联合召开学生干部、学生代表座谈会等方式,构建连接通识教育与专业教育的桥梁,促成通识教育与专业教育有机结合,共建书院与专业院系协同育人局面。

书院积极开展义工实践特色文化建设工程,弘扬社会主义核心价值观,培养师生无私奉献的品质,使学生具有朴素的助人为乐和义工理念,掌握服务他人、服务社会的技能。

书院加强对师生义工实践思想教育,着力提升师生社会责任感和无私奉献精神。书院制定了义工实践特色文化建设方案,要求师生树立慈善理念,齐心协力为义工实践特色文化建设发挥积极作用。召开主题班会、聘请义工实践先进人物作报告,以典型案例宣扬开展义工实践的意义和作用。重点突出对学生健康成长的重要性,让学生理解参与义工实践与提高自身素质的关系。

以辅导员为主体,通过义工实践教育和宣传,强化学生奉献爱心、服务社会,增强社会责任感的道德素质;与社会慈善公益机构加强联系,聘请相关法律专家、心理学专家,宣教义工实践有关法律法规和心理学知识;聘请专业教师承担义工实践专业技能培训工作,掌握专业技能。健全完善的培训机制,为义工实践规范化、持续化提供保障。

书院规范义工招募机制,建设义工实践队伍。选拔真心愿意帮助他人、服务社会、无私奉献且学习成绩较好的学生加入义工实践队伍。为学生处理好学习与义工实践关系创造条件。与社会上其他义工社团加强交流、合作开展有关活动,拓展义工实践服务项目和范围,促进义工实践的长远发展。

书院联合陕西省慈善协会,由教师党员、学生党员和入党积极分子组成西京学院党员志愿者服务队。以护理专业学生为主体组成西京学院爱心医疗服务队深入边远乡村、敬老院看望慰问孤寡老人;看望聋哑学校儿童,为他们捐赠学习、体育、医药用品,宣传普及急救常识和卫生知识;开展绿化祖国山川植树活动等,受到当地村镇政府、单位的好评和群众的欢迎,得到多家媒体关注报道,爱心医疗服务队荣获团省委暑期大学生"三下乡"社会实践优秀团队称号。

允能书院义工实践活动,弘扬了助人为乐、诚信友爱的慈善精神,增强了学生服务社会的责任感和道德观念,使学生所学专业理论知识与社会实践相结合,为营造文明、和谐的人际关系和社会氛围,彰显社会主义核心价值观发挥了积极作用。

(三十七)甘肃民族师范学院

甘肃民族师范学院位于内地通往藏区的门户——甘、青、川三省交界处的甘南藏族自治州首府合作市,是安多藏区民族宗教文化中心。学校是甘肃省唯一一所省属民族师范院校,是甘肃省重点建设院校,是甘肃省人民政府与国家民族事务委员会共建高校。学校有各类普通在校学生11000人,由藏族、回族、裕固族、保安族、东乡族等18个民族组成,少数民族占70%,是藏族学生人数最多的高校之一。

甘肃民族师范学院现有莲峰书院、香巴拉书院和亭林书院3所书院。

112.莲峰书院

2013年9月,甘肃民族师范学院成立莲峰书院,在甘肃省率先试行"书院制"管理模式。书院得名自对"所育人才如莲洁,志比峰高"的期望。

莲峰书院现有外语系、物理与水电工程系、藏汉双语理科系和汉语系四个系的全部学生,约2500人,生源来自甘肃、青海等10个中西部省区,学生由藏族、回族等18个民族组成,其中少数民族占70%。

书院坚持学生为本和人才培养的宗旨,秉承"大爱无华、昂扬向上、追求和合、自强不息"的阳光精神,构建"各美其美、美人之美、美美与共"的和谐书院。

"学生自己管理自己"是书院制管理中最引人关注的特点。书院愿景是使书院成为学生进行自我教育、自我管理、自我服务的社区和养成高雅的生活情趣、朴素的生活习惯、友爱的生活风尚、严明的生活纪律的文化家园,引导学生树立公民意识和社会责任感。激励书院学生奋发图强、健康成长,培养学会求知、学会做人、学会合作、学会做事的优秀人才。

书院实行委员会制与行政管理并行的书院运行模式。书院设院务办公室,办公室人员由入住书院的各系专职辅导员兼任。

书院院务委员会作为审议和决策机构,除院长任主任,常务副院长任副主任外,各专项委员会主任、书院学生分会主席也为委员自然人选,其他委员由入院各系领导和导师代表担任。

院务委员会下设四个专项委员会,分别是导师委员会、导生委员会、通识教育委员会、学生教育管理委员会。行政管理实行院长负责制,文化学术活动实行导师导生制。

导师委员会主任、副主任由院长、副院长兼任,其他委员在相关教学系聘任,导师按照1∶200的比例,从副高以上职称的校内外教师、知名学者和相关专家中聘任;导生委员会由副院长兼任导生委员会主任,入院各系领导兼任导生委员会副主任,其他委员在优秀的导生中选任,导生则按照1∶50的比例,从专业成绩优秀的学生中公选;通识教育委员会从具有正高以上职称的学校教师中聘任,书院院长任副主任,入院各系领导、专职辅导员是通识教育委员会委员的自然人选,其他委员在校内外聘任;学生教育管理委员会由书院院务委员会副主任、入院各系领导、专职辅导员等组成,代表书院行使教育、管理、服务的职能。

书院设立党支部,党支部书记由书院常务副院长兼任,委员中学生委员不少于2/3,学生党小组按专业班级纵向设立。书院还设有分团委、学生分会和学生自律委员会。

书院通过非课程教育、多元文化交流和社会实践活动,鼓励学生互相学习,实现文理渗透、专业互补、个性拓展、知行结合,促进学生全面发展的教育管理体制,全力推行"学科专业学院制,学生生活社区书院制",在人才培养方面开展了大量卓有成效的工作。书院跨专业多领域建设"活动课程",开展"名师进书院""民族文化与大学生成长"、诗歌朗诵会、才艺竞赛、读书小组经典读书计划等人文活动,营造书院学术文化氛围,提高学生的综合素质;拓宽学生实践平台,通过书院集体辅导、职业生涯规划大赛、创业成功学长面对面交流活动进行职业认同—生涯辅导;通过演讲比赛等进行教技、技能训练;通过课外兴趣小组活动进行朋辈教育,实现共学共进。创设多种渠道的社会实践活动,通过形式多样的暑期社会实践活动,拓宽学生的视野,锻炼学生吃苦耐劳的优良品质。

少数民族学生的教育管理是莲峰书院的特色。书院在尊重各民族风俗习惯和民族文化的基础上,既注重民族文化和民族符号的融合,又注重培养浓厚的科学精神和人文素养,从学生的日常管理、生活引导和校园文化活动等方面入手,加强行为养成教育,促进学生成长,在高原民族大学"缺氧不缺精神,艰苦不怕吃苦"的精神中沉淀出具有民族大学经典特色的书院文化。

113. 香巴拉书院

香巴拉书院成立于2014年10月,是甘肃民族师范学院最具特色的书院。书院以香巴拉命名,"香巴拉"是藏语的音译,又译为"香格里拉",其意为"极乐园"。"香巴拉书院"寄托着学生的热情、创造、智慧;体现着公寓文化,秉持"大爱无华、激扬向上、追求和合、自强不息"的阳光精神,构建"各美其美、美人之美、美美与共"的和谐书院。

书院按学校的住宿区域划分,书院内住宿按照按学科交叉和大类融合的原则安排。书院内有藏语系、计科系、音乐舞蹈系、预科部等四个系,现有学生2184人。

书院设有书院领导、分团委、学生会三个部门。学校充分尊重院长对书院的领导,尊重学生在书院管理和生活中的自主权,培养学生的自我管理能力,实现学生自我管理的教育平台。

为体现"香巴拉"这个带有民族特色的书院名称,书院特意设计了带有藏族特色的墙体文化,并根据书院学生专业特点,专门设计了符合各专业的文化特点的墙体名人名言、语录等。

书院始终坚持以"全心全意为同学服务"的宗旨,按照"自我教育,自我管理,自我服务"的工作方针,以创新的工作思路,踏实的工作态度,科学的工作方法,独立自主、富有特色的开展党团组织建设、文明宿舍建设、文体活动等各项工作,建立"三进三覆盖""一院一项"等工作机制,创建迎新晚会、双语诗歌朗诵大赛、计算机技能大赛、草原环保公益、文化知识系列讲座等特色活动,营造良好的文化育人生态,增强学生对书院的认同感、归属感,培养学生文化素养、责任担当和专业技能。

民族文化的传承与发扬是香巴拉书院的特色。香巴拉书院立足学校实际,本着立德树人教育理念和利于德育工作、利于学生成长的原则,尊重各民族风俗习惯和文化,以书院文化活动为依托,将民族文化寓含在各类活动中,既有利于民族文化和传统文化的传播和发扬,也为广大学生营造了良好的书院文化氛围,强化了学生对祖国的认同、对中华民族的认同、对中华文化的认同、对中国特色社会主义道路的认同。

114. 亭林书院

亭林书院成立于2014年10月,入住院系有数学系、体育系、历史文化系三个系,共计

2504人。亭林书院秉承中国古代书院人文精神和西方住宿学院传统,通过非课程教育、多元文化交流和社会实践活动,鼓励学生互相学习,实现文理渗透、专业互补、个性拓展、执行结合,促进学生全面发展。

书院以营造文化氛围、注重思想引领为管理理念,教育思想重在寓于活动教育中的学生主体性的培养,形成文化管理、自主发展、适性发展的管理特色,以着力培养"品德高尚、学业优良、能力突出、身心健康"的合格学生为培养目标。

亭林书院的组织架构与莲峰书院和香巴拉书院基本类似,都实行导师制、导生制,下设分团委、分学生会等。

书院除了提供学生住宿的条件以外,还传授学生"做人"的道理,通过讲座、征文、主题班会、宣传栏等形式,强化安全教育、理想信念教育、感恩教育、诚信教育、爱国主义教育、心理健康教育,引导学生树立正确的世界观、人生观和价值观,全面提高学生综合素质。

亭林书院积极引导学生自我管理、自我教育、自我服务和自主发展,养成高雅的生活情趣、朴素的生活习惯、友爱的生活风尚、严明的生活纪律,促进学生成长成才。书院制定多项规章制度,坚持学生工作例会,保证亭林书院学生管理工作规范化和科学化;加强书院学生工作队伍的建设,为每个系配备一名学业导师,负责本系的学生工作和专业指导;以"爱校、荣校、兴校"为主题,以"抓教风、树学风、兴院风"为目的,大力开展"文明宿舍"评比、宿舍文化展、"我爱校园""我爱我家"等校园暨学风、舍风和考风建设活动;深入开展课外活动,大力活跃第二课堂,举办棋艺大赛、迎新晚会、辩论赛、演讲比赛、篮球赛等系列活动,开拓学生视野,丰富文化生活,陶冶人文情怀,树立团队精神和集体荣誉感,促进书院文化宽领域、多层次、全方位发展,努力提高学生整体素质。

打造人文培养平台和构建双创平台,促进空间共享,推进互助学习是亭林书院育人管理特色。书院通过干部培训及互助学习、创建新媒体宣传平台、开展创新创业活动、创办书院书刊、报刊、成立特长兴趣小组等,有利于当代大学生人文素质的培养和创新创业意识的提升,努力实现全员育人、全方位育人、全过程育人的教育理念,致力于培养符合现代社会发展要求的综合性人才。

第三章 高校书院类型分析

高校书院发展报告（2017）
GAOXIAOSHUYUAN
FAZHANBAOGAO

一、多姿多彩的现代书院

如今,无论是在北方还是南方,无论是在东部沿海还是在西部高原,无论是在名山大川还是在城市都会,无论是在互联网的数字社区还是线下的楼宇馆舍,处处可以发现书院。可以说,社会的各个领域里都有书院在默默生根,勃勃生长。

现代书院大体上可以分为社会书院、网络书院和高校书院三种形态(见图1)。

$$现代书院\begin{cases}高校书院\\社会书院\\网络书院\end{cases}$$

图1 现代书院的三种形态

先说社会书院形态(见图2)。

$$社会书院\begin{cases}历史文化景观\\文化教育研究机构\\青少年传统文化研究营\\文化艺术交流场所\\文化名人教育研究机构\end{cases}$$

图2 社会书院的形态

有一类书院,是历史文化景观,比如,白鹿洞书院。白鹿洞书院位于江西庐山五老峰南麓,与湖南长沙的岳麓书院、河南商丘的应天书院、河南登封的嵩阳书院,合称为"中国古代四大书院"。1179年(南宋淳熙六年),理学宗师朱熹率百官造访书院,当时书院残垣断墙,杂草丛生。朱熹非常惋惜,责令官员,修复白鹿洞书院,并自任洞主,制定教规,延聘教师,招收生员,划拨田产,苦心经营。朱熹亲自制定的《白鹿洞书院揭示》(又称《白鹿洞书院教规》)影响后世几百年,其办学的模式为后世效仿,传至海外的日本及东南亚一带,白鹿洞书院享誉海外。新中国成立后,白鹿洞书院得到很好的保护和利用,各级政府先后拨巨款进行三次大的维修,再度兴盛。1959年列为省级文物保护单位,1988年列为全国重点文物保护单位。2012年以后,白鹿洞书院已成为集文物管理、教学、学术研究、旅游接待、林园建设五位一体的历史文化旅游景观。书院坐北朝南,为几进几出的大四合院建筑,布局相当考究。从建筑材质结构看,书院建筑多为石木或砖木结构,屋顶均为人字形硬山顶。礼圣殿、朱子祠、御书阁、明伦堂坐落在楼阁庭院。现在,白鹿洞书院也被称为江西庐山书院,每年都有一批又一批的旅游者来到这里,观瞻这个千年书院的历史风貌。

历史上有很多著名的书院,如果幸运的话,如今的命运大抵上与白鹿洞书院相仿,就像东林书院。东林书院创建于北宋政和元年即公元1111年,是当时北宋理学家程颢、程颐嫡传高弟、知名学者杨时长期讲学的地方。明朝万历三十二年,也就是公元1604年,由东林学者顾宪成等人重兴修复并在此聚众讲学,他们倡导"读书、讲学、爱国"的精神,引起全国学者普遍响应,一时声名大著。东林书院成为江南地区人文荟萃之区和议论国事的主要舆论中心。顾宪成撰写的名联"风声雨声读书声声声入耳,家事国事天下事事事关心"更是家喻户晓,曾激励过一代又一代的知识分子和青年才俊,对中华传统文化思想发展促进极大。然而,当时在讲习之余,学者们还讽议朝政,裁量人物,指陈时弊,因此而倾动朝野,引发了"天下书院尽毁"的历史大事件。2002年,东林书院得到了全面修复,石牌坊、泮池、东林精舍、丽泽堂、依庸堂、燕居庙、道南祠等建筑焕发了新的生机。如今,在东林书院旧址举办的"东林学子展""宜兴紫砂工艺展""中国著名书院展""东林老照片展"等活动吸引着纷至沓来的各地游客。

陕西眉县的横渠书院、武夷山的资阳书院、武夷精舍等,这些历史上曾经赫赫有名的学府,近些年得到保护、开发和重建,正逐渐成为新的历史文化景观,重新走进人们的文化生活。

有一类书院,是文化教育研究机构,比如,岳麓书院。岳麓书院,现称为湖南大学岳麓书院,位于湖南省长沙市湘江西岸的岳麓山东面山下,是中国古代传统书院建筑,属于中国历史上著名的四大书院之一。北宋开宝九年(976年),潭州太守朱洞在僧人办学的基础上,由官府捐资兴建,正式创立岳麓书院。嗣后,历经宋、元、明、清各代,至清末光绪二十九年(1903年)改为湖南高等学堂。1926年正式定名为湖南大学。1988年,岳麓书院建筑群被国务院批准为第三批全国重点文物保护单位。目前,岳麓书院既具有历史文物管理、保护和开发的使命,也有了开展历史文化研究的使命。岳麓书院文物管理处下设文物工作办公室、旅游管理开发部等机构;湖南大学岳麓书院下设中国哲学研究所、历史研究所、中国思想文化研究所、中国书院研究中心和中国软实力文化研究中心等机构。岳麓书院历经千年,弦歌不绝,故世称"千年学府"。从历史文化研究机构的角度来看,目前的岳麓书院致力于建设成为培养国学研究、教学方面的高级专门人才的基地,建设成为既有深厚历史文化背景、又具现代学术研究条件的高端学术平台,建设成为国际上有重大影响力的中外学术文化的交流中心和国内一流的国学重镇。岳麓书院宋明理学、中国书院史、湖湘文化史、中国礼制史的研究水平在国内外处于领先地位。岳麓书院最引人入胜的书院八景:柳塘烟晓、桃坞烘霞、桐荫别径、风荷晚香、曲涧鸣泉、碧沼观鱼、花墩坐月、竹林冬翠,当今仍然胜景如常,美不胜收。

1984年10月,著名学者冯友兰与张岱年、朱伯昆和汤一介等教授共同发起,联合了北京大学、中国社会科学院、中国人民大学、北京师范大学、清华大学等以及台、港和海外的数十位著名教授、学者一道创建了中国文化书院。中国文化书院是一个民间学术研究和教学团体,属于大学后教育学术研究机构。在书院所组织的各项活动中,遵循百家争鸣的原则,学者们完全自由地根据其个人立场进行学术研讨和教学。中国文化书院是独立自主团体。书院经费全部通过收费办学和接受个人及社会资助等方式自筹。

近些年,也有致力于传统文化研究的学术单位,新建了一些历史文化研究兴致的书院组织,比如宝鸡文理学院横渠书院。宝鸡文理学院横渠书院成立于2011年,位于宝鸡文理学院校内。书院以弘扬中国传统文化,传承张载关学精神,挖掘关学地域文化资源为目标,在人才培养、文化传承、服务地方等方面发挥重要作用。这样的书院呈现出逐渐增多的趋势。

有一类书院,是青少年传统文化研修营,比如北京的华鼎书院、深圳的智勇书院、武汉的江南书院、上海的东方书院等。此类书院发展迅猛,数量巨大,星星点点分布在全国各地,可以用"有如雨后春笋般"来形容。有的书院通过让孩子们穿着传统服装,举行开笔礼、成人礼、孝亲礼等活动,致力于开展中华传统礼仪教育;有的书院通过举行《弟子规》《千字文》《唐诗宋词精选》等背诵、书写、寻踪和研修等活动,致力于开展国学启蒙教育;有的书院通过举行父母陪伴的长途拉练(远足)、主题访学(旅行)等活动,致力于开展社会实践教育。此类书院的活动在很大程度上和经营活动紧密关联,在此不再赘述。

有一类书院,是文化艺术交流场所。能够叫墨池书院的,大多数是开展书法和国画教育、举行书画艺术交流、展览的场所。有一家名为真扑书院的,致力于开展古琴教学、演奏和鉴赏活动。有叫若水茶书院的,致力于茶艺的展示、交流活动。有叫阳明书院的,经常举行插画艺术的培训、交流和外出考察活动。有的书院,致力于开展平面设计艺术的交流和技法培训;有的书院,致力于组织摄影爱好者开展采风、比赛和展览等;有的书院,常常举办诗歌爱好者的诵读、创作和交流活动。此类书院,往往规模不大,专业性鲜明,专为圈内人士开办,常常不为外人所知。

有一类书院,是由文化名人举办的教育研究机构,比如,陈忠实创办的白鹿书院。在谈及白鹿书院的创办初衷时,陈忠实曾表示:书院是教育和学术研究机构,同时它又是一种文化和精神象征。白鹿书院一是要传承中国传统文化之风神秀骨,以白鹿书院为平台,广泛团结、联系海内外作家、评论家和学者,开展活动、游学、讲学,让传统文化在现代化进程中焕发生机;二是要让书院这种传统的教育形式与现代社会有机融合,使其焕发现代生机。白鹿书院下设学术指导委员会、教学指导委员会、《白鹿文丛》编辑室和《鹿鸣文丛》编辑室。其中,《白鹿文丛》按年分卷出版,主要收录有影响的知名作家的作品。

再比如,张炜创办的万松浦书院。万松浦书院坐落于山东省龙口北部海滨万亩松林,又在港栾河入海口附近,故得名"万松浦书院"。这个书院虽然是新兴建的一座现代书院,但是却具备中国传统书院的基本元素,比如独立的院产、讲学游学及藏书和研修的功能、稳定和清晰的学术品格、以学术主持人为中心的立院方式、传播和弘扬文化的恒久决心和抱负等。书院从国内外诚聘50名专家学者出任"万松浦书院院士委员会"院士,已与多所大学合作成立了"世界华人文化研究中心""当代文化研究中心""艺术批评研究所""人文研究中心""现当代文学研究所"等研究机构,实现了传统书院与现代文化科技界的高点对接,致力于促进学术交流与文化传播。

再说网络书院形态(见图3)。

网络书院 ┤ 网络培训社区
网络图书馆
专题门户网站

图3 网络书院的形态

有一类书院,是网络培训社区,比如正商书院。随着互联网的广泛应用和移动互联的日益普及,学习教育活动的网络化正在成为新的教育形态,改变了传统的教和学的互动交流模式,一大批网上书院应运而生。这些网络培训学校和学习社区,使用了书院的名称,但是却没有一间线下教室,大量的教学培训活动,都是通过观看网络视频课程、在线答疑交流、网络直播教学等形式进行,可以说,大行其道,蔚然成风。

有一类书院,是网络图书馆,比如藏书阁书院。同样是在互联网的环境里,出现了以在线读书、举办在线读书会、在线读书分享会为主要内容的新书院。这是一个以书会友、以书抒情、以书交流的线上书院。这类书院的活动,常常会延伸到线下,线上线下的读书活动互为补充,相互促进。以书院名称出现的网络图书馆的另一个新形态就是图书馆的网络版、图书馆的数字馆,各地很多大型的著名图书馆,近几年都将自己的网络版和数字化版以书院的名字命名,图书馆网络化+网上书院的新形态也正在蓬勃兴起。

有一类书院,是专题门户网站,以潇湘书院为代表。潇湘书院创建于2001年,是最早发展的女生网络原创文学网站之一,也是最早实行女生原创文学付费的网站。目前,潇湘书院已发展成国内最大的女生原创网站之一,用户数量与日俱增,访问流量在国内文学类网站中名列前茅。此类网站型的书院,大多数以特定人群为目标,深耕细作,发展态势稳健,日趋繁荣。当然,此类网站型的书院,数量众多,形形色色,参差不齐,尚需规范建设,理性发展。

高校里的书院,是现代书院的重要组成部分,下节将对此做专门深入分析。

二、高校书院类型

近十几年来,书院在高校的庭院里,也如春天的花朵,渐次开放,形态各异,精彩纷呈。

为了开展本次研究,立足于高校教书育人的基本使命,按照是否有固定的学生实质性长期入住、开展学习、接受教育,可以将高校书院分为实体书院和非实体书院。

先说非实体书院,就是指没有长期入住的固定学生群体的书院。这类书院大多数是为鼓励教师开展学术研究和教育培训而专门设立的机构。比如,香港田家炳基金会支持辽宁师范大学、广西师范大学、内蒙古师范大学、华东师范大学等十几所高校设立田家炳教育书院。田家炳教育书院大多数有自己的楼堂馆所、有专职人员,但在本研究中,属于非实体书院。此类书院,也是各有特色,差异很大,本书不花笔墨赘述。

对实体书院来说,按照入选学生的范围和来源,可以分为全员制模式书院和非全员制模式书院。全员制模式书院是指在一个大学里,其全部本科生均入住一个或几个书院。也就是说,每一个学生都有属于自己的书院,书院覆盖了全校所有的学生。从目前开展的研究来看,只有少数几所大学的学生,全部入驻书院学习和生活,也就是说,只有很少的大学采用了全员制模式建设书院。绝大多数的大学,把书院作为创新实验区、改革试验田来对待的,并没有在全校范围内推行书院制,因此,这些大学选择的是非全员制模式的书院建设道路。

非全员制模式书院根据学生群体的构成和遴选办法,可以分为分年级模式书院、分学科(群)模式书院、分校区模式书院等。分年级模式学院,往往选择一年级,或者一、二年级的学生,入驻书院,之后,学生仍然进入本专业所在的学院或者系,继续大学生活;分学科(群)模式书院,是把某个学科或者某类学科(学科群)的学生,集中在书院里接受针对性很强的专门教育,本校其他学科的学生,则不进入书院学习和生活;分校区模式书院,是把特定校区、园区或者特定住宿区域的学生纳入专设的书院开展学习和教育活动,采用这类模式书院的高校,大多数都建有新校区。

此外,还有实验班模式和特定群模式等两种特殊类型的书院。实验班模式书院是把各类实验班、试验班、教改班等类别的学生集中在一起,纳入书院体系,进行管理和教育,开展教育教学和成才成长服务。实验班的学生,大多数在刚刚进校时,不区分专业和学科,进行统一的通识教育。即便是在二年级、三年级,学生各自选定了不同的专业后,学生们仍然生活在书院里,继续学习。特定群体书院是把一些特殊的学生群体,集中在一起安排在书院里,开展特定内容的学校和教育活动。比如,有的高校为国家免费师范生建立了专门书院,有的高校为国防生建立了军旅文化鲜明的书院,有的高校为准备出国留学的学生建立了专门的学习生活社区,这些都属于特定群体模式书院。

无论是哪种模式书院,高校建设实体书院的初衷如出一辙:立德树人,德才兼备,师生共处,知行兼修。即便各高校建立书院的目标趋于一致,但是,建设书院的理念和措施、途径和方式、成果和效益,却总会各不相同,千差万别。通过分析不同模式书院的发展历程以及特色内涵,就是在为书院的建设与发展寻找基本的遵循和普遍的规律。

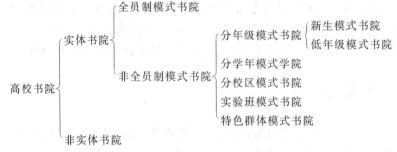

图 4　高校书院类型图

三、全员制模式书院

全员制模式书院,是指在一个大学里,其全部本科生均入住在一个或几个书院,每一个学生都有属于自己的书院,书院覆盖了全校所有的学生。在这里,书院既是学生的住宿点、生活区,又是学生交流思想、培养集体意识、提升综合能力的成长空间。目前实行全员制模式书院的高校主要有复旦大学、西安交通大学、大连理工大学盘锦校区、南方科技大学、南京审计大学、河北大学工商学院、西安外事学院、厦门工学院、温州大学、西京学院10所。

随着高等教育的改革和发展,从 2005 年复旦大学实行书院制以来,短短的十余年,中国大陆已有近 40 所高校实行书院制育人模式,其中 10 所高校实行的是全员制模式书院的人才培养方式(如表 1)。全员制模式书院具有师生共处、朋辈互勉、学科交融、注重养成、环境温馨、开放民主的基本特征,目的在于培养具有坚定的理想信念、强烈的社会责任感、宽广的国际视野、卓越的领导才能以及具有儒雅人格风范的优秀人才。

表 1　全员制模式书院概况

学校	书院	书院个数	成立时间	学生人数
复旦大学	志德书院、腾飞书院、克卿书院、任重书院 希德书院	5 个	2005 年	14100 人
西安交通大学	彭康书院、文治书院 宗濂书院、南洋书院 启德书院、仲英书院 励志书院、崇实书院 钱学森书院	9 个	2006 年	15400 人
厦门工学院	友恭书院、友惠书院 友善书院、友仁书院 友敏书院、友容书院	6 个	2010 年	10100 人

续表 1

学校	书院	书院个数	成立时间	学生人数
南方科技大学	致仁书院、树仁书院、致诚书院、树德书院、致新书院、树礼书院	6个	2011年	2927人
温州大学	步青学区、溯初学区、超豪学区	3个	2012年	13300人
大连理工大学	伯川书院、令希书院长春书院、国栋书院	4个	2013年	4933人
河北大学工商学院	明德书院、笃学书院致用书院、治平书院、诚行书院	5个	2013年	16000人
南京审计大学	润园书院、泽园书院澄园书院、沁园书院	4个	2014年	15200人
西安外事学院	七方书院、天使书院开元书院、龙腾书院博雅书院、鱼化龙书院	6个	2014年	22000人
西京学院	万钧书院、行健书院、南洋书院、至诚书院、创业书院、博雅书院、允能书院	7个	2014年	22000人

其中,10所全员制模式书院高校占全国有书院制高校的27%;55个全员制模式书院占全国书院总数的48.2%。10所高校目前有13.6万余名学生在书院中学习和生活。

在实行全员制模式书院的高校中,复旦大学、西安交通大学、大连理工大学为985高校,南方科技大学为公办创新型大学,南京审计大学为行业性普通高校,厦门工学院、西安外事学院、河北大学工商学院为民办普通高校,可见在高等教育的发展过程中,不同类型的高校均立足本校实际,不断对全员制模式书院的人才培养进行探索和实践,其中,复旦大学和西安交通大学是两个最为典型的代表,他们采用不同的方式对全员制模式书院进行建设,积累了宝贵的经验,取得了一定成效。表2以8所高校为例进行分析。

表2 全员制模式书院构建要素分析

学校	是否拥有独立社区	是否集体住宿	是否施行专业交叉入住	是否施行导师制	是否具有行政级别	是否有院务委员会（院长负责制）	是否拥有学生自我管理体系	是否有独立学工系统	是否允许自主选择书院
复旦大学	√	√	√	√			√		
西安交通大学	√	√	√	√	√	√	√	√	
大连理工大学盘锦校区	√	√	√	√		√	√	√	√
南方科技大学	√	√	√	√		√	√	√	√
南京审计大学	√	√	√	√		√	√	√	

续表2

学校	是否拥有独立社区	是否集体住宿	是否施行专业交叉入住	是否施行导师制	是否具有行政级别	是否有院务委员会（院长负责制）	是否拥有学生自我管理体系	是否有独立学工系统	是否允许自主选择书院
河北大学工商学院	√	√	√	√	√	√	√	√	
西安外事学院	√	√	√	√	√	√	√		
厦门工学院	√	√	√	√		√			

通过对全员制模式书院构建要素的分析，可以看出在实行全员制模式书院的8所大学中，有以下四个方面的共识：

第一、8所高校均拥有按照住宿区域划分的独立社区，采取社区化管理模式集体住宿，物理空间相对独立。部分高校的书院建立有报告厅、阅览室、自习室、谈心室、健身房、自助厨房、学生社团活动室等公共活动区域。营造出了独具特色的社区文化，为学生的学习生活、思想交流、集体意识培养、综合能力提升提供了空间。

第二、通常均设立书院院务委员会。也有部分高校采用院长负责制实现日常管理与运行。院务委员会由院长、院务主任、常任导师、学生代表等人员组成，负责研究和决定书院的重大事项。西安交通大学各书院的院务委员会成员有所属专业学院的教学副院长参加，体现书院学院共同育人的特色。书院的实际运行和管理者为执行院长或院务主任，具体负责书院日常任务。书院院长一般由知名学者或社会贤达人士担任，引导书院建设与活动开展。全员制模式的44个书院大都设有院长，院长的身份主要分为两类：一类是由知名学者或社会贤达人士担任，另一类是由学校行政干部担任。例如西安交通大学文治书院的院长为中国科学院院士安芷生，南洋书院院长由香港理工大学荣休校长潘宗光教授担任；复旦大学和南方科技大学的书院院长为知名教授；大连理工大学盘锦校区书院则由校区领导担任。

第三、均推行了导师制。书院聘请或任用书院导师，通过师生亲密互动，加强对学生的价值引领，提高学生学业成绩，注重对学生综合能力的培养，促进学生全面成长。导师来源一般有三类：一是退休返聘的资深教授，他们德高望重，诲人不倦，学养和文化积淀深厚，教育教学经验丰富，负责全职和全面地为同学们提供指导；二是优秀中青年骨干教师，他们是一批年富力强、具有创新冲动和创造性活力的知识精英，主要负责在学业成长和科研学术发展方面对学生进行引导和孵化；三是书院邀请的知名教授、专家和学者，他们站在各学科研究领域的顶层，高屋建瓴，通过学养拓展讲座和书院通识课程等形式，帮助学生接触科学前沿，拓宽知识视域，培养求知兴趣。通过这种师生共处的方式，使书院具有鲜活的生命力。

第四、均建立了学生"自我管理、自我监督、自我服务"体系。这是全员制模式书院最显著的要素，体现了各书院全面育人的理念。通过书院提供平台，不断激发学生的自主性，充分尊重学生在书院管理和书院生活中的自主权，培养学生的自我管理能力。

第五、基本上都设立了专职的学生工作体系。复旦大学在这方面另有安排。学生工作队伍全部入驻学生公寓，思想教育、成才服务和校园文化建设的主阵地转移到生活园区，形成了"做安全、做文明、做文化"——"三层布局"交织的工作局面，在潜移默化之中立体化、多维度地影响着学生的成长和成才。

绝大部分的全员制模式书院中，学生日常事务管理、第二课堂活动、综合能力提升计划等均由书院组织实施;而在复旦大学,学工系统独立于书院组织,书院不是一个行政级别单位,就连院长也不是一个行政级别职务,院长和书院的导师更多的是在扮演引导性的角色,书院真正的管理主体在于学生。通过"放权"于学生,将书院打造成学生自己建设的小"社区"。

通过以上分析,可以看出,尽管全员制模式书院的组织架构、运行机制、文化精神各有不同,但最终均回归于注重学生价值引领、夯实学生基础工作、积极组织文化环境建设、大力开展学业辅导活动、全方位提升学生综合素养的初衷,在此过程中不断提升辅导员"职业化""专业化"水平,更好的实现"全时育人"与"全方位育人"的培养目标。

全员制模式书院围绕立德树人,通过落实本科生导师制加强通识教育课程和环境熏陶,拓展学术及文化交流活动,促进学生文理渗透、专业互补,不同专业学生背景的学生交叉入住,互相学习,建立学习生活社区。书院与传统的人才培养模式相比,更加强调文化育人和精神引领,通识教育与学科融合,更有利于创新人才的培养,创新人格塑造,创新知识结构的形成。八所高校全员制模式书院的共同点在于:

第一、坚持立德树人,注重对学生的价值引领。习总书记在全国高校思政工作会议上说:"高校思想政治工作关系高校培养什么样的人、如何培养人以及为谁培养人这个根本问题。要坚持把立德树人作为中心环节,把思想政治工作贯穿教育教学全过程,实现全程育人、全方位育人,努力开创我国高等教育事业发展新局面。"书院作为学生学习生活的重要场所,对学生的价值引领起着非常关键的作用。因此,在书院的建设中,会非常注重用新的理念、新的方式、新的平台来对学生进行思想政治教育,利用辅导员在书院工作、与学生朝夕相处的契机,不断对学生的价值观进行塑造,让德育工作落到实处,取得更好的效果。

第二、致力于打造便捷温馨的学习生活服务体系。无论是以书院制为规划的新建校区还是以老校区为基础进行书院制改建的高校,均无一例外的注重学习生活区域的服务设施建设。这一点借鉴于西方的住宿学院模式,旨在向学生提供家一般有归属感的学习生活区域。例如西安交通大学的书院以学生综合素质发展为导向,学生辅导员办公区、学生组织及社团办公区均设在学生住宿区,开展课堂以外的学习教育、校园文化、社会实践等活动,侧重于以住宿社区为阵地,培养学生综合能力、增强学生的社会责任感,极大地方便了同学们的学习生活。南京审计大学的书院则通过"五脏俱全"的学习生活服务设施,为双院制育人的开展打下了坚实的基础。

第三、致力于打造专业教师主导的学业辅导体系。各全员制模式书院在为学生建立的辅导、咨询体系中,均不约而同地通过吸纳聘请的方式,组建专业教师队伍提供辅导。西安交通大学成立了大学生学业辅导中心,以"培养学习兴趣、分享学习方法、提振学习动力、促进专业认同、服务学生成才"为理念,以专业教师为核心,建立学业导师、兼职导师和朋辈辅导共同辅导的导师队伍,开展课程辅导、学业辅导、集体辅导、个别辅导等多层次、多平台的学业辅导,帮助学生培养正确的学习目标、学习动力、学习方法,并着力解决学业困难学生的帮扶问题;南方科技大学的书院为每位学生分配一位导师,导师为南科大全职教授,为学生的大学学习提供咨询意见;复旦大学聘请院系专职导师承担学生学业辅导工作;南京审计大学书院设有学术班导师、学业导师,为学生成长成才提供必要的帮助。

第四、致力于建设特色鲜明的学生综合能力培养体系。建立以提升学生综合能力为核心的课程是全员制模式书院的突出特色。如西安交通大学实施的综合能力提升计划,各以学生个体的需求为导向,以学习者为中心设立系统化、时代性、分层次的综合能力培养计划。书院实施新生行为养成、职业规划、公民素质养成、素质拓展、心理辅导、困难援助等一整套的综合能力提升计划项目。西安外事学院强化全面育人意识，持续改善育人环境，实现"七个结合"：即学院与书院相结合、第一课堂与第二课堂相结合、人生导师与学业导师相结合、辅导员与公寓管理员相结合、教育与管理相结合、教书与育人相结合、服务与育人相结合，全力营造"全员、全过程、全方位"的育人氛围，提升学生教育管理水平，不断提高人才培养质量。

第五、致力于建立以学生为主体的民主管理体系。学生的自我管理机制是全员制模式书院管理架构的亮点和特色，例如复旦大学设有具有书院特色的学生组织，该学生组织由学生自我管理委员会、学生监督委员会组成，学生自我管理组织充分发挥学生自我管理、自我服务、自我监督精神，负责配合书院各类活动设计及开展以及学生住宿空间的自我管理工作。书院对学生自我管理组织的工作予以充分的支持。大连理工大学盘锦校区伯川书院的院务委员会中就设置有2名学生委员。此外，各个高校的书院均成立有书院学生会、自我管理委员会等学生组织，强化学生的主人翁意识，全面提升综合素质。

按照高等教育"双一流建设"规划、高等教育深化综合改革方案以及各个大学的《十三五发展规划》，大学按学科大类招生、全面推行完全学分制、学生自主选择专业这三项重大改革措施即将变成政策选择和改革方向。这些改革正适应了高等教育的未来发展趋势，将会为书院建设提供新的历史机遇和发展空间。基于此，可以对未来的全员制模式书院发展趋势做出以下预测：

第一、秉承以学生为本的服务理念，营造更加良好的文化氛围

学生是书院的主体，书院秉承"以学生为本"的服务理念，围绕学生发展、尊重学生的需求，将书院打造成精准化、综合性的学生服务社区，为学生的个性发展、践行德育要求提供服务平台和良好的教育环境，促进大学生的社会适应性发展。

通过文化建设增强书院的吸引力和教育影响力，建设高水平导师队伍。文化氛围营造和文化平台打造是书院工作的着力点，书院必须坚守文化阵地，有效发挥文化价值观的隐性教育作用，通过文化氛围的营造为学生自主发展服务。努力使书院成为"空间主题化、环境人文化、成员多样化、活动自主化和组织结构化"的社区，使大学生身处书院中，能够自觉提升综合素质。

第二、充实书院特色文化活动体系，满足学生多样化需求

习总书记在全国高校思政工作会议上提出高校要更加注重以文化人以文育人，广泛开展文明校园创建，开展形式多样、健康向上、格调高雅的校园文化活动。结合书院特点来看，特色文化活动是书院内涵建设的重要部分，是校园文化载体的主要依托，也是学生健康成长的保证。在学生来源多样性和学生文化背景多元化的前提下，书院既是学生了解世界的窗口、探索世界的起点，也是学生精神文化的归宿和思想力量的源泉。书院致力于打造文化平台和文化品牌，优化拓展训练、团体辅导等活动项目，让学生在参与中加强文化交流，寻求心理支持，共享文化成果，实现共同发展。

第三、整合书院资源，打造通识课程教育

书院制作为一种新的管理组织形式和教育方式，将整合资源，多书院联合建设针对不同能力、不同种类的通识课程体系，注重对学生的小众化、分众化引领，注重教师有别于传统专业课程教学的实践性指导，打造更多精致的通识类课程，促进实践教学环节多样化。

第四、完善育人环境，更好发挥环境育人功能

书院应投入资金完善学生宿舍的基础设施,努力为学生营造舒适、温馨、有特色的入住环境,发挥环境对人的熏陶作用和育人功能。虽然我国高校学生的住宿环境有了很大的提升,但基础设施的维护、公共活动空间的建设等费用仍需给予更多的支持。

第五、不断完善书院机制,提高学生自主管理意识

长期以来,学生的管理意识、管理理念与参与意愿没有得到很好的发展。书院的主体是学生,书院学生受教育的方式逐渐从被动接受管理变成主动参与管理。学生在书院中,能够获取最大的空间和平台进行自我管理、自我服务、自我教育。为发挥学生的自治能力,提倡学生个性发展,积极融入,很多大学实行书院制后成立了学生管理委员会等组织,密切围绕学生需求开展活动,并将提高学生的满意度作为书院制的优势之一。

四、非全员制模式书院

非全员制模式书院是指与全员制模式书院相对应的一类书院制模式,是国内各类书院制模式的重要组成部分,根据实施书院制的年级、专业、校区、学生群体、学科等特性,其又分为分年级模式书院、分学科模式书院、分校区模式书院、实验班模式书院和特殊群体模式书院。

这里,非全员制模式书院的划分和分类,仅出于书院制研究的需要,其严格性需要在此予以说明,在下面非全员制模式书院评介中,可窥见其缘由。

目前,大陆地区共有 35 所大学的 50 所书院实施非全员制模式书院,学生规模达到 51633 人。

非全员制模式书院不同于全员制模式书院,仅在部分年级、专业、特殊群体学生、专业或校区、楼宇实施,其展示的个性,更加丰富多样,这种个性的背后,透射的是教育者人才培养的理念、思路和智慧,反映的是不同类大学基于其实际情况推行新的人才培养的探索与实践,展现的是高等教育国际化和高等教育改革的挑战和动力。非全员制模式书院呈现出不同的改革思路和时代特点,集中表现在它的多样性,这种多样性是由各大学人才培养的目标、要求、思路和管理模式决定的。

为什么建设书院,书院制人才培养的效果如何,在实行书院制的高校均有一个酝酿、决策、实施的过程,尤其是在非全员制模式书院实施中表现得尤为突出,因此,实验性、探试性的特点,在此类大学书院中表现得尤为明显。

$$
\text{非全员制模式}\begin{cases}\text{分年级模式书院}\begin{cases}\text{新生模式书院}\\\text{低年级模式书院}\end{cases}\\\text{分学科(群)模式书院}\\\text{分校区模式书院}\\\text{实验班模式书院}\\\text{特色群体模式书院}\end{cases}
$$

图 5 非全员制模式书院类型图

(一)分年级模式书院

分年级模式书院是指将大学一年级或者一、二年级学生纳入书院管理,学生到了二年级或

大学三年级时，再转入专业学院学习和管理的模式，直至其大学毕业。据了解，北京航空航天大学、南方医科大学2所大学即为此类模式，共成立8所书院，人数规模达到7350人。

北京航空航天大学推行书院制的目的是构建多元化学习生活社区，跨专业学生交叉住宿，通识、博雅、养成教育，培养具有科学精神和人文情怀的创新拔尖人才。整合资源，统筹形成育人合力，打破传统课内、课外二元格局，实现学生工作和教学工作一体化，构建课堂外学术共同体，有效延伸课内学习，适应高等教育改革，应对大类招生、大类培养、完全学分制的需要，形成与教育教学改革配套推进的学生培养模式。

南方医科大学书院成立书院的目的是解决医学生人文素质教育形式单一、师生关系梳理、朋辈教育不足等问题，通过开设特色课程与校级平台课程，共同构建完整的通识教育体系，为学生自我管理、服务、教育、成长搭建平台。

从近几年两所大学书院制的实践看，书院制取得了较好的效果，书院制改革与通识教育的教学形成良好的互动，在陶冶情操、锻炼学生能力、激发学生潜能方面愈加明显。风格迥异、特色鲜明的试点书院，能促进教和育相结合、科技与文化相结合，于课堂学习之外增进学生自我管理、自我服务的能力，促进学生个人修养、健全人格塑造。形成了学院党建的资源共享和优势互补，整合思政教育特色活动资源，丰富学生理想信念教育内容。使书院辅导员的工作边界、职责更明确，主人翁意识更强，能够集中精力投入对学生进行党建与思想政治工作、心理健康教育、职业生涯规划等专题深度辅导，有利于合理安排辅导员的工作任务。

同时，书院借鉴学院育人的模式，安排开设相关传统文化课程，培养学生从传统文化教育资源中汲取滋养和成才力量，增强文化自信。通过博雅讲堂、睿德读书会、博雅读书奖等精品活动的举办，教师不仅传授传统文化知识，更加注重价值观与精神世界的引导。

此类模式书院形成了自己的特色和特点，体现在其书院人才培养目标、要求、机制和管理模式中，是书院人才培养目标与学校人才培养目标的高度统一，并成为实现学校人才培养目标的重要支撑。北航人才培养目标是一流拔尖创新人才、优秀建设者、领军领导人才。北航书院人才培养目标是追求真、善、美的健全人格，具有广博知识和优雅气质的人才。

"教"与"育"深度融合。实现了两个结合，即通识教育与专业教育有机结合，科技与人文情怀的有机结合。实现了两个统筹，即学生工作与教学工作统筹合一，书院建设与教学改革统筹合一。

发挥"学院—书院"各自优势，形成了分工与人才培养的整合，学院以学科为本，作为教学单位，开设各种显性课程，保证教学质量，选派导师，注重大学的功利价值、工作技能、就业和学生的深造。

书院以学生为本，作为学生教育管理单位，做好学生学业职业发展辅导，心理辅导和组织社团活动等隐性课程，注重大学非功利价值和个人修养、发展和人格自我完善。

考虑高等教育改革的需要，北京航空航天大学构建了书院对应2—4个专业大类背景相关学院对应关系，形成了三类具有代表性的书院。一类是人文社科类大类一年级学生组成的知行书院，二是由2到3个专业相关的工科学院一年级学生组成的书院，即启明书院和冯如书院，三是以高等工程学院为基础建立的汇融书院。在人才培养和书院实践中，根据实际情况，实行区别差分。如行知书院、启明书院和冯如书院实行的是分年级书院模式，即学生一二年级在书院，三四年级回到学院的模式，而汇融书院则是学生四年制均在书院，它是唯一由单个学院组成的书院。

南方医科大学通过书院制实施,不仅解决医学类学生人文素养知识的单一性和医学生实习带来的诸多管理问题,更重要的是通过书院制平台建设,实现医学类不同专业学生的知识交融和专业互动,探索了管理、实践、培养的联动机制,强化了学生实践能力和社会交际能力,促进学生认知、生存、做事、发展能力的提高。

随着高等教育的不断改革和发展,以及招生制度的改革,在探索新的书院制模式的过程中,有的已经实行书院制的大学,考虑建立新生模式书院,即一年级新生模式书院,强化对新生的通识教育和管理,强化新生大学生活适应训练,加强新生大学精神、历史文化的教育和传承。解决书院制所带来的不足和问题,完善书院与学院的"双院制"育人模式,同时,加强学业导师队伍建设,构建导师管理机制和激励机制,促进教书育人的成效,构建新型的教与学的关系,探索高等教育人才培养的新途径。

构建新生模式书院,主要从学校人才培养的目标、要求、学生教育、管理的顶层设计开始,融合学校教学系统和学生管理系统,形成合力与分工,围绕学校人才培养总体目标、学院专业目标和书院人才培育目标,确定职责和划分任务,既适应人才培养的需要,又适应招生制度改革。

分年级模式书院中的一二年级学生组成的书院,还是新生模式书院,都是教育改革的积极探索和实践,是教育者的智慧和思考。

纵观分年级模式书院,其有完整的管理机构和学生培养体系,有特有的文化特质、文化标识和精神内涵,隶属学校教学或学生部门的直接领导或工作指导。主要的任务是强化对一年级或一、二年级学生的管理和大学精神的传承教育,完成学生从高中进入大学阶段的适应教育和训练,针对性的实施通识教育,提高学生知识视野,奠定大学教育价值基础和精神凝练,适应高考大类招生制度改革。

据考,在以书院名称实行此类学生教育管理模式之前,有的大学亦实行一年级或一、二年级学生集中管理教育的做法,当时名称不叫书院,而叫大学学生部或者一年级学生管理组等不同的名称,其定位是大学学生管理教育的基层组织。此种做法,主要在专业比较单一的大学或学院实施,如医学类院校。

随着高等教育的发展和招生制度的不断改革,为适应外部变化和高等教育人才培养内在要求的需要,将一年级学生或一、二年级学生统一纳入书院管理,赋予人才培养新的内涵和要求,是人才培养模式的一种探索和尝试。书院是学校人才培养的重要阵地,是第一课堂的重要延伸,支撑着"教与学",其在"学"方面的重要性,将逐步显现。

(二)分学科模式书院

分学科模式书院主要是指在学校部分学科学生中实施书院制的一种模式。目前,实施分学科模式书院的大学分别是北京联合大学、甘肃民族师范学院、西京学院、青岛职业技术学院4所大学,共成立了7所书院,人数规模达到12200人。

培养具有专业特色、社会责任担当的建设者和合格人才,创新大学人才管理教育模式,是各大学推行书院制的共同目的。

下面分别就几所大学书院的培养目标略作简述,使大家明白各大学推行书院制的理念和思路。

北京联合大学的学知书院目的是坚持"应用为本、学以致用"的人才培养特色,以"崇尚学术、关怀人文、培育英才"为使命,依托学生生活区,进行学风教育、文化熏陶与行为引导,建立打破专业、年级及班级界限的育人平台,与教学课堂相呼应,构成全方位、全天候、全覆盖的育人体系。

甘肃民族师范学院书院通过非课程教育、多元文化交流和社会实践活动,鼓励学生互相学习,实现文理渗透、专业互补、个性拓展、知行结合,促进学生全面发展的教育管理体制,全力推行"学科专业学院制,学生生活社区书院制"的模式,使书院成为学生进行自我教育、自我管理、自我服务的社区和养成高雅的生活情趣、朴素的生活习惯、友爱的生活风尚、严明的生活纪律的文化家园,引导学生树立公民意识和社会责任感。

西京学院书院以培养具有深厚人文底蕴、创新科学精神、扎实专业知识、宽广国际视野的高素质应用型人才为目标,汇聚不同学科专业背景的学生和导师,共建一个师生亲密互动的学习、生活共同体。

青岛职业技术学院推行书院制是为了适应教学改革的需要,以"为人之道、为学之方"的理念和"自学为主、相互切磋、教学相长、自由讲学"的理念,丰富人才培养模式,提升学生的思想道德素养、人文素养和综合职业能力需要。

知行书院是本科生住宿社区、养成教育实施的机构,是进一步创新学生教育管理模式,提高人才培养质量的一种有益尝试,是基于学生生活社区建设和自主发展的制度,是实现通识教育和专才教育相结合,力图达到均衡教育目标的一种学生教育管理制度。

从上述几所分学科模式书院的人才培养目标和理念理解中,可以发现,他们几乎有一个共同点,在强调学生专业教育和培养的同时,把品格、素质、责任、自我成长和专业外能力培养作为书院人才培养的重要内涵,这种内涵与大学人才培养目标和社会对人才的需要标准高度一致,同时,强调专业学院与书院人才培养的共同责任和相互协同。

当然,分学科模式书院虽有共性,但是,在书院制推行过程中,对社会,乃至于一所大学,对书院制都有一个认识升华变化的过程,这个过程,本身是一种探索的过程,是一个归于理性和事物本真的过程。

由于各大学在书院建设的实践中,人才培养的目标、特点、招生学生的类型、专业特点不同,采取了不同的管理模式和培养模式,以此,形成了此类型书院的人才培育、管理的不同个性特征。

在实行分学科模式书院的4所大学中,其分别在人才培养、培养方案设计、教学、管理,根据各高校特点和培养管理目标,进行了有益的实践和探索。

北京联合大学书院制仅在其文理学院的部分专业实施,目的是适应人才"大类培养"教学改革需要,打破年级、专业限制,书院学生不仅有本科生,而且还有研究生。导师制和特色工作是书院人才培养的重要特征。

甘肃民族师范学院少数民族学生众多,少数民族学生占学生数的70%,它们实施书院制的目的就是打破了不同专业分住等界限,不同系别、民族的学生住在一起,增加了交流的机会,让学生们感受到多元的文化。其莲峰书院涵盖物理与水电工程系、藏汉双语理科系、外语系和汉语系的学生。2014年后相继建立香巴拉书院和亭林书院。

书院通过非课堂教育、多元文化交流和社会实践活动,鼓励学生互相学习,实现文理渗透、专业互补、个性拓展、知行结合,促进学生全面发展。书院党总支委员会中学生委员占2/3,教工委员占1/3,是其学生党组织建设的一个亮点。

民族文化和民族符号的融合，注重培养浓厚的科学精神和人文素养的人才，扩展宣传少数民族文化的渠道，搭建少数民族文化交流平台，积淀高原民族大学"缺氧不缺精神，艰苦不怕吃苦"的精神，是甘肃民族师范学院书院制最鲜明的文化特点。

西京学院的万钧书院由机械工程学院、控制工程学院、会计学院、经济管理系4个院系的学生组成，具有明显的学科划分院模式的特点。

西京学院的行健书院是一所精英型书院，专门为考研和出国培训的学生设立，是特殊学生群体书院。西京学院的书院把社区建设放在了突出位置，社区从单一的生活、休息场所变为辅导员工作、导师导学和学生生活、学习交流活动的场所，宿舍生活的内涵和外延得到极大扩展。完善了学生教育管理机制，使教学组织形式和学生管理形态有效衔接，协调发展相互支撑，达到教学与学生管理相一致的教育教学效果，有效促使学生专业技能、科学思维、品德养成、修养提升等方面发展。

围绕书院建设、学生管理教育、服务、学生发展需要，组建党建中心、导师中心等十二个中心，构成西京学院书院组织管理机构的一大特色。包含学业导师、人生导师和学长导师的导师制是西京学院书院制的另一特色。精英教育、导师制、共膳制、全人制教育是其精英制书院人才培养的最大特色。

拓展国际视野，培养国际化人才，保持长期交流合作，参与海外交流项目。设立科研奖励基金，建立学生科技创业创新机构，提升学生的学术研究氛围，激发学生的科研创新热情，培养学生科研素质和创新能力等，构成西京学院书院制的个性特征。

青岛职业技术学院知行书院由生物与化工学院的学生组成。书院通过通识教育课程和提供非形式教育，配合完全学分制，拓展学术及文化活动，实现学生文理渗透、专业互补、个性拓展，鼓励不同背景的学生互相学习交流，满足学生的个性化发展需要，最终促进学生的全面发展。形成"专业学习在学院，通识教育和生活在书院"的良好氛围，通过名家讲坛、书香阅读工程等八大工程实施，全面提高人才培养质量。

上述高校中，书院已成为他们人才培养的重要组织，一般隶属学校的教学部门，或者学校的直属管理部门，赋予其在学校的特殊地位，书院有较完整的教学管理机构和学生管理体系，有其文化标识和精神内涵，有其人才培养的普遍要求和特殊要求。

(三) 分校区模式书院

二十世纪末和二十一世纪初，是中国高等教育大发展大调整的集中时期。大发展是大学招生规模不断扩大，推动大学纷纷建设新的校区。大调整是既有专业、学科调整，更有各类高等学校的分化和合并，进而形成一所大学不同专业学生分设不同校区的情况，这也为大学在某一特定校区实行书院制提供了校区和环境。

分校区模式书院主要职能是基于对学生的管理和教育要求，由于大学已经有比较完整学生教育管理体系和教学管理体系，在某一特定校区再建立相应的机构，在人力和财力上遇到瓶颈，因此，以书院模式在特定校区将学生日常管理、教育、安全、宿舍管理、就业、日常管理等职责归于书院，构建有别于大学学生教育、管理、培养体系，相对较大独立性的管理模式。

实行分校区模式书院的大学目前有3所，分别是西安建筑科技大学、华北理工大学、山东大学，这三所大学共建有5所书院，分别是西安建筑科技大学草堂校区的南山书院、紫阁书院。华北理工大学位于唐山市的轻工学院的知行书院。山东大学的青岛校区一多书院、从文书院，学生规模达到5600人。

西安建筑科技大学南山书院、紫阁书院，坐落于西安建筑科技大学草堂校区。其书院制的建设是基于全人发展的理念，传承中国传统教育的精粹，汲取了现代大学先进的办学理念，探索和实践有中国特色高等教育之路，培养人格健全和学有专长的高素质人才，侧重于对学生思想政治教育、人文素养和科学精神培育、创新创业教育、社会责任感培养等综合素质的教育。

南山书院、紫阁书院学生的专业构成由学校统一安排。按照"横向专业交融，纵向分段培养"的思路，低年级学生的综合素质教育主要以专业为单位在各书院完成，高年级学生回归所在专业学院，接受专业教育，学生具有书院和学院双重身份。

南山书院、紫阁书院在草堂校区建设之初，建筑区域功能划分上，就考虑到不同书院建设风格要求，因此，其不同书院，有不同的建筑和文化风格，不同的功能定位，书院建筑风格、布局、文化氛围、标志标识构成全员育人的良好环境，这也是许多分校区模式书院建设的可取之处，使书院文化、功能、建筑风格与其内涵相一致，与在原有建筑空间内实行书院制高校有着明显的后天优势。

南山书院、紫阁书院围绕人才培养的总体目标，书院人才培养目标与学院的专业教育目标相辅相成，互为补充。其中，素质教育培养目标——即"培养合格的人"由书院组织实施，囊括基本素质和行为养成教育、传统文化与现代文明教育、创新创业及实践能力教育三大部分，通过课程教育与非课程教育相结合的形式，成为学生素质教育和书院成长的基本导向。书院承担文化建设、学业导师队伍建设、学生社团活动、论坛讲座、社会实践、生活服务、日常管理以及学生稳定安全及应急突发事件处理等工作，明确划分书院—学院的工作内容和职责。专业教育培养目标——即"培养有本事的人"由学院组织实施。

华北理工大学独立学院——轻工学院，2010年1月成立了知行书院。知行书院是一个教学机构，但又不同于完全的教学机构，它是汇集教学与学生管理于一体的新型学生教学与管理模式。把教师的师德教育与学生人才培养统一于一体，对教师提出五方面总体要求，对学生从学业任务、学业规划、赛场经验、学问研究、知行合一五个维度强化培养，帮助学生由任务型大学生向卓越型大学生的强化，坚持在大众化教育中实行精英教育，加强基础教育的分类培养模式的探索。

知行书院有林群教育拓展实验班、信息与计算科学班等，包括冶金工程、电气工程及其自动化、土木工程、工商管理、机械设计制造及其自动化、财务管理、工程造价7个专业的学生。

2016年9月山东大学在青岛校区成立了一多书院和从文书院，书院现有学生为2016级本科生。山东大学青岛校区的书院主要实现了学生社区化管理，建设"三元服务社区"。导师制和特色文化、学生自我管理机制建立，构成其书院制的主要特点。学生跨学院住宿、跨学院管理、跨学院组织、跨学院讲座、跨学院活动，成为他们书院制的最大特色。

书院制是中国高等教育在大学人才培养模式方面的重要探索，其内涵、目标、职能、任务等有一个历史的积淀和升华的过程，不管是全员制模式书院还是非全员制模式书院，不管非全员制模式书院中的分年级模式书院、分学科模式书院，还是分校区模式书院，都是各高等学校在人才培养过程中的一种探索和实践，培育、保护和容忍其成长中的不足，是一个大学人的责任。

由于书院内涵、外延的不确定性和成效的延迟性，为书院模式探索增加了不确定性、复杂性和效果评估的难度，同时，这也为书院建设、发展、模式探索留下了较大的空间。

五、实验班模式书院

"实验班"模式旨在探索出一种新型的创新人才培养模式,培养出一批高素质、创新型的人才。其本质是在承认学生差异的前提下,运行出一种区别于一般人才培养的特殊培养模式,它强调人才培养的特殊性处理、有针对性的教学与辅导模式、更高质量的课程学习、个性化的专业实践等。因此,在此基础上,国内各个高校围绕此内涵,进行了不同程度的探索与尝试,也形成了不同纬度和命名方式的"实验班"。其中,包括以某一个学科为核心定义的实验班模式,如"数学实验班""人文科学实验班"等;以教育改革为目标的实验班或者试点班,如本科教学实验班、教学改革实验班等;以某位著名的学者和教育家命名的实验班,如"钱学森实验班"等;或有些在字面定义中没有"实验班"等相关称谓,但实则是以创新人才培养体系为核心的体制。因此,对"书院制—实验班"模式的梳理与讨论,应当强调从"实验班"模式的内涵和精髓出发,而无需拘泥于"叫法"和"命名"等浅层表象上。

我们将从中选择了如下更加具有代表性质的10所"实验班"模式书院进行分析,它们大部分建立在985、211高校,均是成型并运行一年以上的书院,具体包括西安交通大学钱学森书院、西北农林科技大学右任书院、中国海洋大学行远书院、清华大学新雅书院、清华大学苏世民书院、厦门大学博伊特勒书院、苏州大学敬文书院、江苏师范大学敬文书院、苏州大学唐文治书院、浙江大学竺可桢书院。由此可见,实施实验班模式的书院暨是这些国内顶尖和一流大学探索人才培养模式和高校教育改革的具体方式。其中,清华大学苏世民书院是以研究生项目为载体的书院,而其他9家书院则为本科生书院,多通过高考选拔和校内选拔模式产生书院的学生。

在整理这部分内容的时候,一个问题始终被放在核心位置,即是什么原因促使了越来越多的高校投身并推动书院制—实验班模式的建设,他们愿意将学校人才培养的特区(实验班)——这样一种关涉学校人才培养体系质量,并极富探索精神的体系放在"书院制"这样一个载体中。因为,无论对"书院制"还是"实验班"模式而言,这二者都是国内高校人才培养的"小众"选择,如此"小众化"的选择背后除了反映出一所高校在人才培养整体建设中的勇气和长远决心之外,还是否具有更为理性,客观和长远的意义,换言之,书院制—实验班模式的必要性到底是什么。

我们试图从如下几个方面给予了论证,以此帮助人们认识到,对"书院制—实验班"模式的建设绝不是简单的政策从上自下的推动,而是真正扎实,可信、有意义的选择。

高校实验班模式书院都具备高水平定位和人才培养的战略。大学的本职是培养人,由科学而达至修养是现代大学人才培养的一个基本特征。从实验班模式书院的设置、高水平定位和人才培养战略是当代高校对高端人才培养的重要探索和举措,也成为中国学生教育改革试探的重要战场。

西北农林科技大学右任书院通过"国家生命科学与技术人才培养基地班"和"创新实验班"两大板块,旨在为国家培养能够适应科技发展、掌握科技前沿,具有扎实的学科基本理论和系统的专业知识,具备良好科学素养、研究能力的创新型高级科技人才;中国海洋大学行远书院则致力于通过独特的通识课程体系,培育出能够适应未来30—50年社会需求的"博雅"人才,让"博雅"推动终身学习,以应对瞬息万变的未来;清华大学苏世民学者项目则通过提供全方位认识和探索中国与世界发展的基本趋势和重大课题的独特机会以及终身学习网络和校友平台，培养具有开阔视角、独特见解和知识、批判性思维、跨文化理解力和全球领导力的未来世界领袖；清华大学新雅书院通过独特的"住宿制文理学院"以培养文理基础雄厚、跨学科学习和创新能力突出的精英人才；西安交通大学钱学森书院秉承其大成智慧学中"量智与性质相结合、科学与艺术相结合、逻辑思维与形象思维相结合、微观认识与宏观认识相结合"的思想精髓，培养和造就基础知识宽厚，科学创新能力与综合人文素养俱佳的拔尖创新人才；厦门大学博伊特勒书院，依托生命科学领域国际知名教授、学术大师构建的世界级顶尖师资团队全英文的授课环境，致力于培养生命医学领域具有国际化视野的创新性人才；苏州大学敬文书院以创新为驱动引领学生成长，构筑"1328育人模型"，致力于培养跨专业、跨文化、跨国界，具有人文情怀、创造精神的研究型、国际化、高素质人才；江苏师范大学敬文书院，以"精英教育"为目标，构建学校人才培养的特区，旨在培养具有国际视野，服务中国并影响教育的具有良好社会责任感和职业素养的拔尖创新人才。

高校实验班模式书院都表现为专业化培养方案和模式。集中优质教学资源，因材施教，重视学生实践应用能力和个性发展，以及跨学科、跨领域协同创新，培养各领域顶尖人才是各书院的育人目标。西北农林科技大学右任书院拔尖人才培养方案、中国海洋大学行远书院独特的通识课程培养体系、清华大学苏世民学者项目独特的全球领导力培养体系、清华大学新雅书院强化式数理基础和人文社科基础的小班通识教育、西安交通大学钱学森书院四大类学生定制化培养方案、厦门大学博伊特勒书院联合培养拔尖人才的创新之举、苏州大学敬文书院特色的"1328育人模型"、江苏师范大学敬文书院"德行养成与塑造、人文素养与博雅气质提升、科技创新与实践训练、青年领导力发展"四个精英培养计划都体现出因材施教专业化培育学生的改革创新之路。

高校实验班模式书院都具有强大的师资力量配置。秉承高水平教师授课，强化人才储备和人才战略计划，引进优秀国外师资和学术力量，六所书院无不把师资队伍建设作为书院头等大事加以推进和落实。

清华大学苏世民学者项目涵盖国内外知名教授43位，师资力量可为规模宏大，项目自创建伊始即得到了全球各界的关注和支持。中国国家主席习近平、美国前总统奥巴马分别两次发来贺信，祝贺苏世民学者项目启动以及首届苏世民学者入学。清华大学新雅书院名师云集、理工、人文、社科共同构成最强、最优的师资阵容，包括中科院院士、长江特聘教授和973首席等。西安交通大学钱学森书院集全校优势教学资源，搭配本校师资和境外师资组成，配备一流师资，提供一流的学习条件，探索和实践拔尖创新人才培养新模式。厦门大学博伊特勒书院除邀请诺奖得主布鲁斯·博伊特勒（Bruce Beutler）教授亲临授课外，还邀请众多生命科学领域的国际知名教授、学术大师为学生开展系列课程或专题讲座，如美国科学院院士陈志坚（James Chen）教授、迈克尔·纳森斯韦格（Michel C. Nussenzweig）教授、英国皇家科学院院士克里斯·古德诺（Chris Goodnow）教授、英国牛津大学 Jon Austyn 教授等。

高校实验班模式书院都打造国际化平台。英文授课方式、国际化课程体系、国际交流项目，引进国际化领先师资力量，构建国际联合教学和培养平台，培养学生的国际化视野的能力。清华大学苏世民学者项目和厦门大学博伊特勒书院更是来展全英文式教学，打造国际化教育培养模式。西安交通大学钱学森学院借助国际优质资源，聘请国际知名学者授课、讲座、交流座谈，鼓励和创造机会让学生和教师出国学习和访问。学校已与美国麻省理工学院、加州大学伯克利分校、佐治亚理工学院、法国巴黎高师等20余所国际著名大学签订联合人才培养协议。截至目前,共有250名学生在本科阶段赴国外高校学习深造。苏州大学敬文书院以培养研究型、国际化、高素质创新人才为目标,致力于为学生提供国际化的交流和学习平台。目前,书院已经有超过50%的学生获得海外研修的机会,分别前往QS排名前50的美国哈佛大学、杜克大学、宾夕法尼亚大学、英国剑桥大学、伦敦大学国王学院、新加坡南洋理工大学、香港中文大学等众多国际名校研修交流、留学深造。

在理解了这种必要性之外,还需要关注到的是"书院制"和"实验班"模式的互动关系和运行逻辑,换言之,国内高校在运用这样两个元素的时候,采取了何种模式。其目的是希望通过对"书院制"和"实验班"模式的现有经验的梳理与分析,探寻出为何有越来越多的高校在选择"书院制"作为他们的管理模式的同时,将学校人才培养的特区(实验班),这样一种关涉学校人才培养体系质量,并极富探索精神的体系放在"书院制"这样一个载体中。

模式一:"实验班"在建设和发展的过程,由于生源人数扩大、师资队伍加强、机构增加等因素,需要进一步增加更多的管理功能和职责,因此,在原有的"实验班"基础和经验上,将"实验班"衍生为"书院",这不仅在技术层面上实现管理职责和运行体系的完善、强化,而且对于强化"实验班"模式的特殊人才培养机制具有重要作用。

必须看到的是,这种扩大与增容,并非是一个随机而发的行为、亦或是学校顶层设计的政策行为。而是基于一个大的理念前提,即普遍信赖现代"书院制"的效应和作用,信赖"书院制"和"特殊人才培养体系"的强强结合所带来的丰厚硕果和长远规划。例如,西安交通大学钱学森书院、西北农林科技大学右任书院、浙江大学竺可桢学院等。前两所学校地处西北,均为985高校,在人才培养体系方面具备了诸多的条件与资源,也具备了强烈的改革之心。

我们看到,成立于2016年12月的西安交通大学钱学森书院,它的前身为教务处拔尖人才培养办公室,主要就是探索和实践拔尖创新人才培养新模式。在过往的岁月中,包括了少年班、工科试验班(钱学森班)、基础学科拔尖学生试验班(数学、物理、化学与生物、计算机与人工智能)、医学实验班(侯宗濂班)等招生与培养体系都是在此机构下运行,并为该校的拔尖创新人才培育做出了重要的贡献、积累了积极的经验。那么,基于这样一个良好的基础,学校首先成立了以钱学森先生名为的钱学森学院,实施荣誉教育,通过集全校优势教学资源,培养学生"量智与性质相结合、科学与艺术相结合、逻辑思维与形象思维相结合、微观认识与宏观认识相结合"的素质,造就基础知识宽厚,科学创新能力与综合人文素养俱佳的拔尖创新人才,发挥教学改革引领示范作用。与此同时,成立了钱学森书院,它与钱学森书院为同一套管理人员和机构,但事后分管不同的工作,即钱学森学院倾向于教育、科研等第一课堂,而钱学森书院则倾向于第二课堂,学生在课堂之外的素养提升。这样的形式完整地确保了学生在第一课堂和第二课程的学习、生活、思考与提升的全过程,更加贯通、深刻地彰显了人才培养的特殊性。

成立于2014年9月12日的西北农林科技大学右任书院,其前身为西北农林科技大学创新学院,这个建设初衷就是围绕着特殊人才培养模式而设立的。而在创新学院的发展过程中,西北农林科技大学基于其原本创新实验学院的架构设立了教育改革试点书院。因此,右任书院的学生基本来自于高考提前批招收的"国家生命科学与技术培养基地班"和校内公开选拔的"创新实验班"两个板块,而人员管理与机制运行延续了创新实验学院,研究式教学和研究性学习是教学的重要特征,创新型高级科技人才是右任书院培养学生的目标。

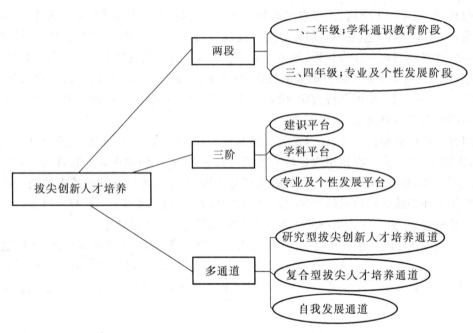

图6 西北农林科技大学右任书院拔尖人才培养方案

江苏师范大学敬文书院成立于2015年6月,它是以卓越人才培养强化部为前身,探索"精英教育",设有校长实验班和卓越教师班。书院依托学校省级优势学科群及其高水平师资,采用多样化培养模式和个性化培养方案,通过实施"德行养成与塑造、人文素养与博雅气质提升、科技创新与实践训练、青年领导力发展"四个核心计划,为学生的潜能充分发掘、个性充分发展提供良好的发展平台,造就具有国际视野的拔尖创新人才。

成立于2000年5月的浙江大学竺可桢学院,它的前身是1984年的浙江大学(工科)混合班,在此基础上进行了扎实稳健的发展与探索,从目前来看,它设有"混合班""人文社科实验班""求是科学班""巴德年医学班(临床医学八年制)""工科试验班""工程教育高级班""创新与创业管理强化班""公共管理强化班"8种班级。并且,它的招生方式主要是在学生入校后,从学校招生部门推荐的优秀学生中选拔400余名优秀学生进行的"特别培养"。除此以外,竺可桢学院实行开放办法,浙江大学在籍非荣誉学籍的优秀学生也可以通过申请、遴选进入竺可桢学院学习。

模式二:这种模式的书院多会伴随着学生的动态变化,学生或是在后期经过选拔进入书院学习和生活,或是仅仅在书院生活一个阶段。应当说,在这种模式中,书院的招生模式和生源情况就成为了影响这所书院发展与建设的关键点。例如,清华大学新雅书院、厦门大学博伊特勒书院、苏州大学敬文书院。当然,凡是进入到这类书院的学生,他们也都是因为具有杰出的表现和成绩才有机会进入到书院的。从现有情况来看,采取这样模式的书院通常规模不大,学生人数较少。

清华大学新雅书院是清华大学为探索本科教育创新而特设的"住宿制文理学院"(residential liberal arts college),2016年开始正式面向全国招生(文理兼收)。新雅书院的最大特点是强调通识教育,学生入学时不分专业,首先接受强化式数理基础和人文社科基础的小班通识教育,以培养文理基础雄厚、跨学科学习和创新能力突出的精英人才。一年后学生可自由选择清华大学任何专业方向进行发展,或选择交叉学科发展。

厦门大学博伊特勒书院以2011年诺贝尔生理学(或医学)奖得主布鲁斯·博伊特勒(Bruce Beutler)教授名字命名,2015年1月17日设立。书院积极营造全英文的授课环境,致力于培养专门的生命医学领域具有国际化视野的创新性人才。学生在大三下学期(2017年2月)进入书院学习。"特制"的四门课程均采用全英文授课,学生修读后可凭书院出具的课程成绩单向所属高校申请学分认定或互换。大四学期,书院将选派优秀学生到美国德州大学西南医学中心接受6-12个月的科研实践训练并进行毕业论文的撰写,同时协助其他学生申请赴国外高校或细胞信号网络协同创新中心成员单位(包括厦门大学、浙江大学、中国科学技术大学、中国科学院上海生命科学研究院生物化学与细胞生物学研究所、上海药明康德新药开发有限公司)进行科研训练。

苏州大学敬文书院,设立于2011年7月,是以香港爱国实业家朱敬文先生名字命名的书院。书院借鉴英国剑桥大学"三一学院"的管理模式,提出独特的"1328育人模型",目前近200名学生在读,以培养研究型、国际化、高素质创新人才为目标,发展至今,已形成了独具特色的书院文化。

模式三:书院自身就具有特殊人才培养的使命和内涵,具有与"实验班"模式相近的功能,但是它们并没有使用"实验班"等类似的命名方式。然而,细究起来,这部分书院在学生的选拔设置、人才培养方案都方面,却充分地体现了一所学校在教学改革和人才培养的"特区"、"通识教育"实验区等显著属性。与此同时,他们在书院的建设目标和宗旨、书院文化与精神、运行机构和师资队伍等维度上,也在不约而同地强调如何教育与塑造那些具有特殊能力和素养的学生。

中国海洋大学行远书院具有该校通识教育的实验区和本科教学改革的"特区"的职责,因此它也具有特殊人才培养的功能和性质。在学生的选拔设置、人才培养方案与"实验班"有诸多不谋而合之初,在模式上体现了本科教学改革的"特区"、通识教育的"试验区"。致力培养学生"厚基础,宽口径,深识见"的能力和思维"小班""分众化"和"细节化"等更具有针对性的教学设置。大学之道、世界文明史、全球化与现代社会、物理与自然世界、中国文化传统、海洋生态系统、课题研究等课程,参访实习、行远讲座等教学科目,生活训练和其他活动共同构成了行远书院学生培养的课程体系。

苏州大学唐文治书院的师资队伍、招生方式、人才培养模式等各个维度都高度体现了探索精神。尤其是,在课程的授课方式方面,唐文治书院除部分通识课程外,主体课程都是单独编班授课,十分注重发挥学生的学习自主性,训练学生处理和研究问题的动手能力。所有富有探索精神的维度的目的都是凸显现代大学制度的基本精神,探索本科教育和研究生教育的有机结合,以建立全新的研究型教学模式,并且突出民主办学、敬畏学术、教学相长、自我发展的特征,实施跨学科跨领域的教学方式,以培养复合型、学术型的高端文科人才为目标。

清华大学苏世民书院是以研究生学位为主体的运行体系。项目在全世界选聘最优秀的师资,通过提供高质量的课程学习、个性化的专业实践、与各界领导者的深入交流、丰富的文化体验活动等,为学生提供全方位认识和探索中国与世界发展的基本趋势和重大课题的独特机会以及终身学习网络和校友平台,促进学生全球领导力的提升。招生评审团队由全球各界领军人物组成。学生约20%来自中国(大陆、香港、澳门和台湾),45%来自美国,35%来自世界其他国家或地区。

模式四：那些进入到"实验班"培养体系的学生仅仅将书院为生活的场所，但他们的教育、引导和培养体系则另行交由其他部门管理和负责。这种模式可能让学生生活在一个所谓的"两张皮"情境之中，即一方面他们每天都在无缝对接书院的生活，与书院朝夕相对，并理应接受书院育人精神的熏陶；另一方面，真正引导和教育这部分学生的又是来自于专门负责"实验班"的部门和师资体系，这就造成"书院"只是一个载体，一个生活空间，甚至只是一个宿舍和一张床，那些本来寄托于书院身上的精神追求和文化理念并不能真正有效地渗入到这些"特殊"的学生群体中，或多或少地令"书院"成为了一个形式上的载体，久而久之"书院"之于"实验班"的意义在哪里呢？不可否认，现代书院制和"实验班"培养模式都带着诸多高校探索和改革的烙印。尽管"实验班"模式所走过的历程超过了"书院制"，但与全国高校的人才培养模式相比较，这二者仍旧是"小众"，是富有"勇气"和"改革决心"等属性的。因此，在探索过程中的"磕磕碰碰"显然是无法避免的问题。但是，草率地结合或者借助一个新的概念做"旧"的事情是无益于探索之路向前发展的。书院制不应被架空成一个方便管理的空间；而实验班模式之所以能够真正贯通，应当是第一课堂和第二课堂的全过程、全员的保障和维护。这是需要反思并警惕的。

当然，这些富有探索精神的书院制—实验班模式在诸多共性之外，仍存在明显的差异，恰恰是这样的差异反映出了这条探索之路上的火花与动力。

办学理念和模式的差异化。在不同的背景和时代条件下，结合各校不同优势资源和社会资源，开办了各具特色和发展方向的实验班书院模式教学，具体有以下四个方向。西北农林科技大学右任书院和西安交通大学钱学森书院是基于创新教育和拔尖教育基础开展的教育改革试点和探索；中国海洋大学行远书院是基于博雅通识教育理念构建的"博雅"人才培养教学改革；清华大学新雅书院、苏州大学敬文书院、江苏师范大学敬文书院构筑文理通识教育和跨学科的专业教育交叉学科发展教育方式；清华大学苏世民学者项目和厦门大学博伊特勒书院则是结合国际化教育教学理念，构筑21世纪国际化领军人才。

学生选拔方式和办学规模的差异化。工科试验班书院学生的选拔和录取相对其他方式教学学生差异较大，其中主要分为两大类。一类，在保持原有高考招生的基础上，扩展校内优秀学生选拔渠道，其中西北农林科技大学右任书院、中国海洋大学行远书院、清华大学新雅书院、西安交通大学钱学森书院、苏州大学敬文书院、江苏师范大学敬文书院都采用这样的模式；二类，面向全球或者合作培养海内外高校学生进行招募，针对大三、大四及研究生等高年级同学进行选拔，由招生委员会及国际知名教授最终确定录取，采用这类招生的主要有清华大学苏世民学者项目、厦门大学博伊特勒书院。

在办学规模方面几所实验班模式的书院也差异较大，主要分为两类，一类规模较大的领军和拔尖人才培养，每年招生规模在百人以上，其中西北农林科技大学右任书院每年招生150人左右，清华大学苏世民学者项目120人左右，西安交通大学钱学森书院430人左右，苏州大学敬文书院100人左右。江苏师范大学敬文书院150人左右。二类招生规模较小，每年招生规模在几十人左右，中国海洋大学行远书院每年招生53人左右，清华大学新雅书院65人左右，厦门大学博伊特勒书院20—25名。

培养方案彼此针对性不同的差异化。针对不同人才的培育和打造，每个书院都独具特色且具有很强的针对性，可大致分为三大类，一类注重学科知识培养和专业化技能打造的创新性科技人才，以西北农林科技大学右任书院、西安交通大学钱学森书院（部分实验班）、厦门大学博伊特勒书院、苏州大学敬文书院为代表。二类注重人才的"博雅"培养或国际化领导力培养等综合人才能力打造的培养方案，以中国海洋大学行远书院、清华大学苏世民学者项目为代表。三类注重跨学科交流和文理通识教育相结合，打造交叉学科发展"文理兼修、中外会通"的人才培养模式，以清华大学新雅书院、西安交通大学钱学森书院（少年班、钱学森实验班）、江苏师范大学敬文书院为代表。

"实验班"的名称本身就带有探索、创新和改革的属性，从选取的10所实施实验班模式书院的学生培养的情况也印证了这一推断。建设世界一流大学和世界一流学科是国内高校目前建设的重要任务，很多高校也在探索高校教育的改革，培养国际化的顶尖人才是大趋势也是人才培养必须走的路。高校通过顶尖的师资和各具特色的培养模式，致力培养者顶尖的人才，他们走在高等教育改革的前列，不断探索和改进，必将在人才培养中发挥重要的实践和示范作用。

表3　实验班书院办学特色对比

书院名称	学校类型			办学性质			师资力量			招生方式			学生规模		
	985	211	其他	外资	校企	校建	国际化导师	国内杰出学者	通识类大师	高考选拔	校内选拔	其他方式	100以下	100—500	500以上
西北农林科技大学右任书院	＋	＋				＋		＋		＋	＋				＋
中国海洋大学行远书院	＋							＋	＋					＋	
清华大学苏世民书院	＋	＋		＋			＋	＋				＋		＋	
清华大学新雅书院	＋	＋					＋			＋	＋			＋	
西安交通大学钱学森书院	＋	＋						＋		＋	＋				＋
厦门大学博伊特勒书院	＋	＋					＋	＋					＋		
苏州大学敬文书院		＋					＋	＋			＋				＋
江苏师范大学敬文书院			＋				＋	＋			＋				＋
苏州大学唐文治书院		＋						＋			＋				＋
浙江大学竺可桢书院	＋	＋					＋	＋	＋	＋	＋				＋

六、特定群体模式书院

特定群体模式书院是指学校面向某一特定学生群体设立书院，以提高教育的针对性。目前中国大陆地区实行特定群体模式书院的高校主要有清华大学、苏州大学、暨南大学、西安交通大学、华东师范大学、云南大学、厦门大学、复旦大学、西安外事学院等。总体归纳起来，特定群体模式书院大致分为两种："拔尖创新人才培养平台模式"和"共同属性学生集中培养平台模式"。

表 4　特定群体模式书院概况

学校	书院	书院个数	成立时间	学生人数
清华大学	新雅书院	1	2014 年	120 人
华北理工大学轻工学院	知行书院	1	2010 年	600 人
西北农林科技大学	右任书院	1	2014 年	600 人
江南大学	至善学院	1	2009 年	500 人
苏州大学	敬文书院、唐文治书院	2	2011、2012 年	280 人
云南大学	东陆书院	1	2013 年	2 人
厦门大学	博伊特勒书院	1	2015 年	350 人
西安交通大学	励志书院	1	2008 年	400 人
暨南大学	四海书院	1	2010 年	4000 人
华东师范大学	孟宪承书院	1	2007 年	2300 人
肇庆学院	厚德书院	1	2010 年	4000 人
复旦大学	克卿书院	1	2005 年	2000 人
西安外事学院	天使书院	1	2014 年	4200 人

其中，13 所特定群体模式书院高校占全国书院制高校的 34%；14 个特定群体模式书院占全国书院总数的 14%，14 个书院目前有 19000 余名学生，在"书院育人"的实践探索中，取得了一定的经验。在实行特定群体模式书院的高校中，清华大学、复旦大学、西安交通大学、厦门大学、西北农林科技大学、华东师范大学为 985 高校，云南大学、暨南大学、江南大学、苏州大学为 211 高校，肇庆学院为二本高校，华北理工大学轻工学院、西安外事学院为三本高校。由此可见，不同类型的高校通过不断实践，针对不同群体探索出不同模式的人才培养方式，构建出不同模式的培养平台。

接下来，我们对两种特定群体模式书院分别进行分析：

首先是拔尖创新人才培养平台模式。此种模式书院，主要是通过选拔的方式，把优秀的学生集中起来进行特色或精英教育。此类书院共包含清华大学新雅书院、华北理工大学知行书院、西北农林科技大学右任书院、江南大学至善学院、苏州大学敬文书院、苏州大学唐文治书院、云南大学东陆书院、厦门大学博伊特勒书院 7 所高校，8 个书院，近 2500 名学生。清华大学新雅书院的成立被普遍认为是中国大学创新拔尖人才培养模式的重大举措。

拔尖创新人才培养平台模式书院的共同点在于：第一，此类书院均是学校整合院系和相关部门等各方面的优质资源，面向全校本科生通过选拔来培养潜质或特殊专长的优秀人才，以"拓展实验班""创新实验班"等方式进行管理，对选拔出的突出学生进行特色精英教育。第二，此类书院的学生为双重身份，即书院身份和专业院系身份，同时拥有书院导师与本专业导师。书院为选拔出的精英学生们提供常任导师、学业导师、社区导师等，多由研究领域大师级的大家或具有高级职称、博士学位的知名学者组成。第三，书院普遍实行"通识教育＋专业教育"的课程模式。建立高标准严要求的"共同核心课"作为通识教育课程主干，打造出"统一主修模式、同步选择辅修、强化建模培训和读研深造、进行分流复合培养"的模式。部分书院实行自主选课制度、导师制度和分流管理制度。第四,此类书院在注重学生的全面发展和成长过程中,营造出良好的育人环境,同时融汇人文科学和自然科学,汇聚不同学科专业背景的学生和导师,通过开展丰富多彩、独具特色的活动促进学习交流,不断扩宽视野。第五,拔尖创新人才培养平台模式书院均着眼于拔尖创新人才的培养和学校持久竞争力的提升。致力于培养知识基础宽厚、素质能力协调发展、具有较强的实践和科研能力的本科毕业生,为研究生教育输送高素质、创新型、能够胜任交叉学科研究的优质生源,为培养造就具有国际视野和持久竞争力的拔尖创新型人才奠定基础。

接下来是共同属性学生集中培养平台模式。此种模式书院,就是把有共同特征的学生集中起来进行培养,包括西安交通大学励志书院、暨南大学四海书院、华东师范大学孟宪承书院、肇庆学院厚德书院、复旦大学克卿书院、西安外事学院天使书院6所高校,6个书院,近17000名学生。

共同属性学生集中培养平台模式书院的特点在于:第一,书院学生具有特定的身份,如西安交通大学励志书院全部入住国防生,暨南大学四海书院的学生均为港澳台侨华人及外籍学生,华东师范大学孟宪承书院、肇庆学院厚德书院的学生全部为师范生,复旦大学克卿书院、西安外事学院天使书院学生均为医学专业学生。第二,共同属性学生集中培养平台模式书院基本采用集中住宿的管理模式,西安交通大学励志书院集中入住学生区东六舍,四海书院学生集中入住暨南大学南校区,孟宪承书院学生不仅集中住宿,还在宿舍楼里开辟专门的研讨室,厚德书院的学生生活在以"教师教育"为特色的生活社区书院等。第三,此种书院创新学生管理模式,借鉴西方一流大学书院制管理模式,与专业院系合理分工、紧密协作,共同肩负人才培养责任。为学生创造一个与院系互补的社区化学习生活环境。

不论拔尖创新人才培养平台模式,还是共同属性学生集中培养平台模式,这两种模式都属于特定群体模式书院,他们呈现出一些共同的特点:第一,每一位书院学子都有双重身份,即书院身份和专业院系身份。第二,第一课堂的专业教育与学术发展主要由专业所在院系负责,第一课堂之外的学习生活与综合素质养成教育主要由书院负责。第三,所有入选书院的学生打破院系和专业界限混合入住到"住宿学院"中,导师亦常驻书院办公,书院成为与院系互补的师生共建共享的社区化学习空间和文化场所。第四,注重通识教育和素质教育,以宿舍这一人性化空间为载体,在优雅式的养成教育和丰富化的社区体验中,增加师生及学生间的积极互动,提升学生综合素质,培养个性发展、全面发展的优秀人才。第五,根据学生群体的特点及需求,优化整合各方面的优质资源,有针对性地加强相关平台建设并展开教育培训,精英化培养,造就卓越人才。

根据学生特点不同,特定群体模式的书院也存在其个性,例如,西安交通大学励志书院作为集中全校国防生的育人主体,军人气质养成课程计划是其重要且鲜明的学生培养特点;暨南大学四海书院作为面向港澳台及海外侨胞学生开设的管理机构,加强中华历史文化教育熏陶,培养学生祖国传统文化认同感是其政治任务及历史使命;华东师范大学孟宪承书院专为免费师范生而建,在通过量身打造的各项教师职业技能养成的相关活动中,提高师范生教师素养,为培养未来优秀的人民教师乃至教育家奠定基础。

通过分析,我们看到,特定群体模式的书院呈现出明显的优势,如可以透过优化整合各方面优质资源,展开集中式教育;通过社区活动平台,进行相关针对性教育;在高等教育教育下大众化条件下开辟独特的学生管理模式,展开精英教育,培养卓越人才;书院的文化特色更鲜明,富有感召力;书院内部氛围和谐,学子往往具有强烈的认同感和归属感等。

当然,特定群体模式的书院也存在一定的不足,如与一般模式书院相比,书院内部异质性不足,学生之间的沟通交流在一定程度上受限;书院学子标签化,与其他书院学子融合度欠佳;优质教育资源覆盖范围有限,较少学生受益;部分特定群体模式的书院并非实体,无法为学生提供一个社区化的文化氛围,无法为其成长成才提供全天候、个性化的指导和服务。

可见,特定群体模式下的书院发展现状较好,总体设计较为明确,各书院在书院制管理办法的指导下开展相关工作,针对性强。书院制试点过程中学生对书院评价较高,学生住宿体验反响较好。书院发挥了文化育人作用,书院制管理制度及社区设施也逐渐完善,但尚未达到预期效果。其中,一些书院实体化程度不高,本质上更类似于一个拔尖人才培养班,跟通常意义上的书院制有着很大的区别。目前仍有一些书院尚处于筹备阶段,很多硬件设施还需完善。此外,各书院建设过程中还有需要解决的问题,如组织管理机构合作效益有待提高,课程及非课程教育体系尚不完善等。

未来特定群体模式的书院将会在实际需求的催生下进一步增多。此模式书院特异性高,且与一般书院在设立初衷及建设目标上存在很大的区别,因此应进一步研究探讨全新的人才培养方案和独特的学生管理模式,完善明确书院导师制相关规章制度和职责分工。学习与活动资源也应与时俱进、不断丰富,树立精品意识,为学生成长搭建更广阔平台。

第四章 高校书院发展评述

高校书院发展报告
（2017）
GAOXIAOSHUYUAN
FAZHANBAOGAO

一、书院与学院协作关系

住宿制书院与专业学科学院之间的协作关系是高校书院建设必须要处理好的基本关系,也是伴随着书院建设需要不断完善与充实的重要关系。研究分析书院与学院之间的协作关系,实际上也就是在研究分析专业教育与通识教育的关系,第一课堂与第二课堂的关系,教书与育人的关系以及学校育人与实践育人的关系。在以上四对关系中,书院和学院都是不可或缺的,都需要紧密协作,只是各有分工各有所长而已,不可相互替代,更不可相互排斥,万不可相互矮化。

从书院与学院协作关系的运行状态来看,高校书院可分为实体书院和虚体书院两大类。其中,实体书院又呈现出了书院主导、学院主导、双院主导等三种不同的形态。

(一)实体书院的协作形态

实体书院设置为实体机构,有特定的办公区域、宿舍楼宇或社区、书院学生群体、专职管理干部和专职辅导员队伍,是平行于专业学院的独立行政机构。实体书院具有如下特点:学生集中住宿制,以生活社区为工作场所,从各个方面开展活动对学生进行思想教育和行为养成教育。书院管理学生党团建设、奖助贷、学生社团建设、就业指导、宿舍管理等各类事务性工作。辅导员和学生具有双重身份,辅导员在书院办公,与专业院系合理分工、紧密协作,共同肩负人才培养责任。每一位书院学子都有双重身份,既是书院的学生,也是专业所在院系的学生;第一课堂的专业学习与学术发展由专业所在院系负责,第一课堂之外的学习生活与养成教育主要由书院负责,书院为学生创造一个与院系互补的社区化学习生活环境。实体书院和学院的协作形态可分为书院主导型、学院主导型和双院主导型。

自主型书院,由书院主导,与学院协作配合。主要通过成立院务委员会、实行双院联席会、实行导师制、双院领导相互兼职、建立联络人制度等形式为双院的联系和沟通搭建平台和桥梁。

成立院务委员会作为书院的最高决策机构,是书院和各学院加强联系的重要途径。如西安交通大学的书院制,由院务主任、副主任、各学院教学副院长、学生代表组成院务委员会,商议书院重大事项。再如甘肃民族师范学院莲峰书院建立了学生教育管理委员会和院务委员会,学生教育管理委员会一般由书院院务委员会副主任、入院各系领导、专职辅导员等组成,院务委员会副主任兼任学生教育管理委员会主任、入院各系领导任副主任。学生教育管理委员会代表书院行使教育、管理及服务的职能。

实行双院联席会是双院间处理日常事务、沟通信息、加强联络的有效手段。可以由学生处或书院牵头,每年定期召开学院和书院的联系会议,双方进行工作交流及建议,其次探索明确二者职责。如南京审计学院、苏州大学、温州大学、苏州科技大学的书院、西安交通大学、甘肃民族师范学院莲峰书院等。

在学生指导方面,实体书院主要以导师制形式为学生配备一定数量的学业导师,对学生进行学业指导,学业导师的来源为学院。如华东师范大学和西安交通大学的学业导师制。书院聘请学院的教学副院长担任书院学业总导师,聘请教学名师担任书院具体课程的总导师(如数学学习总导师等),聘请班主任担任书院学生的学业导师,为学院和学生之间的交流互动提供良好的平台。南方科技大学学业导师由各系各专业的讲座教授、教授、副教授和助理教授担任,每位导师负责指导十余名学生。北京航空航天大学在落实本科生导师制的基础上,各书院还试点聘任离退休教师和退二线的处级干部担任驻校导师。

书院与学院的领导相互兼职也是此类书院加强双院融合的创新举措。如西安交通大学的各书院领导均兼任对口学院的党委副书记,对口学院的党委副书记则兼任书院的院务副主任,定期参加对方的党政会议,有效地促进了双院间的交流与合作。此外,南方科技大学的书院设两位副院长,其中一位专门主管学业导师学术工作,另一名执行副院长则主管学生事务等工作。

为方便信息沟通,解决书院与学院一对多的状况,此类书院常常也采用建立联络人制度的办法来提高工作的效率。如西安交通大学仲英书院有专门负责联系各个学院的辅导员。南方科技大学、暨南大学在书院的机构设置中,均有专门的人员负责与学院的沟通协调和联络。

学院主导型书院,由学院主导,书院从属。主要通过由学院统筹领导、实行导师制、领导互相兼职等形式开展双院间的联系和沟通。

由学院统筹领导是此类书院的基本形态,如厦门工学院、牡丹江师范学院的书院、华北理工大学的知行书院等。厦门工学院原先是按系成立书院,把总支建在比较大的系部,由书院院务主任兼总支书记来统筹党建工作,下设学生支部和教师支部,支部书记分别由辅导员和班主任来担任,书院助理兼小系支部书记,直属校党委管辖。目前厦门工学院正在改革,设想成立双院制。此外,牡丹江师范学院的书院是依托化学化工学院建设的,华北理工大学知行书院是依托轻工学院而建的,均以学院为主导。

实行导师制,配备社区辅导员是第二种做法。厦门工学院的书院为大一和大四各班配备班主任,班主任主发挥学业导师的作用;大二和大三虽不配备班主任,但书院的组织架构中设立社区辅导员和秘书,共同做好书院的各项工作。

在此类书院中,因学院是主导,故书院的主体地位不甚明显。书院目前作为学院下设的三级单位,尽管书院的作用没有明显的发挥,但学院与书院作为上下级组织的联系则较为紧密,可以最大限度地整合好学院和书院的资源。

双院主导型的书院和学院中,为了加强双院的联系也有很多通常的做法,如领导相互兼职及实行导师制等。

领导互任(专或兼)形式是指书院由党委书记和院长统一领导,两名副院长分别由教务处和学生处副处长兼任管理,书院下设行政办公室、学生事务办公室和学业指导办公室。(华东师范大学)

导师制的做法,是为学生配备一定数量的学业导师,对学生在学习方面进行指导和帮助。

在实体书院中,除以上做法外,双院的主要工作形式还包括联合开展活动、邀请学院专业教师开设通识教育讲座或课程、邀请学院教授走进书院与学生交流,如导师书院行、教授茶座、导师论坛(希德书院)、道德讲堂(厦门工学院)、"名师工作坊"(北航)、仲英茶餐会(西交仲英书院)等。

(二)虚体书院的双院联系机制

虚体书院不具有行政实体和建筑社区实体,与学院、学生具有统筹教育关系。比如复旦大学复旦学院、清华大学新雅书院最具代表性。厦门大学筹备建设的书院也是非实体书院,是为三家教学单位建立合作关系的联合培养单位。复旦学院统管学校其他五大书院,但它同样非行政单位,它的作用是统筹学校教学资源开展通识教育。清华大学新雅书院目前的主要任务是将通识课程走出一条新的路子,将通选课的有限学分集中于发展高质量的人文社会科学核心课程。在双院合作模式上,此类书院主要通过院务委员会、导师制和专业学院教授担任院长等形式进行联系。

此类书院同样设有院务委员会,但组成与实体书院中书院主导型下的院务委员会不同。它由书院院长、书院工作人员、导师代表、辅导员代表及学生代表组成,由书院学生工作联络人担任秘书长,定期召开会议,负责书院日常建设工作的讨论和设计。

通过聘任学业导师或采用双导师制也是此类书院双院合作的形式。比如书院返聘退休资深教授担任专职导师,聘任各院系中的优秀中青年骨干教师担任兼职导师,聘任知名教授、专家、学者担任特邀导师等。辅导员也在学院工作。

院长制对于双院协同育人也发挥了重要的作用。如复旦大学五大书院的院长均是由学校聘请资深教授担任,他们分别来自于自然科学、医学、人文、社会和技术科学等领域。由于住宿书院不是一个行政级别的单位,所以书院院长不能简单地以行政级别去衡量,书院院长是一份很高的荣誉,是书院的领导者。院长的思想理念非常重要,他可以给整个书院的发展方向提供思想。院长的主要职责是书院的文化建设,包括学术文化的建设和通识教育。

由书院特聘导师、书院专职导师、院系专职导师和书院导师等组成导师工作委员会也是此类书院的一种特殊做法,具体负责协调书院导师和院系导师开展工作,制定书院导师工作相关制度及要求。由书院导师工作联络人担任秘书长。

(三)书院制的优势

首先,实现了育人功能聚焦。以复旦学院为例,书院制革新之后,复旦的各个专业院系负责学生的学籍管理、专业教育、思想政治教育,而通识教育则由新的复旦学院统筹院系和书院共同实施。这样一来,书院不再承担大量的学生管理事务,就可以更加注重自身的文化建设、空间塑造和价值导向。书院的职责相对聚焦,功能进一步强大,就可以有力地弥补原有本科教育体系的不足。

其次,为学生提供了深入交流的平台。给同学们创造一个相对集中的学习和生活圈子,让不同专业的同学住在一起、学习在一起,打破专业界限,为他们提供更多的交流机会,有利于同学们在潜移默化中形成正确的教师职业信念与价值观。书院制的建立,以宿舍这个人性化空间为载体,在优雅式的养成教育和丰富化的社区体验中,提升师生之间的互动,提升学生之间的共同成长,培养全面发展的优秀人才。

第三,双院联系机制提高了工作效率。既有明确的分工,又有相互协作。合作交流活动种类较多,不仅成体系化而且具有一定的规模。

第四,可以实现书院管理的积极创新。如北京联合大学下发正式文件要求各学院学生部门负责书院的建设工作,并将学生宿舍从后勤转为学生部门管理,因此书院与学院、学生处、后勤物业及各专业系所的关系比较顺畅,在筹建书院时相互配合,便于各项工作的统一协调。(北京联合大学应用文理学院书院制)

(四)双院协同面临的问题

书院制模式仅依靠精神层面的责任感去维持书院学院的协作运转很难长远支撑。书院建设过程中积累了丰富的经验,也取得了卓著的成效,但仍然存在着一些问题,包括书院党建开展方面缺乏有效的制度性办法;双院活动的频率较低、制度建设仍需加强,学院和书院间内在的沟通机制需要完善,二者如何配合、如何协作、怎样厘清相互之间的职责等,都是书院进一步发展将会面临的挑战(如北京航空航天大学);导师和学生之间的交流不够深入,与本科生教学改革关系不够密切;非实体书院的工作架构虚拟化程度较高,工作不够深入(如北京联合大学应用文理学院);有的书院与其他机构一套人员两块牌子,导致"书院"概念存在性不强,校友归属感有困惑趋势;住宿制书院背景下的学生第二课堂并未在单一学院制上有明显质量的提升和数量的丰富等。

(五)改善举措

进一步完善双院合作交流制度,保障各项合作交流活动的有序进行和有效开展;丰富双院合作交流的形式与内容,在学生人格养成、就业指导、创业指导及学业辅导等方面发挥双方各自的优势,共同促进学生的成长;凝练书院办学理念和文化,积极推进专业教育与通识教育有机结合、科技与人文有机结合、师生互动与朋辈交流有机结合,实现各书院特色发展;完善本科生导师制,丰富社区文化资源和交流互动载体,建设量大面广、与国际接轨的书院社团;加强书院制模式的国际比较和创新研究,举办现代书院制国际论坛,借鉴海内外高校现代书院制(住宿制学院)办学经验,构建符合人才成长规律、富有时代特征、具有各校特色的书院制教育管理模式,培养具有广博知识和优雅气质的一流创新人才。

二、书院与校园社区建设

追溯历史,1284 年,巴尔森(High de Baksham)将一批学生安置到剑桥圣彼得教堂附近的两栋房屋中,并制定了管理制度,这成为了剑桥的第一个住宿学院(residential college)。到了 15 世纪,剑桥已经有了 15 个这样的住宿学院。在这种模式下,教师与学生共同居住的社区,形成了现代大学住宿书院的管理模式。进入 21 世纪以来,住宿制书院作为高等教育改革的一部分,在国内的高校中得到了长足的发展。

通过对多家大学的住宿制书院的调查研究,我们发现书院社区的建设,和人的因素密切相关。书院社区既是有型的建筑,更是无形的人才培养环境。师生共处,知行兼修也就成为了一所大学内在的、可以触摸的育人力量。因此,研究梳理住宿书院模式下的书院社区的建设,并对今后的发展趋势做出研判,就成了非常有必要的事情。

首先,从现阶段住宿书院模式下书院社区所呈现特征来看,各家大学的软硬件起点不同,但在书院社区的建设上的认识比较统一,形成了一些比较鲜明的特征。

其一,是基础设施的配置丰富。纵观高校的书院建设,我们发现,大家不约而同地对传统的学生宿舍进行了基础设施上的丰富和完善。有的是在宿舍楼宇设计之初,就考虑到了公共活动空间的需要,有的是在已建成楼宇空间的基础上进行了功能布局的重新规划与建设。

无论是哪一种情况,其根本的指导思想都是改变传统的宿舍只管休息睡觉的单一模式,致力于打造丰富完善的社区交流、社团活动的校园生活的保障体系。

依据我们的调研反馈,党团活动室、读书讨论室、健身活动室、自习室、洗衣室等已经成为标准配置,甚至依托各个学校的资源差异,配备了餐厅、咖啡厅、茶室、羽毛球场的情况,也占有相当的比例。

在南京审计大学的泽园书院,我们可以看到导师工作室(学习支持屋)、心理辅导室、书吧、音乐吧、咖啡吧、公共交互区、健身房、瑜伽室等完善的公共空间布局。

在肇庆学院的四家书院中,均建设有图书报刊的阅览室、讨论室、会客室、谈心室、体育活动场所、多功能室等设施,而且这些空间和设施都是24小时向学生开放。

这些基本设施的配置,使得书院社区成为了师生家门口的社交活动的最基本单元。每当课余时间,夜幕降临,书院公共活动空间内的灯火辉煌,人气旺盛,气氛温馨。师生之间、学生之间的交流讨论、文体活动等非形式教育成为了书院活力的见证。

书院努力打造的校园社区,形成了一个个小型的学习生活环境,增强了学生间的交往,有利于形成集体合作的氛围,并对学生的性格养成、学术兴趣、价值取向等产生了积极作用。特征突出的书院之"家"的氛围,把书院打造成大学生"温馨的家园、心灵的港湾、成长的摇篮",较好地保障了书院师生基本的生活娱乐、学习交流的成长需求。

其二,是注重培育根植于校园历史传统的书院文化。书院的命名,一般以著名的校友、科学家、慈善家命名或者根植于中华传统文化的核心理念。这有助于学生个人产生一种内发的认同感与归属感,并对书院师生产生潜移默化的影响。由此形成的各具特色的书院文化,更是极大地丰富了大学校园的文化内容。

例如北京航空航天大学的知行书院,他们的院训是"中西汇通、修身立人",在人格上注重学生"德行品性"和"大写之人"的养成;在学识上,以"学贯中西,博通古今"为最高追求。在复旦大学,每所书院都有自己的书院楹联,比如任重书院的就是"力学如为山九仞,高须加一篑;行仁若法海十分,满尚纳千流"。在澳门大学的郑裕彤书院,每个活动均需至少符合书院的核心理念之一(大志、大爱、大雅),方才得以举办。在大连理工大学伯川书院,他们倡导的书院精神是博文约礼,海纳百川。在汕头大学至诚书院,院生接受着院训"诚敬谦和"的熏陶,探索实践着文化、文明、品格、关爱的4C(Culture、Civility、Character、Care)的育人理念。

在西安交通大学的文治书院,老校长唐文治先生"追求第一等"的教育理念师生皆知。"欲求学问,当为第一等学问;欲求事业,当为第一等事业;欲求人才,当为第一等人才;欲求一等学问、事业、人才,必先砥砺第一等品行"的教育思想,如今也镌刻在书院庭院"一等苑"的最显眼位置。同样坐落于西安交通大学校园的彭康书院,继承和发扬了老校长彭康先生的"思想活跃、学习活跃、生活活跃"的"三活跃"主张,形成了自己的书院文化;仲英书院则以"服务社会、奉献爱心,推己及人,薪火相传"为主旨精神,围绕着将仲英学子培养成为"富有责任感的谦谦君子"的使命,打造一流的育人环境;南洋书院坐落于唐代诗人白居易曾居住过的东亭之畔,形成了书院6S的育人体系,从价值引领(spirit)、学业规划(study)、科学研究(science)、志愿服务(service)、体育运动(sport)和大学收获(surprise)六个方面着手,促进学生全面发展。

其三,是教育管理资源配备得到加强。1998年,美国研究型大学本科教育委员会在《重建本科生教育:美国研究型大学发展蓝图》的报告中就建议,每个学生都要有一名导师,导师与学生间一对一的关系对学生智力发展会产生最有效的影响,个人的表现受到观察、纠正、帮助和鼓励。这种形式应该在所有的研究型大学推展开来。

现在的高等教育研究普遍认为，书院所强调的导师制度，是现代大学住宿书院的最核心的竞争力之一。几乎每一家建设有住宿书院的大学，都把导师制度引入到了书院。

根据主要工作内容上的差异，导师可以分为学业导师、驻院导师、通识教育导师等。很多导师的聘任，更是充分利用了校园内的优质师资和校园外的杰出校友与社会热心人士，聘用方式也相对灵活，既有专职，也有兼职。

比如西安交通大学的南洋书院，聘请了香港理工大学荣休校长潘宗光教授担任院长；仲英书院的院长则由唐仲英基金会执行董事徐小春女士担任。

在澳门大学，每间书院的院长、副院长、驻院导师日常生活起居都在书院社区，参与到"社群教育"的全过程。在新竹清华大学的清华书院和西安交通大学的文治书院，还专门设置了供导师短期居住的导师起居室，以期短暂来访的教授、导师可以与书院学生共处厅堂，知行兼修。

导师在与书院学生的交往中，更加注重的是言传身教、个体辅导，营造了相对和谐、宽松、自由的师生交流氛围。这些都使得导师制超越了单一的教学管理手段的功能，成为了一个影响学生思维方式的过程，一个育人的过程。

展望未来五至十年书院社区发展，既要遵循现阶段高等教育发展规律，突出思想引领，也要考虑到95后和00后的青年学生对大学学习的期待与生活方式上的变化。因此，从管理育人、环境育人、文化育人、生活育人等多个维度，都对书院社区的内涵发展与建设提出了新的要求：

其一，是教育管理模式与宿舍环境上的变化。伴随着社会发展，内地高校以往的较为密集的、空间狭小的宿舍空间将会得到进一步改善。借鉴香港、澳门大学的堂舍建设，可以预见的是，学生对校园宿舍的硬件环境会有更高的要求，书院宿舍的私密性、功能性将会得到逐步改善。

这一方面会提升在读学生的住宿环境，另一方面也会强化学生宿舍作为最基本的交流空间的功能。换句话说，学生的大量社交活动、日常生活学习，重心将不再是以专业班级为载体的教室，而是书院的住宿社区，共享空间。

与此同时，大类招生、自主转换专业、完全学分制等因素，也使得同一宿舍单元内的学生个体的专业、年级特征进一步的弱化。传统的宿舍教育管理的模式将会显得力不从心。对于内地的高校，那种长久以来形成的，以专业班级、支部为主要教育管理和信息传导的模式需要做出适时适当的改变。

现阶段，已经有部分内地高校，在一定范围内试行"一家庭一户主，一层楼一层长，一栋楼一楼长"的大家庭模式，我们也可以称之为"社区家庭模式"。基于此类试点的经验，我们可以将传统的班级、社团、党团支部的建设真正地融入住宿社区中，积极探索新形势下学生教育管理的有效形态。

再比如，香港中文大学的九所书院，均提供了契约式的社区服务。学生在选择前，书院会将基本情况、特色、管理政策、通识课程、宿舍分配原则、设施使用等细节信息通过多种方式告知学生。学生了解后，做出选择，即与书院建立了既相互平等又具有约束力的契约关系。如此的契约式服务与管理，既兼顾了学生的选择权力，也能发挥学生的主体性，让学生感受到书院教育管理的平等尊重，从而乐于接受管理，遵守规则，还能主动的参与管理，建设书院，提高了书院师生的认同与归属的感觉。

此外，在香港中文大学、澳门大学中已经实施了教师学生同膳共寝的模式，也应该得到进一步的实践和推广。未来中国大学中的住宿书院,入住将不仅是学生,也可以有高年级的研究生、资深的驻院教师等等。从管理理念上说,这是适应发展变化的需要,从管理模式上,这是变被动为主动的创新,从管理目标上,这是从防控到引导,到社群自我管理的方向的转变。

其二,是本科生全人教育理念影响下的文化浸润的作用日益凸显。现阶段,高考招生制度的改革正在各省市积极推进之中。专业优先,大类招生的指导思想将会在今后3—5年成为内地高校普遍采用的一种招生选拔与录取的主流模式。学生进入大学校园后,将会通过1—2年的本科生通识教育阶段的培养,再重新确定细分的专业方向,进入到具体的专业学习。

这种招生选拔录取模式上的改革,更是凸显了住宿书院在本科生的培养过程中不可或缺的教育管理职能。在不确定具体专业的前提下,如何帮助低年级的本科生形成相对完善的知识结构、相对理性的专业认识、比较丰富的全人素质,将是住宿书院与大学中各教学部门、管理部门积极配合、着力解决的重点任务。

在这个过程中,住宿书院恰恰是与学生发生接触的第一线,将会肩负起更为重要的落地角色,担负起做实做好的具体任务。

这就意味着,综合能力训练、实践教育、朋辈教育、日常养成教育将成为立体、全方位育人的重要方式和基本保障。本科生的通识素养的培养情况,将会成为评价书院工作成效的基本指标之一,日益得到倚重。第一课堂和第二课堂的相互匹配、适应、融合、协调,也将会成为本科生教育阶段的人才培养的主要任务。

其三,是符合95后,00后学生诉求的自理自励的管理模式的深化普及。著名教育家陶行知先生曾总结了学生自治的四个特点:"第一,学生自治可以为修身伦理的实验;第二,学生自治能适应学生之需要;第三,学生自治能辅助风纪之进步;第四,学生自治能促进学生经验发展。"

现在看来,陶行知先生的认识是具有相当的预见性与针对性的。现阶段的跨学区办学、大类招生、住宿制书院、完全学分制等教育管理模式,使得这种管理模式更具可行性和必要性。

住宿书院模式下的学生宿舍,不应认为是简单的睡觉休息的地方,更应该是一个文化家园,是成长育人的第一阵地;学生本人也不能把自己当作一位交费住宿的房客,而是应该成为一位既有权利、又有义务的公民,一位书院建设的推动者和参与者。

无论是党团支部、学生会、学生社团、还是宿生会、议事会等制度,都是这方面内地高校的有益尝试。随着95后、00后逐渐进入大学校园,这种自理自励的管理模式的需求将会进一步彰显。

此外,基于互联网+的发展,更多的诸如自助快递、自助售卖、自助打印等时尚现代的生活服务设施也将会更为普及的出现在书院社区之中。

上述的变化趋势需要我们建立完备、细致、有效的支撑体系与互动机制,在书院内倡导契约精神,鼓励同学主动参与书院建设与管理,倡导社区自治,增强他们的认同感,成就感,维护他们的合法权利。同时,也在书院的建设管理过程中,实现环境熏陶、全方位、立体的育人初衷。

其四,是相匹配的教师队伍发展与信息化平台的搭建。基于之前的几点趋势研判,未来几年的这种发展变化,对住宿书院中教师与管理队伍的职业素养与教育理念提出了更高的要求。

首先,是要深刻理解和把握高等教育改革的变化趋势。大学的使命,是点燃学生的思想,帮助他们树立正确的价值观,教会学生自律,形成完善的知识结构。这就要求我们要在改革的过程中,把握大方向,解决真问题,注重事先的调研、深入到学生中去,加强研究与预判。

其次,是提升职业能力与素养。不仅要紧跟时代脉搏,加强理论学习,指导实践工作;还要在心理疏导、沟通表达、生涯发展、通识教育、社团组织等方面选择选择一二,作为队伍自身职业化、专业化的必备能力,以适应未来学生教育管理发展趋势的要求。

再次,是要建立一套高效、方便、实用、可靠的社区信息管理系统,逐步替代原来低效、碎片化信息的人工管理。逐步实现解决师生信息发布、宿舍的动态调整、学生的入住与退宿、学生的日常规范、报修与维护等多方面的问题。这已经成为书院教育管理发展的现实需求。

总之,书院制开创了学生教育管理的新模式,也是未来落实高等教育改革诸多变化的重要保障。书院拥有的社区空间,更像是搭建的一个集管理与自治,社交与信息、学习与切磋的成长平台。住宿制社区的核心是环境育人、全方位育人,是打造平等、宽松的书院文化氛围。建设一个导向精准、功能完善、全员参与、高效可靠的教育服务体系将会成为住宿书院模式下,社区建设与内涵发展的努力方向。

三、书院理念与发展走向

(一)百所书院自发涌现

始于唐、兴于宋、终于清的传统书院,在山野溪林间传承千年之后,终于被近代新型高等教育所取代。胡适先生曾经说过:"书院之废,实是吾国一大不幸事。"胡适先生一声叹息,却表达出了中国知识分子对"德业并重"的传统书院精神不能传承的惋惜,对"惟楚有才,于斯为盛"盛况不在的抱憾。

然而中华文明的文化的传承只有暂时徘徊,却从未曾中断。自2005年开始,复旦大学、西安交通大学等国内高校纷纷进行了书院制的育人模式改革。复旦大学成立志德、腾飞、克卿、任重四所书院,西安交通大学先后成立彭康书院、文治书院、仲英书院、启德书院宗濂书院、励志书院、崇实书院、南洋书院、钱学森书院9所书院。

短短的十几年时间中,数十所高校成立百余家书院,当本书课题组对书院制现象开始进行研究后,发现打开的是一部横贯古今、联通中外的美好画卷。

当然,此时涌现的书院依然不仅仅是传统书院的恢复,而是对传统书院精神的继承、形式的扬弃,更加上对国际一流大学住宿学院制的借鉴。

中国人非常重视"名",百所书院的命名或者体现出高校对贤者的尊敬与追忆或体现出对校训校风的尊崇、或体现出书院对未来的期许。有的书院用大学校长或名流贤达的名字命名,如北京大学元培学院,西安交通大学的文治书院、彭康书院,复旦大学的腾飞书院,此类书院约有36所。有的书院用对人才的期许来命名,如北京航空航天大学的启明书院、汇融书院,此类书院约有48所。有的书院用校训命名,如肇庆学院现有的力行书院、厚德书院、明智书院、博学书院4所书院的命名就是来自于其校训"厚德、明智、博学、力行",此类书院约有9所。书院名称相同的有"博雅书院""敬文书院""知行书院"等,相近的有"文治书院"与"唐文治书院""明德书院"与"至善学院"等,从中可以看出书院创建者的文化根基与价值站位的一致性。仅仅是书院的命名,就异彩纷呈,各具匠心。

习近平同志在写给清华大学苏世民书院的贺信中说:教育传承过去、造就现在、开创未来,是推动人类文明进步的重要力量。

中国书院溯源而上的过去是岳麓书院朱张会讲的学术活动,也有王阳明对龙场诸生的语重心长。目前高校培养人才的基本现状是照搬传统苏联模式所形成的按照专业目录制定本科生招生培养计划的格局。由于照搬苏联模式,实行科学与人文教育分家,理工类院校和专业获得极大发展,人文学科及专业相应萎缩,在此背景下,大学的人文精神被实用主义、技术主义所取代,高等教育远离了大学理念与大学精神,人文精神走向式微。虽然对本科教育的组织形式有各种各样不同的观点,但是本科教育人才培养的体制和机制必须进行适应教育发展改革,是大家的共识。

在众多的认识中,滋养着中华文明、蕴含着强大的人格魅力和人文精神的中国传统书院和西方大学极具浓厚人本关怀和文化意蕴的住宿书院并非横空出世,而是自然而然走进改革创新先行者的视野,在借鉴中国书院教育的优良传统和西方现代大学制度的基础上创造一个既有本土精神,又吸收人类文明已有成果的新的本科生教育组织模式,成为中国书院建设者和研究者的共同话题。

中国高等教育开创什么样的未来?怎样开创未来?谁来开创未来?

书院制,是不是打开未来的那把钥匙?

有些高校走在了改革、试验和探索的艰辛道路上,这是催生百所书院的一股自发的内在力量。

(二)书院创建者的初心

传播传统文化的书院并不是传统的卫道士,而是企图将传统与现代对接的追梦人。

现今,各高校在建设书院制的过程中大都仔细研读过牛津剑桥的书院历史,学习甚至模仿过香港、澳门、台湾等地区大学书院的做法。而历史上的中国书院也曾经是各国竞相学习模仿的对象,书院在明朝以后,传至朝鲜、日本等国,为亚洲文化的发展和传承做出过巨大贡献。岳麓书院历经千年,弦歌不绝,世称"千年学府"。时至今日,面对当代大学教育中德育教育的式微,教与学矛盾的日益突出,传统中国文化与现代社会的精神摩擦和文化碰撞,朱汉民教授认为"把古代书院的模式与现代对接是合乎社会发展需要的转变"。

传统的中国书院更像是一个学术自由、学术自治的古代大学,在中国古代,一些有思想有抱负的学术大师和学者聚四方之士,藏天下图书,互相唱和又广收门徒。中国的很多名山大川都曾经充斥着郎朗的诵读之声,传承千年。中国的文化传承的不曾断绝,书院应该是居功至伟的。历经千年直至现在,诸如岳麓书院等传统书院正在为传承国学、传承优秀传统文化,做出自己的贡献。

西安交通大学是中国最早实行书院制的高校之一,《科学时报》2009年12月1日《大学周刊》刊登采访西安交通大学校长郑南宁院士的文章,在采访中,郑南宁校长就西安交大的书院制指出,书院制在西安交通大学就是将学生睡觉的地方变成对学生进行思想道德教育和行为养成的大学生活的重要场所。

书院也是本科学生社区的一种新形式,是本科生教育的"第二课堂"。学生在本科期间不仅是专业学院的学生,同时也是书院的学生和主人,参与书院的自主管理;各个专业学院的老师可以学业老师的身份参与到书院育人的工作中。在书院里老师与学生之间是一种亦师亦友的关系,共同分享同学们的大学生活。书院倡导的是一种文化,用爱心和善意引导大学生,帮助他们树立远大的理想和抱负,抵制社会上的各种诱惑。

2015年,时任西安交通大学校长的王树国说:敬畏学生是一所大学提升人才培养质量的精神力量,教师首先要从认识深处尊敬学生,把学生当成一个平等的人、一个具有情感和个性的人,捧着一颗敬畏的心来,才能倾心为学生的成长打造一个良好的育人环境,这已成为西安交大全体教职员工的一个共同理想和认知。

从书院制刚刚建立到12年后的今天,西安交大的书院制最核心的部分"以学生为中心"已经成了交大书院制的灵魂。在书院制建设了十多年之后再回过头看,西安交通大学各书院已经建成完备的思想政治教育平台,具备了基本的通识教育能力,较完备的学生服务能力,成熟的知心工程谈话系统。

原西安建筑科技大学校长徐德龙院士曾经就如何办好书院指出,要一脚扎根于"书院制"等我国传统教育思想精粹,一脚扎根于西方现代大学的科学教育思想,认真总结和反思五十多年来高等教育仿效苏联模式的经验与教训,认真总结和反思十多年来高等学校改革发展的成败与得失,深入推进培养模式和体制机制创新。

十年之于书院,只是刚刚开始而已;十年之于人才培养创新,已经稳步上路;十年之于以学生为中心的教育,却从未改变。

书院的出现,在思想教育之外,也是人才培养手段更加丰富的方式。

复旦学院首任院长熊思东教授认为,复旦学院的成立,对医学生培养尤为重要,他更有利于医学生从"生物医学模式"向"生物、社会、心理"医学模式转变。

熊思东指出,过去的医学模式是生物医学模式;它主要从"生物人"的角度解决"生物人"问题,即解决"生物人"的"生老病死"问题。所有这些都是从"生物角度"考虑问题。随着社会的发展和认识的提高,医学模式已从"生物医学模式"发展为"生物、社会、心理医学模式"。"现代模式"不仅要告诉病人肿瘤如何发生、预防、治疗外,医生要考虑什么时候告诉,用什么方式,还要考虑肿瘤与病人心理的关联,肿瘤发生的社会基础等。

在医学生的人才培养模式方面,熊思东认为复旦学院的"通识教育"对医学生来说,至关重要。传统的医学教育较早而直接地进入医学基础和专业学习,学生缺乏基本的对人文、社科、管理、数理知识等的修学。如今复旦学院向医学生开设心理、人文、社科、管理、数理知识等一大批课程。这就使得未来的医生,不仅有扎实的医学知识,同时还要具有很强的文理等综合知识,而夯实文理社科基础正是通识教育的基本思路之一。

复旦学院的通识教育从形式上来说,打乱了分类编制。所有新生,不分国籍,也不论文理还是医学专业,随机进入四大书院后,混合编班、混合住宿。目的就是为了在学生日常生活中搭起互相交流的广阔平台,改变以往"同专业同宿舍"的居住局面。学院将现有课程体系分成3大板块,即综合教育课程、文理基础课程和专业课程,称之为第一课堂;此对医学生来说,增加了过去医学生不太接触的文理基础课程和综合教育课程这两大块课程,除此之外,学院还开设第二课堂,为保证第二课堂顺利运转,学院制定了3个计划,即知识补习计划、大学导航计划和学养拓展计划,以达到"宽口径、厚基础"的目的。

熊思东也认为,通识教育不是培养"万金油"。社会对人才的需求已由一元化变成二元化,我们既要为社会培养能立刻进入岗位、具有扎实功底的专业人才,也要培养具有发展潜能的通识人才。复旦学院已经为学生、更为医学生建立了通往"通识人才"的平台,有了这样的平台,医学生可以跑得更远,跳得更高!

(三)十余年走出多样育人路

十年间涌现出百余所书院,高校建设目标各不相同,书院面临的实际情况各不相同,做法也是多种多样,仅从教育理念来看,就有博雅教育、全人教育、通识教育等提法。

杨福家院士认为:博雅教育有五个要素。博雅教育的第一个要素是"博",文理融合,学科交叉,在广博的基础上求精深;学生要博学多闻,博古通今。大学要给学生比较广博的知识,使得他们能够充分发展自己的潜力。博雅教育的第二个要素是"雅",强调"做人第一、修业第二"。博雅教育的第三个要素是"学生中心",学校要把育人放在一切工作的首位。博雅教育的第四个要素是"鼓励质疑的小班教学",学生上课以小班课为主,允许学生争论,允许学生发表不同意见。博雅教育的五个要素是"丰富的第二课堂"。

通识教育,超越了实用性和功利至上的教育目的,强调学生更加自由地成长,也强调教育更加多元地评价学生的成长。相对于专业教育来说的通识教育,主要指培养更加全面、有强烈的社会责任感的公民,注重非专业性和非功利性的教育。

浙江大学国际校区书院首任院长徐立之先生则这样论述全人教育:全人教育则不止于此——它的重点不在于一所大学的课程,而在于学校注重以学生为中心的学习体验的教育态度。它是一种体验式学习,是一种服务性学习,还可能包括国际交流以及以学生为主导的各类活动。浙江大学国际校区书院将为学生提供全人教育的环境,学生的很多学习活动都将在课堂之外展开。

无论是博雅教育、通识教育还是全人教育,其核心基本集中于一点"以学生为中心"。

香港中文大学识教育部副主任、梁美仪博士在《香港中文大学的大学通识教育》一文中指出,通识教育在高等教育界推行已超过一个半世纪,通识教育作为高等专科教育不可或缺的组成部分,其重要性已成为国际共识。香港中文大学对通识教育的价值较早有基本认识,但具体课程的发展和学科素质的管理仍是在一个不断摸索、反省和成长的过程。

香港中文大学创立之时,是一所由崇基、新亚、联合三间书院组成的联邦制大学。在书院联邦制下,通识教育全面由书院安排。然而由于各书院对通识教育并未有一致的定义,具体课程只是三个不同系统的松散组合,缺乏一贯性和整体构思。1976年香港中文大学的一份报告书中认为教育有两种方式:一是传授学科知识的"学科为本"教学,另一种是使学生的潜能、资质、判断力和独立思考能力可充分发展的"学生为本"教学。因此通识教育课程的安排,交由书院全权负责。经过数次改革,香港中文大学的通识教育有相当多的内容落到了学系的身上,书院的通识教育仍然保留,历经改革,香港中文大学的通识教育朝着比较好的方向发展。

那么通识教育和书院对中大毕业生带来了什么?对于许多中大毕业生来说,在书院结识的友伴,书院宿舍内的某次促膝长谈或炽热讨论,都是日后回忆的重要片断。书院是紧密的小群体,师生密切交流,朋辈一同成长。所有中大全日制本科生都可选择一所书院,成为该院的一分子。每所书院都是独树一帜的,有各自的文化,但汇聚在一起,却塑造了香港中文大学的精神面貌。

书院制相对于学院制,是大学本科教育组织形式的创新,但是从什么地方入手,以何种方式入手,每个高校都在探索不同的方法。

南京审计大学副校长王会金博士提出,书院制的改革针对的是高校人才培养过程中存在的四个方面问题:1.人才培养目标的偏失;2.人才培养空间的局促;3.人才培养时间的挤压;4.

人才培养手段的单一。

南京审计大学在书院建设的过程中,逐步形成了"一二三四五"的书院改革思路。一就是确立一种理念:全人教育。全人教育强调教育出全面发展的学生。二是构建两种机制:双院协同,随着书院的建立,人才培养工作将从学院育人机制转向学院、书院"双院制"育人机制。三是优化"三全育人",即全员育人,全过程育人与全方位育人。四是要有四个要素,通识教育、导师制、学分制和住宿制。五是整合五大体系:人才培养模式动态优化体系、学业辅导体系、综合素质提升体系、学生自主管理体系、"三务联动"支持体系。

王会金博士认为,在大学追逐科研成果的当下,书院制改革是一种教育回归,在某种程度上也是教育良知的张扬。书院制是务实的选择,具有强大的生命力。

书院的迅速发展,打破了以学院为主的单一的高等教育组织模式,学院负责学生的教学和科研,书院负责学生教学科研以外的教育和服务。单一模式的打破,带来学生体验的大幅度提升,也同时带来了学院书院合作的新问题。学院与书院合作的核心,就是学院教师参与书院,担任学生导师。

在齐亚宁,王春明,赵静的文章《"交互式"师资配置下住宿式书院与院系间的合作——以澳门大学蔡继有书院为例》一文中,作者详细地论述了这个问题,并提出了相关策略。

在师资配备上,文章将世界各地书院师资配置分为三种:1. 剑桥、牛津大学为代表的"整合式";2. 耶鲁大学为代表的"辅助式";3. 以澳门大学为代表的"交互式"。

剑桥牛津书院历经 800 年,书院导师制较为成熟,"整合式"导师制下,导师任职于不同院系,但同时隶属于某个书院。每个导师固定指导 1—3 人。书院导师在教学科研的同时,也参与学生辅导和师生共膳。耶鲁大学则是通过双向选择,院系老师和校友等担任书院导师,导师们以教学科研为主,以参加书院活动为辅,相对而言就,老师很忙的时候,就很少参加书院的活动。

澳门大学蔡继有书院的"交互式",配备四名全职学术岗(Academic staff)的职员,都住宿在书院中,不承担教学和科研任务,全职负责通识教育、学术、生活方面的辅导。此外,还吸引 20 名不同专业的兼职担任驻院导师。通过交互式的导师配备模式,使得书院的通识教育和社群教育得到了发展。此种模式的困扰是在以科研论文的发表为主的考核体系下,驻院导师的个人教学和科研会受到冲击,职业发展和晋升制度不明确。

完美的教育组织形式是教育者孜孜不倦的追求目标,更完善的学院和书院合作模式永远是未来的模式,这种对未来模式的探索,正是澳门大学"交互式"导师配备施行的可贵之处。

(四)发展之路在于充实书院内涵

古今中外,从来没有不遇到阻力的改革。

改革,必然对既有格局的进行打破,对既有理念进行调整。作为中国高等教育育人模式改革的书院制改革,从改革之初,就遇到了专业教育与通识教育的理念之争。

周光礼先生认为,通识教育与专业教育的对立实质上反映了理性主义和经验主义的内在紧张。通识教育与专业教育之争的根本出路在于超越理性主义和经验主义的知识和行动两分思维方式,将理性行动者作为解决问题的基础,从而开创一条通过专业教育实现通识教育目的之路径。

周光礼先生给出了思路,并没有给出实现的方法和实施的案例。如果说专业学院对应专业教育为主，书院对应通识教育为主，那么事实上在书院制运行至今，书院制面临的最大理念之争就在于此，因为理论上，学院制也可以搞通识教育！为什么要搞书院？

理论上学院制也能搞通识教育，只是看上去很美而已。

阻碍学院制模式下通识教育的发展最大困难不是没有钱，没有人，而是没有时间。目前高校对专业学院的考核最重要的指标就是科研、论文，事实上连教学都排不到第一位。学院领导和教师根本没有时间和精力去搞通识教育！也没有院长或者教授敢为通识教育占用自己的大把时间。各种各样的考核，科研和论文数量上不去，关系到学科排名和学院的发展。而为通识教育理念而生的书院，除了传统的教育与服务，最关注的就是通识教育！理念之争，可谓书院面临问题之一。

从全国高校书院制实施的情况来看，小规模试点的多，跃跃欲试想推行书院制的多，但是大面积推行的少。全面实施书院制的高校目前有复旦大学、西安交通大学、大连理工大学盘锦校区、南方科技大学、南京审计大学、河北工商学院、西安外事大学、厦门工学院等。其他高校的书院制或者分年级、分学科、分校区，以各种不同的方式进行实践。理念之争的争论声中，书院创建者们小心地试水、大胆创新、谨慎前行。

关注通识教育就能做好通识教育了吗？书院制面临问题之二就是人员的专业化水平。

由于书院的专职人员大多来源于专职辅导员队伍，虽然辅导员队伍的整体学历水平、工作水平、研究水平一直在进步，但毕竟底子薄，历史积淀少，队伍的专业化程度和科研教育服务能力，相对于书院制的要求而言，颇多不足之处。

书院制的重要组成队伍—学业导师，也是书院的痛点。牛津剑桥的书院，各种学术大腕都会参与到书院导师的队伍中来，香港中文大学的导师制也较为完善。国内高校的导师制多流于形式，由于忙于教学和科研，专家教授没有多少时间和精力参与到学生通识教育过程中。国内书院制建设，目前大部分高校都是学生工作人员为主体，导师制不能在制度上落到实处，是制约书院前行的主要问题。

即便是能参加到书院的学业导师，大部分老师都是在专业教育的模板下成长起来的，由于其个人成长经历的限制和认知能力的局限，对专业教育的自然熟悉和对通识教育的陌生，也造成传统专业教育下成长起来的学业导师，即便愿意投入，也在通识教育方面鲜有热情。

既没有时间也没有热情进行通识教育研究的学业导师，有时间有热情但是年轻的欠缺专业素养的专职辅导员队伍，严重制约了中国书院制改革的深化、发展。

中国高校书院制面临问题之三在于书院的育人体系没有积累，尚未形成系统的书院育人体系。

脱胎于传统学生工作的辅导员，在书院工作后，仍习惯于组织大量的学生活动，充实学生的校园文化生活。但是琳琅满目的学生活动，往往可能被认为娱乐性较强，承载的育人色彩比较弱。学校的传统教育活动、学术活动数量庞大、每次活动信息量固然也大，育人指向性很明确，但是致命的缺陷是高水平报告少、吸引力差，很多学术活动依靠强行摊派参加，学生不堪重负，难谈有什么收获。

在书院的通识教育体系的建设过程中，各个高校的书院制都面临无学科、无教材、缺少专家的通识教育困境。很多高校开设的通识教育课程，往往是人文学院相关专业的老师，在第一课堂的体系内，用传统的课堂灌输的模式进行。而书院自己的通识教育课程，还缺乏专业化和体系化。

高校书院制的困境还在于条件不完全具备,保障不到位。住宿书院制在条件上需要设施比较完备的相邻宿舍楼形成社区,并能在社区内给学生提供健身、图书阅览、座谈、洗衣等等林林总总的服务,国外知名高校由于发展时间较长,住宿书院的设施往往比较完备,很多著名的书院有令人叹为观止的伟大建筑和优雅社区,国内高校的书院条件就千差万别了。从硬件保障来看,一流高校的住宿书院具备充裕地资金和物质条件,具有良好的保障能力,国内高校的书院职能基本限于教育、管理、服务学生,资金和物质条件都比较匮乏。

(五)书院发展新机遇

抓创新就是抓发展,谋创新就是谋未来。中国书院制建设的十年,最可贵的可能还不是经验,而是创新和发展,中国书院的根本生命力就在于创新和发展。

学院的教授专家经常质疑一个问题,书院制的创新和发展是对学院制的否定吗?

中山大学原校长黄达人先生的一句话可以用来回答这个问题:"社会在讲转型,产业在讲转型,作为高等教育的转型实际上是社会发展的一部分。讲转型不是对过去的否定,而是对未来的追求,从这种角度去看'转型'就很自然。"

创新发展不是对过去的否定,而是对未来的追求。

中国高校书院制的新机遇就在于审视自己的教育使命,丰富人才培养的内涵和手段,清晰人才培养的目标,响应国家创新驱动的战略,融入创新发展的历史潮流。

书院制的未来发展首先在于书院环境的完善。社会活动能力、自我管理能力与国际化这些高大上的词汇,每一个都离不开环境的支撑和保障。书院的出现,让忙于教学和科研的导师们能抽出时间和学生一起喝一次下午茶,进行一次师生共膳,一次共膳也许就是学生成长中一次可贵的转折。书院应该给学生提供图书阅览、休闲小坐、健身等更多的服务。每一项具体的教育活动都需要让以学生为中心的教育落到具体的环境中。名山大川之中环境清幽的岳麓书院、白鹿洞书院,拥有古老而宏伟的建筑的剑桥大学三一学院、国王学院,无论古代或是现代,东方或是西方,特殊环境营造的庄严、宁静、自然、和谐的氛围给身处其中的学子带来潜移默化的文化和教育体验。环境陈旧、设施落后的中国高校书院在教育投入不断增加的背景下,必须重视书院环境的改善,环境育人氛围的塑造。

中国书院制的出路更在于面向学生需求、面向社会需求、面向未来需求的教育模式改革思路。面向未来的教育,需要未雨绸缪,用长远的历史的眼光办好教育和进行育人模式改革。中国错过了第一次和第二次工业革命,就是由于在闭关锁国的状态下对新兴事物的不感兴趣,对历史的抱残守缺和对未来的不思进取。国与国的竞争根本在于人才的竞争,"自强首在储才,储才必先兴学"。培养面向未来的人才,片面强调专业教育,或者脱离了专业教育谈通识教育,都是不全面的。面向未来和社会和学生需求的人才培养模式应该是多样的、多模块的、专业教育和通识教育并重的教育体系。

中国书院制的出路还在于国际化。中国书院制由于借鉴了国外书院制的做法,天然具有国际化的属性。在书院建设的过程中,培养学生的外语能力、表达能力,增强学生对各国文化的理解,增加学生对外交流的机会,让学生具有广阔的国际视野,能站在全人类的角度去提出问题,思考问题和解决问题。让学生在校期间就培养全球意识,培养开放的思维方式,未来为促进世界和和平与发展作出贡献。

未来的书院是什么样子?未来的高等教育是什么样子?

强调墨守单一模式,强调统一于一种模式,都是对书院制和高等教育发展和创新的桎梏。牛津剑桥的书院已经发展数百年,中国的书院建设刚刚起步,以学生为中心,专业教育和通识教育并重,为学生提供更好的教育服务和成长体验,中国高校书院制需要不断创新发展、砥砺前行,探索面向未来、面向创新、面向国际化的本科教育组织形式,传承过去,造就现在,开创未来。

后 记

——再远的征途都由一步一个脚印连接而成

2015年春节刚过,新学期开学后的第一次思想教育论坛结束后,宫辉副书记召集八个书院的院务主任讨论工作计划时,提出了一个问题,希望大家共同思考:我们的书院已经建设9年了,这期间,有200余所高校来我校进行调研,陆续也有几十家高校相继成立了书院,很有必要研究一下全国高校书院兴起的背景、建设理念、基本情况等,既可以及时描绘全国高校书院发展的基本状况,也可以为今后书院发展的理论研究和实践研究提供较为可靠的基础依据。

大家一拍即合,一致认为这是一个很有意义的研究,作为高校书院的首创者之一,我们书院人有责任把自己的事业理一理,让所有书院人相互有个了解,让别人更多地认识书院。很快,各书院组成调研队伍对全国各地所有成立书院的高校开展了广泛的实地考察、座谈访问、网络搜集、电话咨询等活动。2015年年底,完成了初步的调研工作。在收获经验、收获书院之间友谊的同时,也掌握了丰富的第一手资料。在此,我要衷心感谢参与本次调研的书院的全体辅导员们,他们花费了大量的时间和精力进行了考察访问并进行了资料的整理,同时也要感谢所有受访的高校和书院,他们花费宝贵的时间与我们一起分享书院的华彩乐章。

宫辉副书记拟定了本书写作的总体框架,并做了前言——《面向2020——书院制内涵建设的挑战、机遇与实践方向》。苏玉波撰写了第一章——《高校书院发展综述》。段继超老师负责的《中国高校书院制人才培养模式研究》科研团队(西安交通大学2016年度基本科研业务费专项科研项目)对所有调研资料进行了梳理分析,然后在宫辉副书记的指导下,按照相关主题进行了分类整理,形成了本书中的第二章——高校书院发展现状的内容。其中,第一节华北地区北京大学、清华大学、北京航空航天大学、北京联合大学由徐龙撰写,邯郸学院、河北大学工商学院、华北理工大学轻工学院由段继超撰写;第二节东北地区大连理工大学由段继超撰写;第三节华东地区复旦大学、华东师范大学、苏州大学、江南大学、江苏师范大学、苏州科技大学、南京审计大学、浙江大学、绍兴文理学院、温州大学由岳鹏飞撰写,江苏师范大学由段继超撰写,山东大学、中国海洋大学、青岛职业技术学院由饶昱久撰写;第四节华中地区郑州大学由段继超撰写,新乡医学院三全学院由饶昱久撰写;第五节华南地区厦门大学、厦门工学院、暨南大学、汕头大学、肇庆学院、南方科技大学由李楠撰写,南方医科大学由段继超撰写;第七节西北地区西安交通大学彭康书院由郭虎撰写,西安交通大学文治书院由张爱萍撰写,西安交通大学宗濂书院由何益敏撰写,西安交通大学南洋书院由刘茹撰写,西安交通大学崇实书院由魏炜撰写,西安交通大学仲英书院由徐慧撰写,西安交通大学励志书院由康金勇撰写,西安交通大学启德书院由李新安撰写,西安交通大学钱学森书院由杨森撰写,西安建筑科技大学、西北农林科技大学、西安外事学院、西京学院由刘清田撰写,甘肃民族师范学院由段继超撰写。

第三章——高校书院类型分析及第四章——高校书院发展评述,由宫辉副书记携几位书院院务主任完成。其中第三章第一、二节由宫辉撰写,第三节由刘茹撰写,第四节由何益敏撰写,第五节由冯大鹏撰写,第六节由李新安撰写,第四章第一节由徐慧撰写,第二节由张爱萍撰写,第三节由郭虎撰写。

全书由段继超统稿编辑,苏玉波、叶明、何益敏、刘茹等进行了二审,特别邀请了人文学院张蓉教授进行了再审,宫辉副书记作了最后审定。

高校书院制是一个新生事物,本研究的宗旨是对高校书院十余年发展进行一个较为全方位的梳理,但限于我们的研究也只是一个开端,掌握的资料并不全面,也许有的高校书院被遗漏,就在昨天,我们又查阅到山东大学青岛校区实施了书院制,立即整理到本书。我们还知道华东政法大学今年9月份将有学生入住书院,所以无法收录进来。我们的研究仅出于对书院的热爱和激情,对有些书院的评价描述难免粗略和不够准确。所有以上,都敬请原谅,并望得到批评指正,以便我们继续修改完善。我们有理由相信,伴随着书院的稳步发展,我们的研究也将更加深入。再远的征途都由一步一个脚印连接而成,希望我们这本书能达成这样一个愿望——通过展示每个书院风采,为高校人才培养提供一个新的可借鉴的模式。

在此,还要感谢参加调研并进行资料收集的同事们,他们是:许春秀、陈勇、任欣、叶倩、纪婷、岳娅萍、严辉英、曹宝红、侣军燕、张超才、李开贤、张楠、张伟耀、杨夫腾、高琼、张炎、卢云、孙丹、王菲菲、沈飞跃。

感谢西安交通大学出版社的大力支持。

感谢创建书院的先辈们,正是因为有了他们的远见卓识,才能让我们有机会如此充实地工作每一天。而且,我们相信,这样美好而富有挑战的生活还会继续下去。

编者

2017年6月